HTML,
presente y futuro
de la web.

Por Vicente Javier Eslava Muñoz

A los capaces de sorprenderse por una dedicatoria al principio de una obra.

Tu conducta es la mejor prueba de la sinceridad de tu amor.

Te quiero.

Indice de contenidos

Prólogo

En el tiempo que llevamos relacionados con la informática, hemos sido testigos de cambios importantes, pero también hemos visto algunos momentos en verdad revolucionarios, tanto a nivel hardware como a nivel software. En estos días, los ordenadores han alcanzado una capacidad sorprendente, mientras que el software se vuelve cada vez más completo y más útil. Gran parte del potencial que han demostrado hardware y software se debe gracias a la existencia de Internet, la red de redes, que expande la funcionalidad de cualquier sistema, simplemente "conectándolo" al mundo. Ahora, Internet está a punto de sufrir un cambio radical con la aparición de la quinta versión del HyperText Markup Language y es probable que nosotros cambiemos junto con Internet, porque la red ya no será la misma.

HTML5 nace con un fuerte apoyo de algunos de los gigantes de la industria tecnológica e informática como Google, Microsoft, Facebook o Apple. La industria ha adoptado HTML5 como la mejor solución para el desarrollo y distribución de aplicaciones ricas (rich applications) compatibles con múltiples navegadores y dispositivos (entre ellos los populares smartphones).

¿Y que nos ofrece HTML? Entre las características más importantes, destaca que es multiplataforma, multisistema y multidispositvo, posibilita una mayor y más eficiente conectividad, ofrece multimedia sin necesidad de plugins propietarios, tiene la posibilidad de incorporar 3D, gráficos y efectos de calidad, le da sentido a la estructura web a través de su nueva semántica y facilita el desarrollo de aplicaciones web con su almacenamiento local y trabajo offline.

El verdadero gigante que está haciendo temblar a todos es el que sugiere que HTML 5 podría reducir la importancia del sistema operativo en el ordenador, al punto de no ser necesario en teoría. Nuevos proyectos están saliendo a la luz, tales como Firefox Os, un sistema operativo abierto completamente en HTML5 para móviles.

Una aplicación web basada en HTML5 puede ejecutarse en cualquier ordenador independientemente del sistema operativo: Lo único que necesita es un intérprete del lenguaje, que en este caso sería un navegador Web. Ni siquiera sería necesaria una conexión a Internet, porque dichas aplicaciones pueden trabajar de forma local.

Los navegadores Web se han convertido en una pieza central de la actividad de cualquier usuario que se sienta frente a un ordenador. Desde consultar el correo electrónico hasta descargar archivos, buscar información, e incluso leer estas mismas líneas, se hace a través de alguna clase de navegador Web. La conveniencia del navegador Web es innegable, y aunque los sistemas operativos no van a desaparecer, al menos deberán reconocer el protagonismo de los navegadores en los años por venir, especialmente con el poder que les entrega HTML 5.

La creciente dependencia de la sociedad en el uso de las tecnologías significa que es más importante que nunca entender cómo funcionan los sistemas que el hombre utiliza. Una manera práctica de tomar el control de los sistemas que utilizamos en el día a día es entender cómo funcionan. ¿Cómo se hace esto? Aprendiendo a desarrollarlos.

¿Por qué este libro?

La presente obra pretende dar respuesta a las inquietudes actuales en la materia de diseño web y en particular del lenguaje HTML. Es un libro que está dirigido a estudiantes de todas las edades, desde la ESO, pasando por los ciclos formativos específicos, hasta la universidad y a todas aquellas personas que tengan una inquietud en el tema.

El HTML es la piedra angular de la plataforma web de código abierto del W3C, un marco diseñado para apoyar la innovación y fomentar el potencial que tiene la web para ofrecer.

¡HTML es el presente y el futuro de la web!

1 – Conceptos básicos.

Estructura de Internet.

Internet es un conjunto descentralizado de redes de comunicación interconectadas que utilizan la familia de protocolos TCP/IP, garantizando que las redes físicas heterogéneas que la componen funcionen como una red lógica única, de alcance mundial. Sus orígenes se remontan a 1969, cuando se estableció la primera conexión de computadoras, conocida como ARPANET, entre tres universidades en California y una en Utah, Estados Unidos.

Internet es una red mundial de ordenadores que alcanza a todos los países. Es la que más ordenadores tiene conectados, la que más usuarios tiene y por la que más información circula.

Por una parte tenemos la estructura física de internet. Los ordenadores que forman parte de esta red se conectan unos con otros usando principalmente la red telefónica mundial. Existen empresas llamadas **Proveedores de Servicios de Internet** (Internet Services Provider, ISP) que se encargan de conectar ordenadores a esa gran red y gestionar el tráfico de información de cada ordenador hacia o desde el resto de la red. Por otra parte tenemos la estructura lógica, en la que se usan direcciones IP y un sistema de nombres para identificar cada ordenador y organizarlos en grupos.

La información también se encuentra organizada, en este caso en servicios. Cada servicio es una funcionalidad de internet, como el world wide web (las páginas web), el correo electrónico, etc..

Uno de los servicios que más éxito ha tenido en Internet ha sido la World Wide Web (WWW, o "la Web"), hasta tal punto que es habitual la confusión entre ambos términos. La WWW es un conjunto de protocolos que permite, de forma sencilla, la consulta remota de archivos de hipertexto. Ésta fue un desarrollo posterior (1990) y utiliza Internet como medio de transmisión.

Hemos indicado que internet es una red de ordenadores. Como red que es, debe tener una estructura física. Los ordenadores que forman internet pueden ser diferentes, tanto en hardware como en software (sistema operativo y aplicaciones). Como medio de transmisión internet usa en la mayoría de los casos la línea telefónica (de los diversos tipos que existen). La línea telefónica está compuesta, entre otros de los siguientes **medios**:

Para *usuarios finales*:

- Hilo de ADSL (es igual pero la información se transmite diferente desde la centralita)
- Hilo RDSI
- Cable coaxial
- Fibra óptica.

Para conexión de *centralitas telefónicas* y de *ordenadores con mucho tráfico de información* (como por ejemplo los que tienen las páginas web):

- Cable de red telefónica.
- Fibra óptica.
- Enlaces de satélite.

Podemos decir que los **ordenadores** se organizan en **tres niveles**:

- **Usuarios finales.** Son los ordenadores que usan los servicios de internet.
- **Ordenadores de los ISP.** Un ISP es una empresa que nos permite acceder a internet, como Telefónica, Orange, ONO, Jazztel, etc. Estas empresas, en sus centralitas, tienen ordenadores que dan conexión a internet a los de los usuarios finales.
- **Ordenadores servidores**, que están constantemente encendidos y conectados y ofrecen los servicios propios de internet (páginas web, correo electrónico, transmisiones, mensajería instantánea, partidas de juegos on-line, etc.).

Cada ordenador de usuario final está conectado a un ordenador de su ISP a través de la línea de teléfono. Los ordenadores de los ISP están conectados entre sí y con los ordenadores servidores, a través de las conexiones avanzadas de la red telefónica. Los ordenadores servidores también están conectados entre sí mediante las conexiones avanzadas de la red telefónica.

Cuando un ordenador de usuario final se quiere comunicar con un ordenador servidor, primero tiene que conectar con el ordenador de su ISP, que le permite "pasar" al resto de internet y llegar hasta el servidor. Cuando un ordenador de usuario final se quiere comunicar con otro ordenador de usuario final también debe pasar primero por el ordenador de su ISP. De igual manera, el otro ordenador de usuario también debe estar conectado a su ISP. Mediante la conexión entre ordenadores de ISP y, si es necesario, algún ordenador servidor que coordine la comunicación, los ordenadores de usuario se pueden comunicar.

Podemos observar que entre dos ordenadores puede haber más de un camino. Las comunicaciones eligen el camino óptimo en función del tráfico que haya en la red.

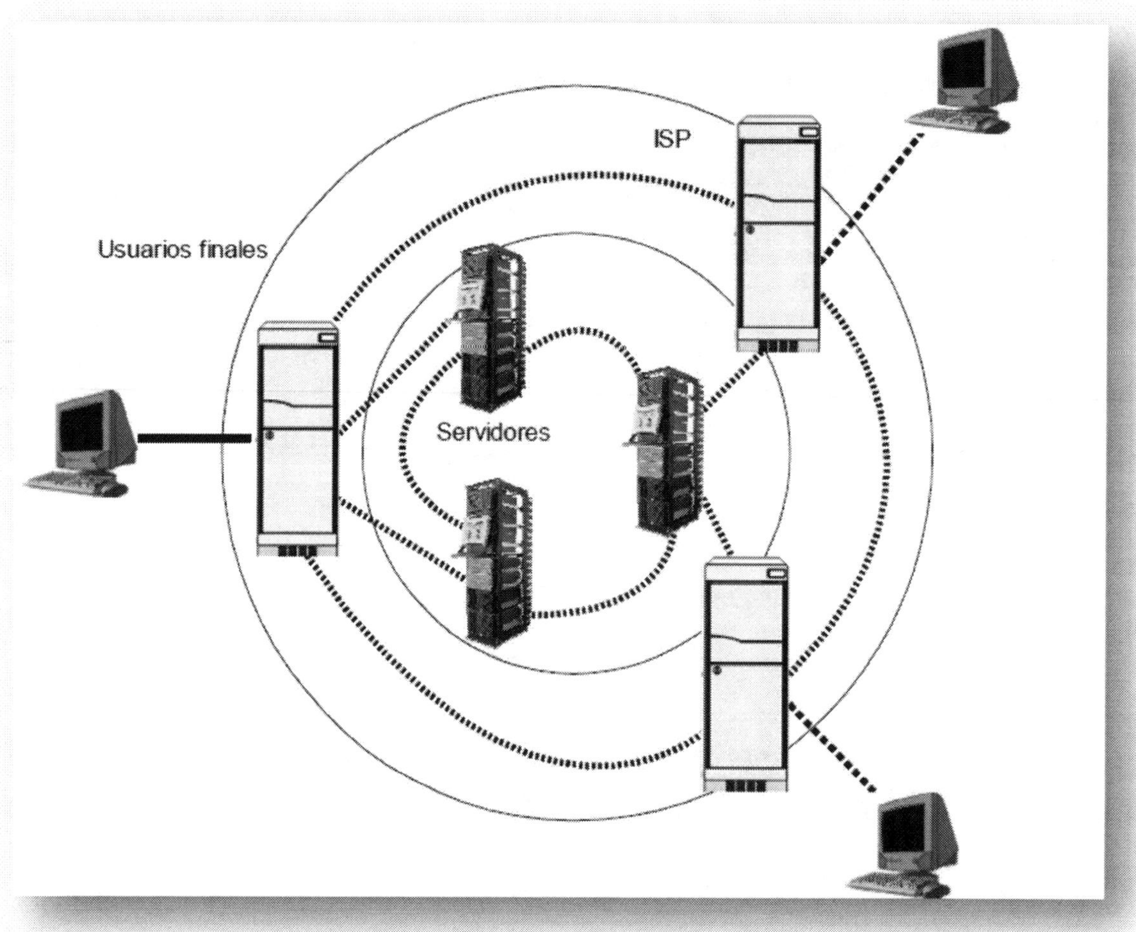

La información está organizada en internet en **servicios**. Los servicios son, en términos coloquiales, "las cosas que se pueden hacer en internet". Para acceder a una información, hay que hacerlo a través del servicio que la ofrece.

Para que un ordenador de internet pueda ofrecer un servicio, y a través de él información, es necesario que ese ordenador esté constantemente encendido y ejecutando un tipo de programa especial llamado **servidor del servicio**. La función de ese programa estar siempre atento a las peticiones de información que le lleguen de otros ordenadores y atenderlas. Estos ordenadores son los que hemos llamado **servidores**.

Para solicitar una información a un servidor, un ordenador debe estar conectado a Internet en el momento de pedir la información y hacer una petición usando un programa llamado **cliente del servicio**. Esa petición llega al servidor, que tras recibirla la contesta. El programa cliente recoge la respuesta y realiza alguna acción con ella.

Por ejemplo, para ver una página web tenemos que escribir su dirección en un navegador de internet: el *navegador* es el *programa cliente* del servicio world wide web y escribir la dirección es la petición. La petición llega al ordenador servidor, que al tener un *programa servidor web* está atento a las peticiones que llegan. El ordenador servidor responde enviando el contenido de la página que se ha pedido (texto, imágenes, gráficos, etc.). Ese contenido llega otra vez a nuestro ordenador y con ella el navegador representa la página en la pantalla.

Para que cada ordenador se pueda comunicar es necesario que se pueda identificar de forma unívoca. Para identificar cada uno de los dispositivos que encontramos en Internet se utilizan direcciones IP. Esta dirección está compuesta por una serie de números y/o letras separadas por puntos o dos puntos, dependiendo de la versión utilizada. Para la versión 4 de IP tendríamos direcciones como 81.203.67.88 y para la versión 6 de IP tendríamos 2001:123:4:ab:cde:3403:1:63.

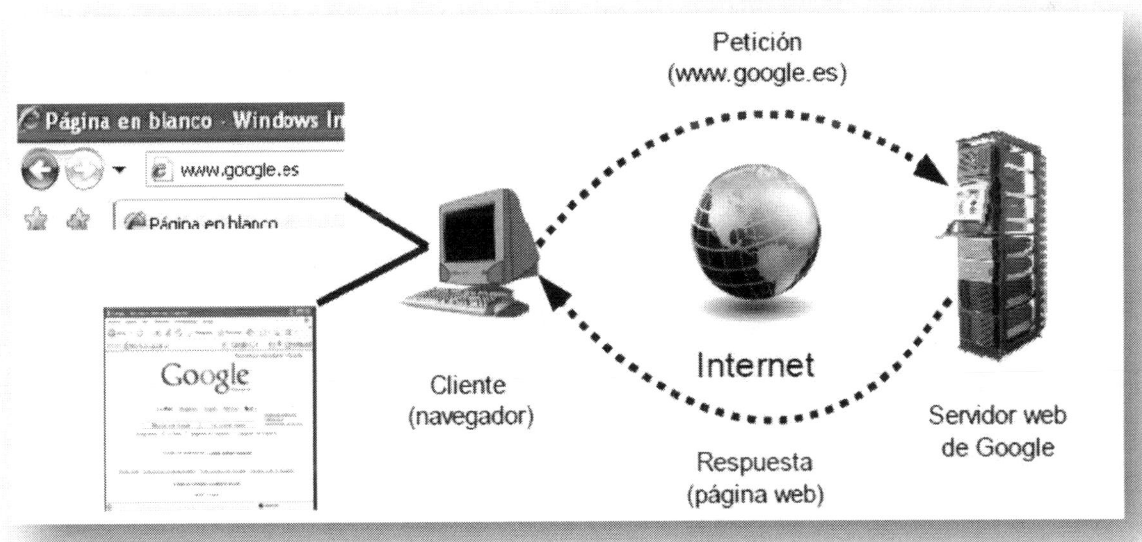

Sería muy incómodo que cada vez que quisiéramos acceder a una página web tuviéramos que indicar la dirección IP del ordenador donde se encuentra. Por ello, además de las direcciones IP, para los ordenadores servidores de internet se establece un sistema de nombres, de manera que cada ordenador tiene un nombre único, conocido como **nombre de dominio**. Este sistema es más práctico y fácil de recordar para el ser humano.

Los nombres de ordenadores se dividen en tres partes:

Dominio de primer nivel: es la parte final del nombre, e indica a qué zona geográfica o a qué categoría pertenece el ordenador. Los dominios más conocidos son:

- generales: *.com, .net, .org, .info, .edu,* ...
- nacionales: *.es* (España), *.fr* (Francia), *.uk* (Reino Unido), *.de* (Alemania) ... Sólo se puede usar uno de los disponibles, y para ello hay que pedir permiso a la entidad que los gestiona (.com, .net, .org el ICANN y los nacionales cada gobierno).

Dominio: es el nombre que se utilizan para indicar la entidad o marca a la que pertenece el ordenador. Ejemplos:

- wikipedia.es
- google.com
- ubuntu.org

El nombre de dominio se puede elegir, pero con permiso de la entidad que gestiona el dominio de primer nivel al que va a pertenecer. Cada entidad impone unas normas. Así, en los dominios de primer nivel generales la única norma para poder utilizar un nombre de dominio es que no esté reservado previamente, es decir, que no haya sido ya usado para otra entidad en ese dominio de primer nivel.

Existen muchas empresas que nos gestionan la solicitud y renovación anual de un dominio ante las entidades que gestionan los dominios de primer nivel. Normalmente estas empresas también ofrecen espacio en ordenadores para albergar información como páginas web, correo electrónico, etc. a la que se accede a través del dominio contratado.

A veces se usa una secuencia de nombres de dominio separados por punto. En este caso, a partir del segundo punto por la derecha, hablamos de subdominio.

Nombre de ordenador: una entidad o marca puede tener varios ordenadores con nombre en internet. Para distinguir unos de otros se usa un nombre para cada ordenador. Por ejemplo, los ordenadores que tienen las páginas web se suelen llamar www; cuando queremos acceder al ordenador que tiene la web de la Junta de Andalucía, su nombre es *www.juntadeandalucia.es*

En *telefónica.net*, por ejemplo, existe un ordenador para la página web (llamado *www*), otro para las carpetas del ftp (llamado *ftp*) y otro para almacenar los ficheros.

Un ordenador conectado a internet, con un nombre, puede tener mucha información distinta. En general, no queremos acceder a toda esa información, sino sólo a una en concreto. Así que además del nombre del ordenador (con dominio y dominio de primer nivel), debemos indicar a qué información de la que contiene queremos acceder. A esta indicación completa del ordenador y la información a la que queremos acceder se le denomina **URL**.

Un **localizador de recursos uniforme**, más comúnmente denominado **URL** (sigla en inglés de uniform resource locator), es una secuencia de caracteres, de acuerdo a un formato modélico y estándar, que se usa para nombrar recursos en Internet para su localización o identificación, como por ejemplo documentos textuales, imágenes, vídeos, presentaciones digitales, etc. Los localizadores uniformes de recursos fueron una innovación fundamental en la historia de la Internet. Fueron usadas por primera vez por Tim Berners-Lee en 1991, para permitir a los autores de documentos establecer **hiperenlaces** en la World Wide Web. Desde 1994, en los estándares de la Internet, el concepto de URL ha sido incorporado dentro del más general de URI (Uniform Resource

Identifier, en español identificador uniforme de recurso), pero el término URL aún se utiliza ampliamente para que los usuarios que entren en ella tengan una buena visión para ellos.

El URL es la cadena de caracteres con la cual se asigna una dirección única a cada uno de los recursos de información disponibles en la Internet. Existe un URL único para cada página de cada uno de los documentos de la World Wide Web. El URL de un recurso de información es su dirección en Internet, la cual permite que el navegador la encuentre y la muestre de forma adecuada. Por ello el URL combina el nombre del ordenador que proporciona la información, el directorio donde se encuentra, el nombre del archivo, y el protocolo a usar para recuperar los datos para que no se pierda alguna información sobre dicho factor que se emplea para el trabajo.

La URL se divide en tres partes:

Protocolo. Cada información está publicada usando un servicio concreto. La URL comienza siempre por el protocolo que usa ese servicio. Los protocolos más habituales por servicio son:

- páginas web: *http*
- páginas web seguras: *https*
- ficheros en FTP: *ftp*
- contenidos multimedia: *mms*
A continuación van *:* y dos *//* (por ejemplo *http://*)

Nombre de ordenador. Posteriormente va el nombre del ordenador, de los subdominios, del dominio y del dominio de primer nivel. Por ejemplo:

http://informatica.telefonica.es .

Ubicación de la información en el ordenador. Por último, va una /, y la indicación de la información a la que queremos acceder; casi siempre es un archivo, y hay que indicar el nombre del archivo y la o las carpetas en que se encuentra dentro del ordenador.

Pongamos un ejemplo: la página web de la asignatura en 1º de bachillerato es un archivo tipo *.htm* llamado *index,* colocado en la carpeta *trabajo* del ordenador que la contiene. Este ordenador se llama *informatica*, y está en el dominio *telefonica* y dominio de primer nivel *.es*. Como es una página web, se accede a ella usando el protocolo *http*. Por tanto, la URL completa es:

http://informatica.telefonica.es/trabajo/index.htm

Mediante las URL se pueden definir enlaces o hiperenlaces a un recurso específico. Gracias a esta característica y a su popularización nació el sistema que hoy conocemos como la **web** (sistema de distribución de información basado en hipertexto o hipermedios enlazados y accesibles a través de Internet. Con un navegador web, un usuario visualiza sitios web compuestos de páginas web que pueden contener texto, imágenes, vídeos u otros contenidos multimedia, y navega a través de ellas usando hiperenlaces). Cada uno de esos hiperenlaces es un hilo de la telaraña mundial y para construir una página web utilizamos el lenguaje **HTML**

HTML, siglas de **HyperText Markup Language** («lenguaje de marcado de hipertexto»), hace referencia al lenguaje de marcado predominante para la elaboración de páginas web que se utiliza para describir y traducir la estructura y la información en forma de texto, así como para complementar el texto con objetos tales como imágenes.

El HTML se escribe en forma de «etiquetas», rodeadas por corchetes angulares (<,>). HTML también puede describir, hasta un cierto punto, la apariencia de un documento, y puede incluir un script (por ejemplo JavaScript), el cual puede afectar el comportamiento de navegadores web y otros procesadores de HTML.

El HTML fue creado originalmente por Tim Berners-Lee. Luego en los años 90 se desarrollo con el crecimiento de la Web (Internet). Durante este tiempo, el HTML se ha desarrollado gracias a la colaboración de todos los programadores y usuarios de Internet.

El HTML ha pasado por varias versiones cada una de ellas aportaba nuevas funcionalidades e intentaba adaptar el lenguaje web a las nuevas necesidades de los usuarios. Actualmente el estándar está en la versión 5 y es en el que se basa este libro. Empecemos pues, viendo como construir nuestra primera página web utilizando dicho lenguaje para posteriormente estudiar su sintaxis en profundidad.

Editando y visualizando ficheros HTML.

Un fichero HTML no es más que un archivo de texto con una serie de etiquetas que interpretan los navegadores para mostrar el contenido debidamente. Por ello, no es necesario ningún programa especial para crear una página Web. Esto tiene como consecuencia se ha conseguido que se puedan crear páginas con cualquier ordenador y sistema operativo.

El código HTML, como hemos adelantado en el párrafo anterior, no es más que texto y por tanto lo único necesario para escribirlo es un editor de texto como el que acompañan a todos los sistemas operativos: bloc de notas en Windows, vi en Linux, etc. Por supuesto estos no son los únicos editores de texto que pueden ser usados, sino cualquier otro. También se puede usar procesadores de texto, que son editores con capacidades añadidas, como puede ser Microsoft Word pero hay que tener cuidado porque en ocasiones hacen traducciones automáticas del código HTML que no siempre son deseadas. En estos dos últimos casos, también hay que tener en cuenta que deberemos guardar el archivo en modo texto.

Vamos a crear ahora nuestra primera página web. Para ello utilizaremos un editor básico de los nombrados anteriormente. El presente ejemplo se basará sobre el bloc de notas de Windows. Lo abrimos e introduciremos el código siguiente:

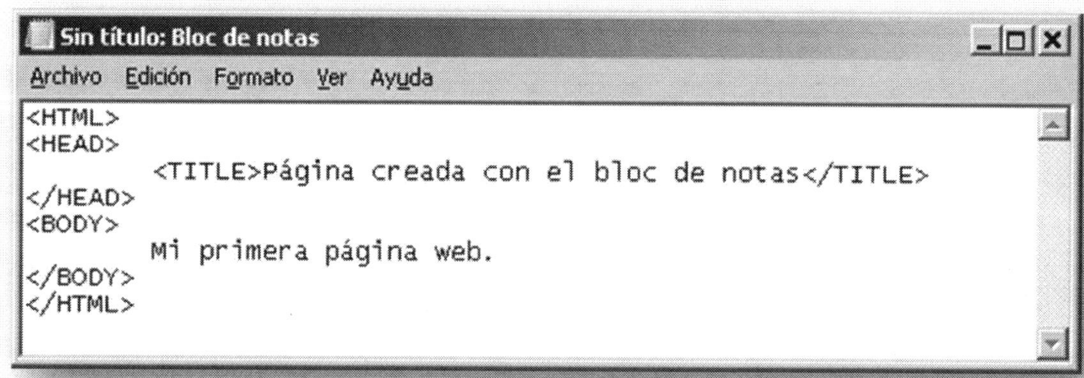


```html
<HTML>
<HEAD>
        <TITLE>Página creada con el bloc de notas</TITLE>
</HEAD>
<BODY>
        Mi primera página web.
</BODY>
</HTML>
```

Para finalizar grabaremos el fichero con el nombre *ejemploInicial.html* Podremos observar como al cambiar la extensión del archivo (los caracteres que siguen después del punto) el icono asociado cambia para adaptarse al navegador de Internet instalado en nuestro ordenador con el que navegamos por defecto.

ejemploInicial.html

Si el icono no cambia puede ser debido a que no hemos modificado la extensión correctamente, o que hemos creado un fichero con el nombre *ejemploInicial.html.txt*. Puede también que nuestro sistema operativo no nos permita manipular las extensiones de los archivos. En Windows 7 existe una opción para poder alterar las extensiones, para acceder debemos abrir una carpeta e ir al menú Organizar > Opciones de carpeta y búsqueda > Ver y deseleccionar la opción "Ocultar las extensiones de archivo para tipos de archivos conocidos" (En Windows XP es Herramientas > Opciones de carpeta > Ver).

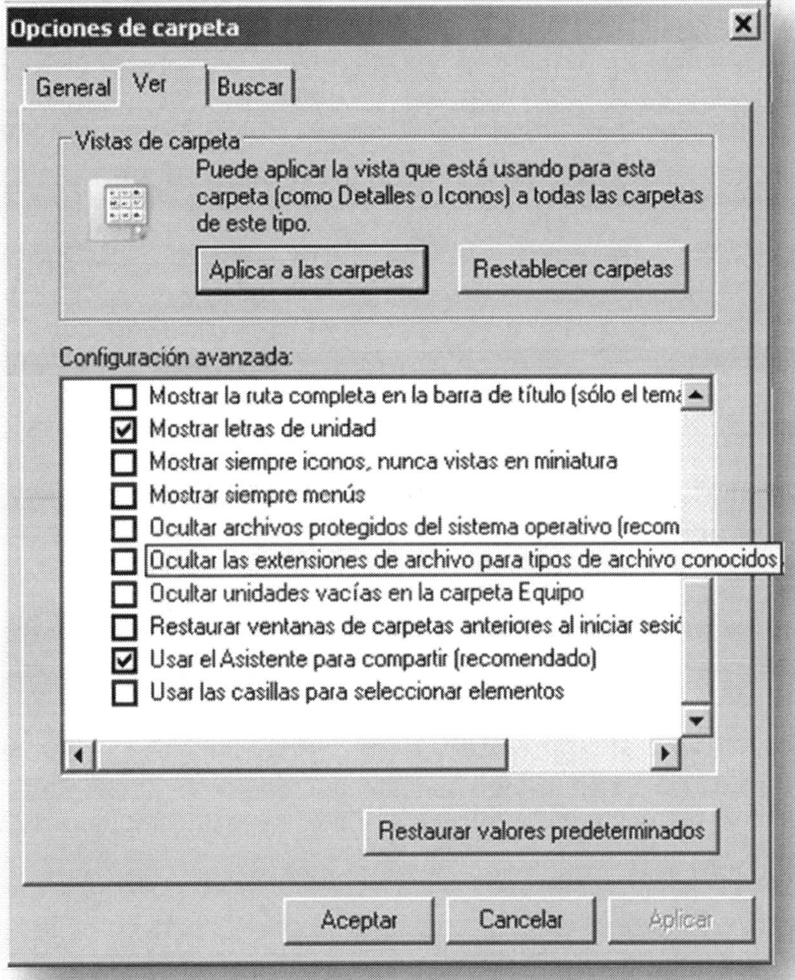

Una vez finalizado el proceso correctamente, abrimos nuestra primera página haciendo doble clic sobre el icono del fichero. Esto lanzará nuestro navegador web y mostrará el contenido interpretado del fichero.

Los navegadores nos ofrecen la posibilidad de inspeccionar el código fuente a través del cual se construye la representación visual de la página web. Esto nos puede ser útil para estudiar el código HTML de páginas que nos interesen. Para ver el código fuente, debemos encontrar la opción *"Ver código fuente de la página"*. Dicha opción depende del navegador que utilicemos, pero normalmente se encuentra haciendo clic con el botón derecho del ratón dentro de la página web. Obtendremos una imagen como la que sigue.

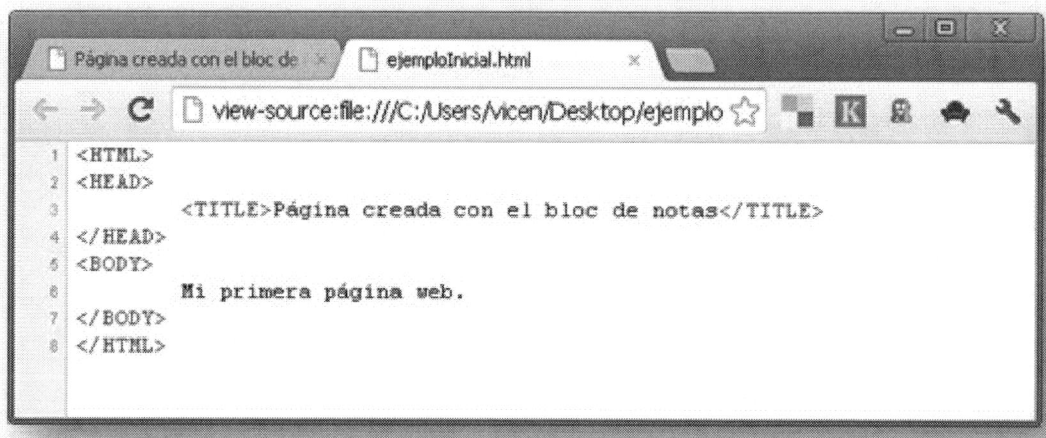

Si deseamos modificar nuestra página web, deberemos hacerlo en el editor donde tenemos el código fuente, nunca en el inspector del código del navegador. Vamos ahora a modificar el fichero *ejemploInicial.html* para añadir el texto –modificada y observar el proceso.

Ten en cuenta que debes grabar los cambios en el fichero (menú Archivo > Grabar). Para ver los cambios en el navegador deberemos refrescarlo, es decir, indicarle que vuelva a recargar la página, mediante **F5** o el botón

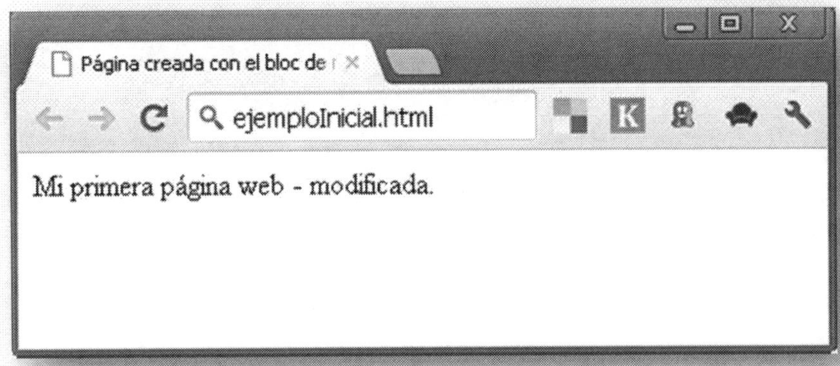

Existen diferentes tipos de editores con los cuales podemos trabajar. Varían en función de su sofisticación y de las facilidades ofrecidas para crear páginas web. El más básico de entre ellos es el mostrado en el ejemplo. Los del tipo bloc de notas, son editores puros de texto, donde no se tienen colores ni formatos para diferenciar las etiquetas, los atributos, etc.

Un paso más evolucionado son los editores de texto enriquecido que permiten interpretar el código que estamos escribiendo. Utilizan colores para diferenciar las distintas etiquetas, tienen opciones como las de autocompletar, números de línea, etc. Un ejemplo sería el Notepad ++. Veamos como quedaría el código anterior en este editor.

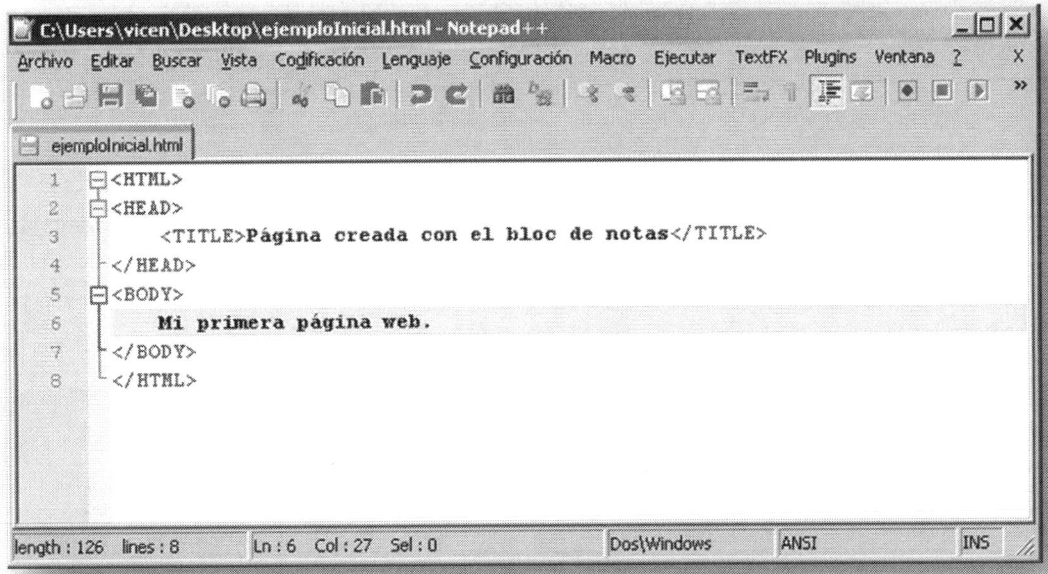

Por último, tendríamos los editores tipo **WYSIWYG** (What You See Is What You Get, lo que ves es lo que obtienes). Estos editores permiten crear páginas web sin escribir código HTML como si se tratase de un programa de dibujo por ordenador. Algunos ejemplos de este tipo de editores son Macromedia Dreamweaver, Microsoft Frontpage o incluso las utilidades que disponen los exploradores actuales como Google Chrome y Mozilla Firefox.

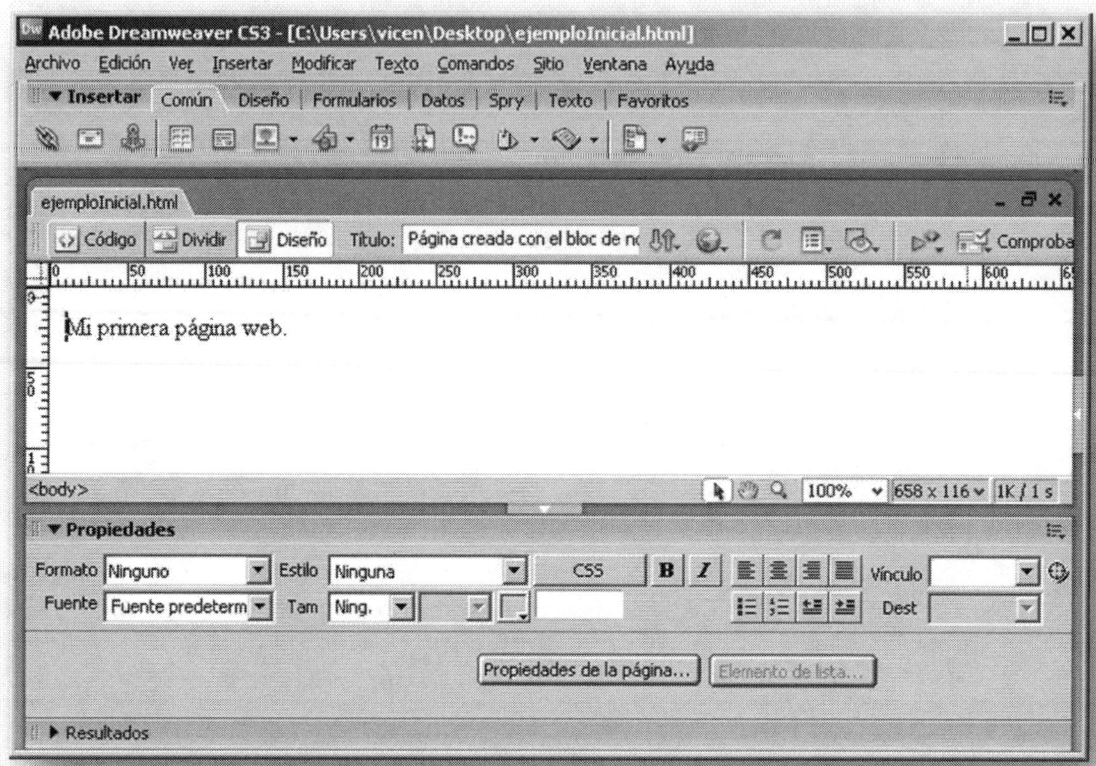

Elijamos el editor que elijamos podremos seguir el curso sin problemas, pero se recomienda para ganar tiempo utilizar editores de texto enriquecido para comenzar y una vez se tenga un dominio del lenguaje HTML pasar a editores tipo WYSIWYG para ganar tiempo en el desarrollo.

Sintaxis del HTML.

El HTML es un lenguaje que basa su sintaxis en un elemento de base al que llamamos etiqueta.

<XXX> Este es el inicio de una etiqueta.
</XXX> Este es el cierre de una etiqueta.

Las letras de la etiqueta pueden estar en mayúsculas o minúsculas, indiferentemente. La etiqueta presenta frecuentemente dos partes:

Una **apertura** de forma general <etiqueta>
Un **cierre** de tipo </ etiqueta>

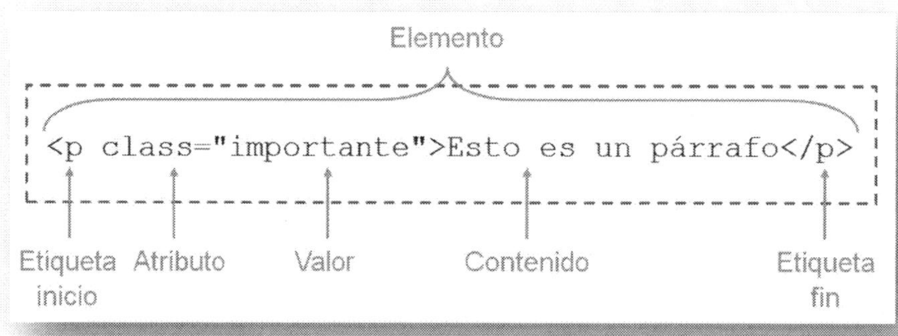

Todo lo incluido en el interior de esa etiqueta sufrirá las modificaciones que caracterizan a esta etiqueta. Así por ejemplo: Las etiquetas <b> y </b> definen un texto en negrita. Si en nuestro documento HTML escribimos una frase con el siguiente código:

```
<b>Texto negrita</b>
```

El resultado Será:

Texto negrita

Las etiquetas <p> y </p> definen un párrafo. Si en nuestro documento HTML escribiéramos:

```
<p>Hola, estamos en clase de Informática.</p>
<p>Ahora pasamos al segundo Párrafo.</p>
```

El resultado será:

```
Hola, estamos en clases de Informática.
Ahora saltamos al segundo Párrafo.
```

Parámetros de las etiquetas.

Muchas etiquetas HTML necesitan contar con parámetros para funcionar correctamente. Éstos son modificadores que se introducen entre los signos de apertura y cierre para definir algún matiz concreto del elemento HTML.

Por ejemplo, la etiqueta **<img />** se emplea para insertar una imagen en la página web, pero por si sola no funciona correctamente. Necesita que le incorporemos un parámetro en el que indiquemos qué imagen será la que se muestre. Quedaría así:

```
<img src="fotodelgrupo.jpg" />
```

En el ejemplo siguiente, además de indicar qué imagen se mostrará, establecemos el tamaño que ocupará en la pantalla:

```
<img src="fotodelaula5.jpg" width="300px" height="150px" />
```

Los **parámetros** se identifican por un término, seguido de un signo de igual y a continuación, entre comillas, el valor que le queramos asignar. Aunque podemos usar comillas simples, normalmente se usan siempre **comillas dobles** para englobar el valor de cada parámetro.

La estructura básica de un documento HTML.

Toda página HTML está comprendido entre las etiquetas <HTML> y </HTML>:

<HTML> [Todo el documento] **</HTML>**

Un documento HTML en sí está dividido en dos zonas principales:

- El **encabezamiento**, entre las etiquetas **<HEAD>** y **</HEAD>**
- El **cuerpo**, comprendido entre las etiquetas **<BODY>** y **</BODY>**

Dentro del encabezamiento hay información del documento, que no se ve en la pantalla principal del BROWSER que es utilizado para visualizar el documento HTML, principalmente la información encontrada en el encabezamiento es el título del documento, comprendido entre las etiquetas **<TITLE> y </TITLE>**. El título debe ser breve y descriptivo de su contenido, pues será lo que vean los demás cuando añadan nuestra página a su bookmark (o agenda de direcciones).

Dentro del cuerpo está todo lo que queremos que aparezca en la pantalla principal (texto, imágenes, etc.)

<!DOCTYPE> y **<?xml>** son dos etiquetas que indican qué tipo de documento estamos generando y a qué normas se ajusta. Normalmente serán siempre iguales y será nuestro editor el que se encargue de colocarlas al principio de la página, cuando sea necesario. Por tanto, la estructura de un documento HTML queda de esta manera:

```
<!DOCTYPE html>
<HTML>
<HEAD>
<TITLE> Título de la página </TITLE>
</HEAD>
<BODY>
[Aquí van las etiquetas que visualizan la página]
</BODY>
</HTML>
```

Cuando escribimos código HTML al igual que cuando programamos, es conveniente identar el código. Esto significa ordenarlo gráficamente según jerarquía, para que su lectura y comprensión sean más fáciles. El código anterior identado quedaría como sigue:

```
<!DOCTYPE html>
<HTML>
        <HEAD>
                <TITLE> Título de la página </TITLE>
        </HEAD>
        <BODY>
                [Aquí van las etiquetas que visualizan la página]
        </BODY>
</HTML>
```

Normas fundamentales.

HTML es simplemente texto.

Lo primero es saber que un documento HTML es un archivo de texto simple, luego, se puede editar con cualquier editor de texto sencillo, como el Block de Notas de Windows.

Igualdad de mayúsculas y minúsculas.

HTML no distingue entre mayúsculas y minúsculas en la especificación de marcas y sus atributos. Sin embargo, por legibilidad, es aconsejable codificar tanto marcas como atributos en mayúsculas.

No importan los tabuladores, ni los saltos de línea.

Los visualizadores no toman en cuenta las tabulaciones, los saltos de línea ni los espacios en blanco extra. Esto tiene ventajas y desventajas. La principal ventaja es que permite obtener resultados uniformes y de buena presentación de manera bastante fácil. La principal desventaja es que un documento HTML, por lo menos se debe usar las marcas <P>...</P> o <BR> para evitar que quede todo el texto en una sola línea.

Caracteres especiales.

En HTML existen algunos caracteres que son especiales porque juegan un papel dentro del mecanismo del funcionamiento de HTML, como sucede con los símbolos mayor que (>) y menor que (<), y otros porque en los primeros tiempos de HTML, no formaban parte del juego de caracteres internacionales del alfabeto, como sucede con los acentos.

Sea por los motivos que fuere, el caso es que existen ciertos símbolos que no pueden escribirse directamente, sino que deben sustituirse por una cadena de caracteres que el visualizador interpretará de forma correcta. Estas cadenas de caracteres comienzan siempre por el símbolo (&) seguido de una combinación de caracteres alfabéticos que tienen un significado especial en HTML. En la siguiente tabla se muestra cómo escribir algunos de estos caracteres:

Carácter especial	Transcripción HTML	Comentario
Los acentos	&<vocal a acentuar> acute;	En la actualidad la mayoría de los browsers los soportan
Símbolo menor que (<)	<	
Símbolo mayor que (>)	>	
La eñe	ñ	En la actualidad la mayoría de los browsers la soportan
Espacios en blanco	(non breaking space)	HTML sólo reconoce un espacio en blanco entre palabras

De manera más general, para representar símbolos reservados o símbolos particulares, se puede utilizar el código ASCII del símbolo mediante la sintaxis siguiente:

```
&#código_ASCII;
```

2 – Introducción de texto.

En la presente unidad vamos a ver como introducir el contenido más simple de las páginas web, es decir, el contenido textual. A pesar de ser el más simple, es a su vez el más extendido y debemos prestar especialmente atención a su distribución y a su formato.

El HTML es muy cuidadoso con la organización de la información, por lo que lo primero que hemos de conocer es cómo estructurar los títulos y cómo definir los párrafos de texto.

Los párrafos.

Se entiende como párrafo un texto que termina en un punto y aparte. En HTML las etiquetas **<p>** y **</p>** se emplean para definir un bloque de texto que se comporta como un párrafo. Es aconsejable no dejar nunca una porción de texto suelta por la página web, sino que la rodearemos con esas etiquetas. Cualquier editor de texto WYSIWYG se encargará de hacerlo por nosotros pero, si estamos usando otro tipo de editor, debemos asegurarnos de qué se hace correctamente.

Veamos un sencillo ejemplo del uso de párrafos dentro de una página web. Copia el siguiente texto en un documento nuevo de tu editor de trabajo y grábalo con el nombre ejemploParrafos.html

```
<HTML>
<HEAD>
        <TITLE>Ejemplo de texto</TITLE>
</HEAD>
<BODY>
        <P>Este será mi PRIMER párrafo.
        Puede contener tanto texto como consideremos necesario.
        Y tantas líneas como queramos.</P>

        <P>Este será mi SEGUNDO párrafo.
        Puede contener tanto texto como consideremos necesario.
        Y tantas líneas como queramos.</P>

        <P>Este será mi TERCER párrafo.
        Puede contener tanto texto como consideremos necesario.
        Y tantas líneas como queramos.</P>

</BODY>
</HTML>
```

Visualiza la página web haciendo doble clic sobre el fichero recién creado. Deberías obtener una página como la que sigue. Si el navegador tiene la suficiente anchura los párrafos no se mostrarán en dos líneas sino en una sola.

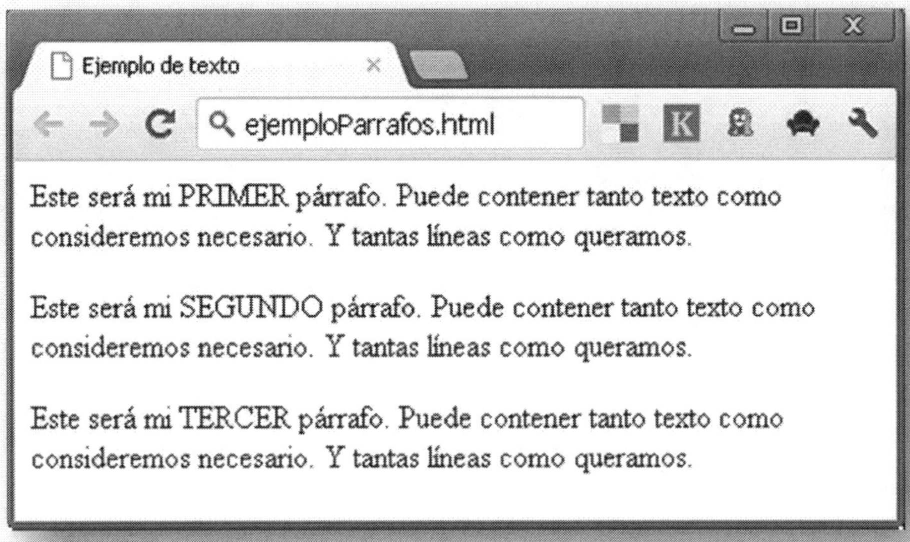

Los títulos.

Cualquier documento, como este libro, contiene títulos para diferenciar las diferentes secciones del documento. En HTML, las etiquetas **<h1>** y **</h1>** se utilizan para definir un texto como título, indicando que es una cabecera (la h viene de header, cabecera en inglés) que queremos destacar sobre el resto del texto. Junto a **<h1>** contamos con **<h2>, <h3>** y así hasta **<h6>** para definir diferentes títulos, de mayor a menor importancia.

Cualquier página web bien diseñada contará con estos encabezados para definir los distintos apartados del texto, con sus diferentes niveles. En la figura se puede observar cómo hemos incorporado algunos encabezados, en este caso h1 y h2, a nuestro texto. Se consigue añadiendo el texto y a continuación seleccionando el encabezado deseado en cuadro de la parte izquierda.

Como podemos observar, cada uno de los niveles de encabezado tiene una apariencia diferente de tamaño y tipo de letra. Este aspecto se puede modificar como veremos un poco más tarde.

```
<HTML>
<HEAD>
        <TITLE>Ejemplo de texto</TITLE>
</HEAD>
<BODY>
        <H1>Nivel de encabezado 1</H1>
        <H2>Nivel de encabezado 2</H2>
        <H3>Nivel de encabezado 3</H3>
        <H4>Nivel de encabezado 4</H4>
        <H5>Nivel de encabezado 5</H5>
        <H6>Nivel de encabezado 6</H6>
</BODY>
</HTML>
```

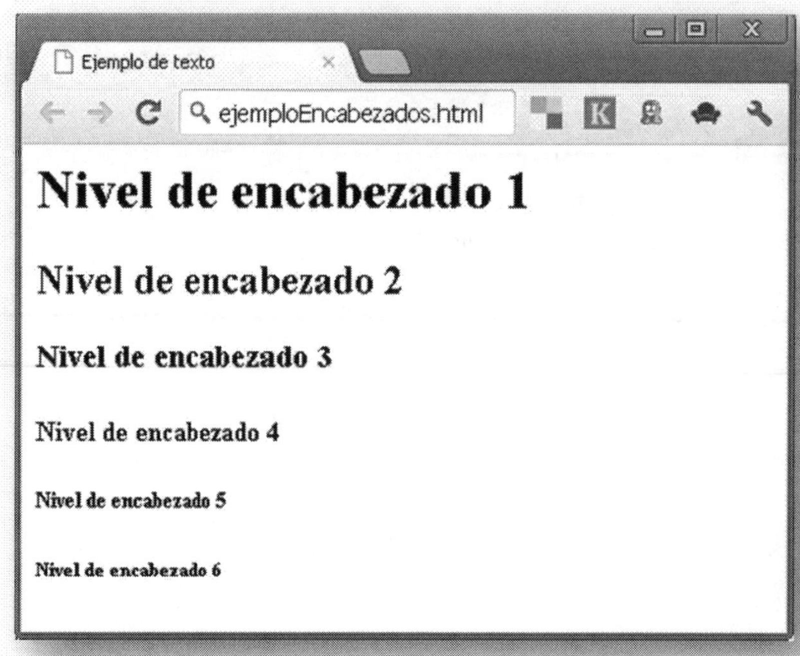

Saltos de línea y líneas separadoras.

Para complementar las opciones de separación del texto, contamos con dos etiquetas más.

**
** inserta un salto de línea en el texto. No genera un nuevo párrafo, sino que parte la línea en dos. Es un elemento puntual, que no lleva etiqueta de cierre. Equivale a hacer Intro dentro de un editor de texto.

<hr /> inserta un salto de línea en el texto, pero mostrando una línea horizontal visible. HR viene del inglés horizontal rule.

Vamos ahora a mostrar un ejemplo modificando el código anterior de los párrafos para insertar una línea horizontal entre cada párrafo y obligar a hacer un salto de línea después de cada punto seguido.

```html
<HTML>
<HEAD> <TITLE>Ejemplo de texto</TITLE> </HEAD>
<BODY>
        <P>Este será mi PRIMER párrafo. <BR>
        Puede contener tanto texto como consideremos necesario.
        Y tantas líneas como queramos.</P>
        <HR/>
        <P>Este será mi SEGUNDO párrafo. <BR/>
        Puede contener tanto texto como consideremos necesario.
        Y tantas líneas como queramos.</P>
        <HR/>
        <P>Este será mi TERCER párrafo. <BR>
        Puede contener tanto texto como consideremos necesario.
        Y tantas líneas como queramos.</P>
</BODY>
</HTML>
```

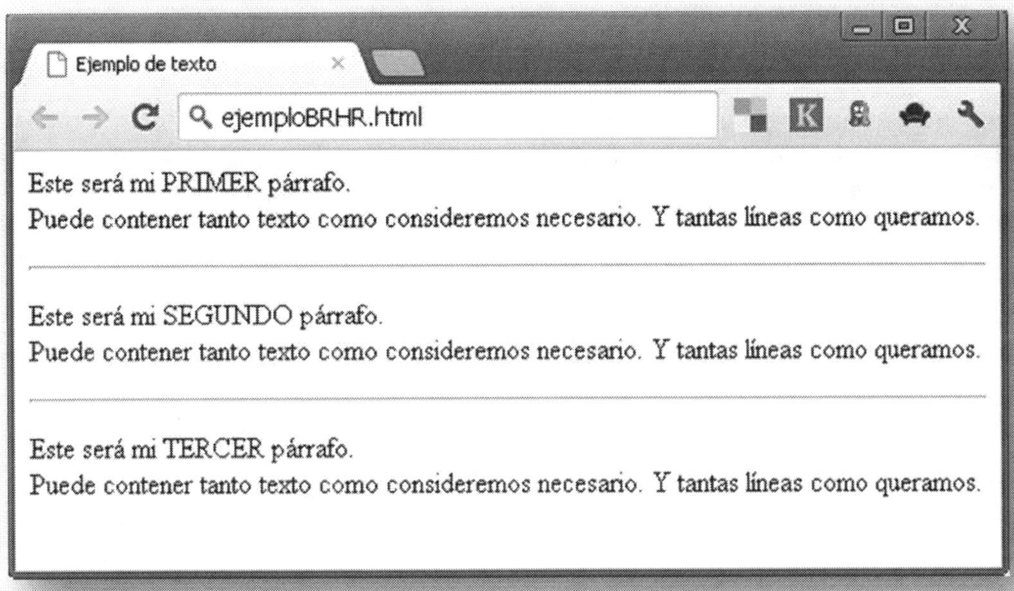

Espacios en blanco.

Como se ha explicado anteriormente el código HTML no tiene en cuenta los espacios en blanco ni los tabuladores. Esto significa que un código como el que sigue:

```
<HTML>
<HEAD>
        <TITLE>Ejemplo de texto</TITLE>
</HEAD>
<BODY>
        <P>Este será mi                PRIMER                párrafo.</P>
</BODY>
</HTML>
```

Mostrará por pantalla el mismo texto ignorando los espacios en el código.

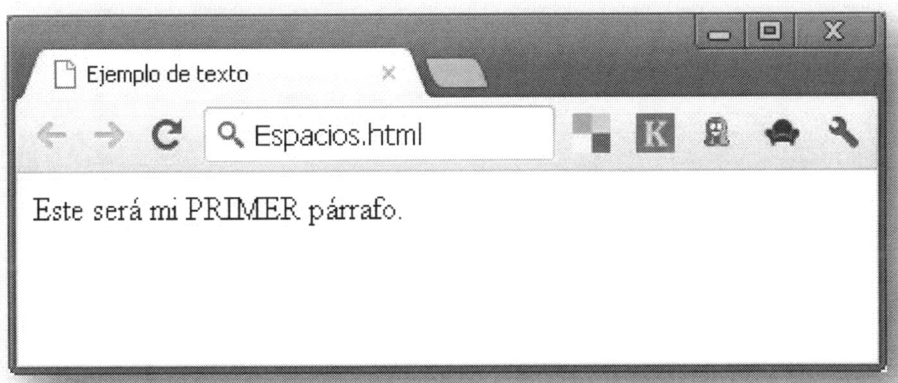

Si se desea crear espacios en blanco, debemos insertar el código ** ** que viene del inglés "new blank space". Introduciremos tantos   como espacios en blanco necesitemos.

```
<HTML>
<HEAD>
        <TITLE>Ejemplo de texto</TITLE>
</HEAD>
<BODY>
        <P>Este será mi           PRIMER      
    párrafo.</P>
</BODY>
</HTML>
```

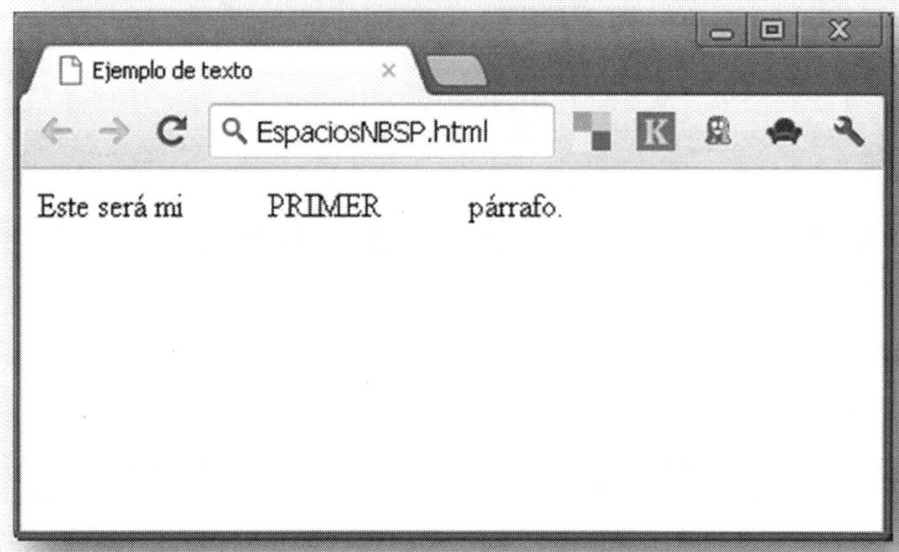

En editores modernos, del tipo WYSIWYG, no es necesario que estemos pendientes de estas cosas si editamos visualmente ya que el propio editor introducirá dichos códigos por nosotros.

Actividades.

UD2 – ACTIVIDAD 1: Manejo de párrafos, líneas y espacios.	
TIPO	Desarrollo
OBJETIVOS	Practicar las etiquetas P, BR, HR y la introducción de espacios en blanco.
RECURSOS	Editor de texto y navegador web.
ENUNCIADO DE LA ACTIVIDAD	

Crea una página web que muestre por pantalla lo siguiente:

COMENTARIOS

La única dificultad que podrían encontrar los alumnos reside en el uso correcto de los espacios y las líneas en blanco.

UD2 – ACTIVIDAD 2: Manejo de párrafos, líneas y espacios.	
TIPO	Desarrollo
OBJETIVOS	Practicar las etiquetas P, BR, HR y la introducción de espacios en blanco.
RECURSOS	Editor de texto y navegador web.

ENUNCIADO DE LA ACTIVIDAD

Crea una página web que muestre por pantalla lo siguiente:

COMENTARIOS

La única dificultad que podrían encontrar los alumnos reside en el uso correcto de los espacios y las líneas en blanco. Los caracteres utilizados son los siguientes: = | ( )

3 – Formato usando etiquetas.

Entendemos por formato la representación visual de un contenido, es decir, las formas, tamaños y colores con las que se muestra dicho contenido. Hemos de diferenciar en un elemento cualquiera la información de su representación visual. En la frase "La **casa** de la *pradera*.", la información es "la casa de la pradera" y de manera visual vemos la representación de la palabra casa en negrita y subrayado y la palabra pradera en cursiva o itálica y con un tamaño mayor.

En HTML existen tres formas de especificar el formato de un elemento:

- Mediante etiquetas específicas.
- A través de estilos especificados dentro de la propia etiqueta.
- Haciendo uso de las hojas de estilos o CSS.

En este punto nos centraremos en los dos primeros casos, dejando para después la explicación de los estilos y las CSS.

Etiquetas de formato específicas.

En HTML existen etiquetas únicamente destinadas a dar formato a los elementos que contienen en su interior.

<strong> y **</strong>** se utilizan para destacar una parte del texto. Normalmente el texto incluido entre esas etiquetas se representa en negrita.

<em> y **</em>** se emplea para enfatizar un texto; se representa en cursiva.

<i> e **</i>** hacen que un texto se muestre en cursiva. La estética es similar al caso anterior, aunque su significado desde la óptica del lenguaje HTML es diferente.

_{** e **} se utilizan para crear subíndices. Ideal para citaciones en textos.

^{** e **} se usan para crear superíndices. Normalmente empleadas en fórmulas matemáticas.

Todas estas etiquetas HTML podemos anidarlas para obtener así un texto doblemente destacado, en este caso con negrita y cursiva. Quedaría de la siguiente manera:

```
<HTML>
<HEAD>
        <TITLE>Ejemplo de texto</TITLE>
</HEAD>
<BODY>
        <p>La siguiente palabra es muy <strong><em>importante</em></strong></p>
</BODY>
</HTML>
```

Al anidar diferentes etiquetas es importante mantener el orden al cerrarlas. La última que hayamos abierto será la primera en cerrarse, como en el ejemplo anterior. En caso contrario la representación obtenida puede no ser la deseada.

Además de las etiquetas vistas anteriormente existen otras etiquetas destinadas a dar sentido a una parte concreta de la página web y que el navegador representará visualmente diferenciándolas del texto normal:

<cite> para una cita.
<code> para bloques de código informático.
<dfn> para establecer definiciones.
<kbd> para texto de teclado.
<samp> para ejemplos.
<var> para definir una variable.

```
<HTML>
<HEAD><TITLE>Ejemplo de formato.</TITLE></HEAD>
<BODY>
        <CODE>Este párrafo muestra el efecto de la etiqueta CODE.</CODE>
        <BR /><BR />
        <DFN>Este párrafo muestra el efecto de la etiqueta DFN.</DFN>
        <BR /><BR />
        <SAMP>Este párrafo muestra el efecto de la etiqueta SAMP.</SAMP>
        <BR /><BR />
        <VAR>Este párrafo muestra el efecto de la etiqueta VAR.</VAR>
        <BR /><BR />
        <KBD>Este párrafo muestra el efecto de la etiqueta KBD.</KBD>
        <BR /><BR />
        <CITE>Este párrafo muestra el efecto de la etiqueta CITE.</CITE>
</BODY>
</HTML>
```

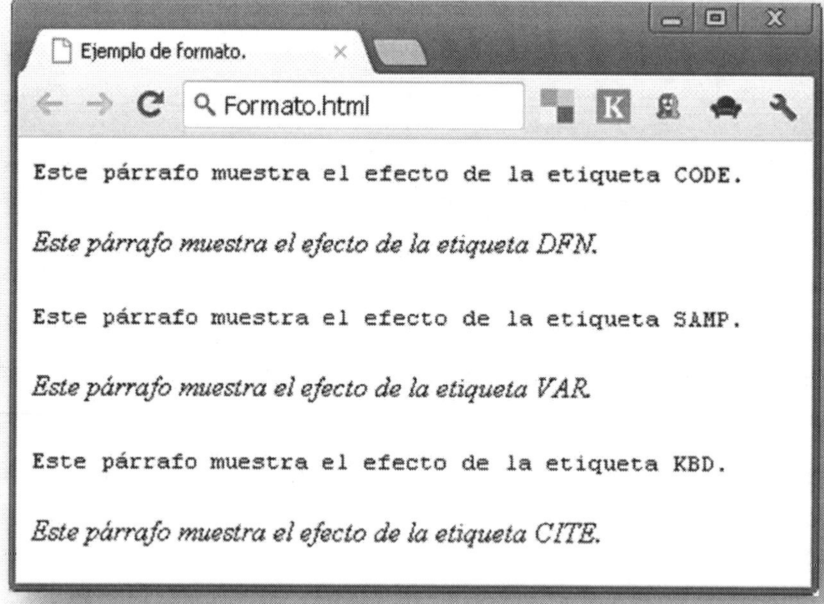

Por último destacar la aparición de dos nuevas etiquetas para borrar contenido, **<del>** y para insertarlo mediante **<ins>** en una página web. Con la primera etiqueta el texto aparecerá tachado y con **<ins>** aparecerá normalmente subrayado. Ambas etiquetas disponen de dos atributos lógicos para explicar la razón por la que se inserta o se borra el contenido y la fecha desde cuando se produce el cambio.

Atributo	Valor	Descripción
cite	*URL*	Especifica la URL hacia un document que explique la razón por la que el texto fue borrado o insertado.
datetime	*YYYY-MM-DDThh:mm:ss*	Especifica la fecha y la hora cuando el texto fue borrado o insertado.

```
<p>Precio del producto: <del>24,00€</del> <ins>Ahora solo 9,99€</ins></p>
```

En versiones anteriores de HTML existían otras etiquetas muy utilizadas como **<b>**, **<i>**, **<font>**, etc., pero todas ellas han sido abandonadas en las últimas revisiones del lenguaje HTML. Para aplicar formato a una web se aconseja utilizar los **estilos**.

Actividades.

UD3 – ACTIVIDAD 1: Utilización de etiquetas específicas de formato.	
TIPO	Desarrollo
OBJETIVOS	Practicar las etiquetas STRONG,I, SUB, SUP, etc.
RECURSOS	Editor de texto y navegador web.
ENUNCIADO DE LA ACTIVIDAD	

Crea una página web que muestre por pantalla lo siguiente:

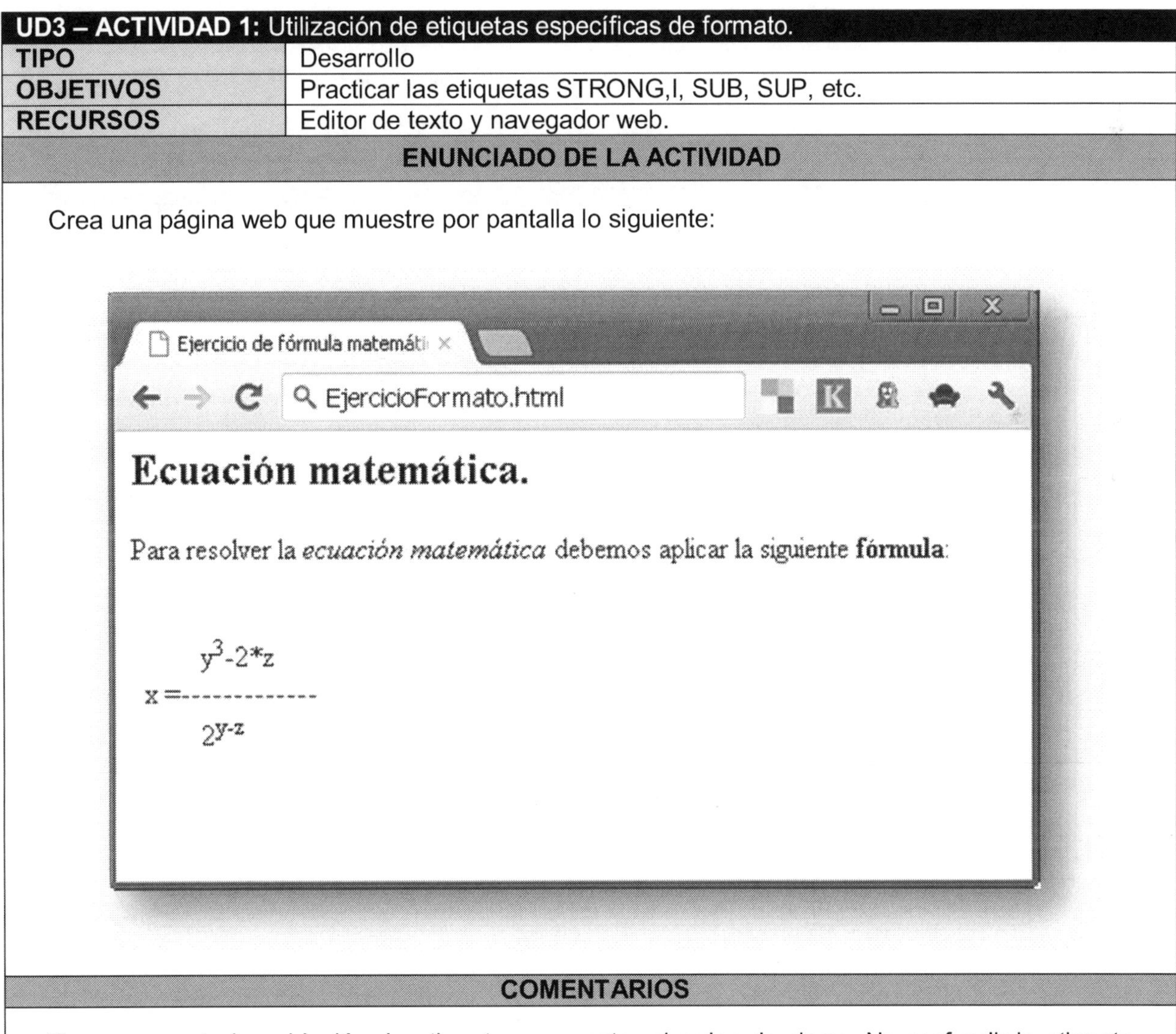

$$x = \frac{y^3 - 2*z}{2^{y-z}}$$

COMENTARIOS
Tener presente la anidación de etiquetas y respetar el orden de cierre. No confundir la etiqueta SUB con SUP.

4 – Listas.

Se pueden representar elementos en forma de lista dentro de nuestros documentos de una forma sencilla y con una gran versatilidad. Estas listas podrán incluir cualquiera de los Elementos html e incluso podemos definir listas anidadas, es decir, listas dentro de listas. HTML nos permite crear 3 tipos de listas:

- Listas no numeradas.
- Listas numeradas.
- Listas de definición.

Listas no numeradas: <UL> (Unordered List).

Con este tipo de listas podemos especificar una serie de elementos sin un orden predeterminado, precedidos por una marca o viñeta que nosotros mismos podemos definir. Para la definición de los límites de la lista utilizaremos la etiqueta <UL>..</UL>, y para determinar cada uno de los elementos que la componen usaremos la etiqueta <LI> (*list ítem*)

Con el atributo type se especifica el tipo de marca o viñeta que antecederá a cada uno de los elementos de la lista. Estas marcas podrán ser un disco(disk), un círculo(circle) o un cuadrado(square). El formato es el siguiente:

```
<HTML>
     <HEAD>
          <TITLE>Listas no numeradas</TITLE>
     </HEAD>
     <BODY>
          <UL>
          Titulo de la lista
               <LI> Elemento 1 </LI>
               <LI> Elemento 2 </LI>
               ...
               <LI> Elemento n </LI>
          </UL>
     </BODY>
</HTML>
```

Listas numeradas: <OL> (Ordered List).

Con este tipo de listas se puede especificar una serie de elementos numerados según el lugar que ocupan en la lista. Para la definición de los límites de la lista utilizaremos la etiqueta <OL>...</OL>, y para determinar cada uno de los elementos que la componen usaremos la etiqueta <LI>.

```
<HTML>
     <HEAD>
          <TITLE>Listas  numeradas</TITLE>
     </HEAD>
```

```
<BODY>
        <OL start="n" type="tipo de letra" reversed>
        Titulo de la lista
                <LI> Elemento 1 </LI>
                <LI> Elemento 2 </LI>
                ...
                <LI> Elemento n </LI>
        </OL>
</BODY>
</HTML>
```

Con el atributo **start** vamos a especificar el número por el que va a empezar la lista. Si no indicamos este argumento la lista empezará a numerarse a partir del 1.

Con el atributo **type** vamos a especificar el tipo de lista numerada. Sus posibles valores podrían ser:

A: Letras mayúsculas (A, B, C, ….)

a: Letras minúsculas(a, b, c,….)

I : Números romanos en mayúsculas(I, II, III, IV, …)

i : Números romanos en minúsculas (i,ii, iii, iv,…)

1: Numéricamente (1, 2, 3, 4,…) (Es la numeración por defecto y por tanto no habría que indicarla)

Mediante el atributo **reversed** podemos invertir el orden en el que se presentan los números de la lista.

Listas de definiciones: <DL> (Definition List).

Estas listas nos van a servir para especificar una serie de términos y sus definiciones correspondientes. Para la definición de la lista usaremos la etiqueta <DL> …</DL>, para especificar los términos usaremos la etiqueta <DT> y para especificar la definición correspondiente a cada término usaremos la etiqueta <DD> (*definition description*). El formato es el siguiente:

```
<HTML>
        <HEAD>
                <TITLE>Definición de Listas </TITLE>
        </HEAD>
        <BODY>
                <DL>
                        <DT> Término 1 </DT>
                                <DD> Definición 1 </DD>
                        <DT> Término 2 </DT>
                                <DD>Definición 2 </DD>
                        ....
                        <DT>Término n </DT>
                        <DD>Definición n </DD>
                </DL>
        </BODY>
</HTML>
```

Anidando listas.

Con HTML tenemos la posibilidad en cualquier momento de anidar y mezclar los tipos de listas para realizar creaciones según nuestras necesidades.

```
<HTML>
      <HEAD>
            <TITLE>Definición de Listas </TITLE>
      </HEAD>
      <BODY>
            <P>Ciudades del mundo:</P>
            <UL>
                  <LI>ESPAÑA</LI>
                  <OL>
                    <LI>Madrid </LI>
                    <LI>Barcelona </LI>
                    <LI>Valencia </LI>
                  </OL>
                  <LI>PORTUGAL</LI>
                  <OL>
                    <LI>Porto</LI>
                    <LI>Lisboa </LI>
                  </OL>
                  <LI>FRANCIA</LI>
                  <OL>
                    <LI>París</LI>
                    <LI>Marsella </LI>
                    <LI>Lyon </LI>
                  </OL>
            </UL>
      </BODY>
</HTML>
```

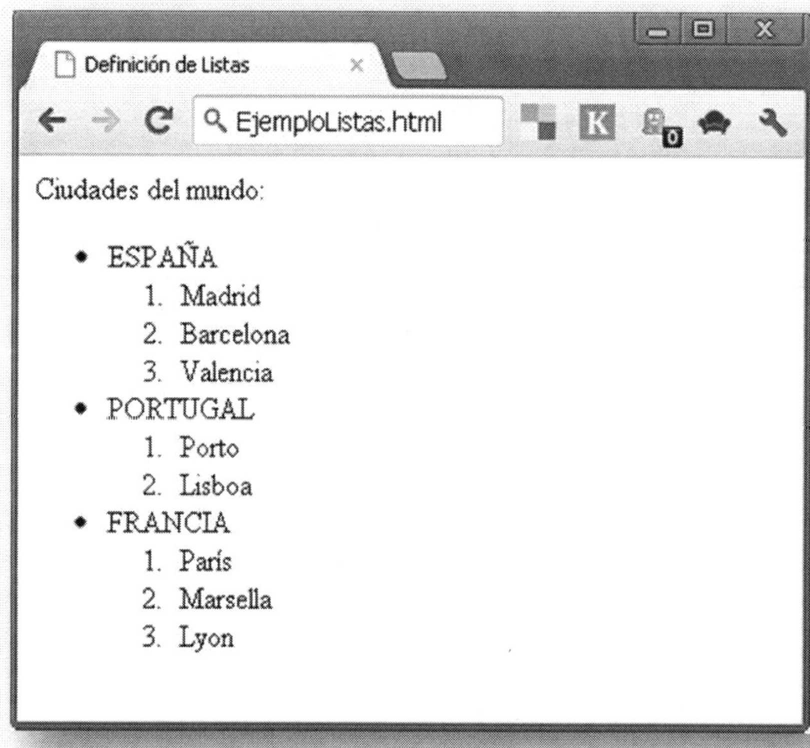

Actividades.

UD4 – ACTIVIDAD 1: Uso de listas en HTML.	
TIPO	Desarrollo
OBJETIVOS	Practicar el uso de las etiquetas OL, UL, DT, DD, LI.
RECURSOS	Editor de texto y navegador web.
ENUNCIADO DE LA ACTIVIDAD	

Crea una página web que muestre una lista ordenada inversamente con tus platos de comida preferidos. Algo parecido a lo siguiente:

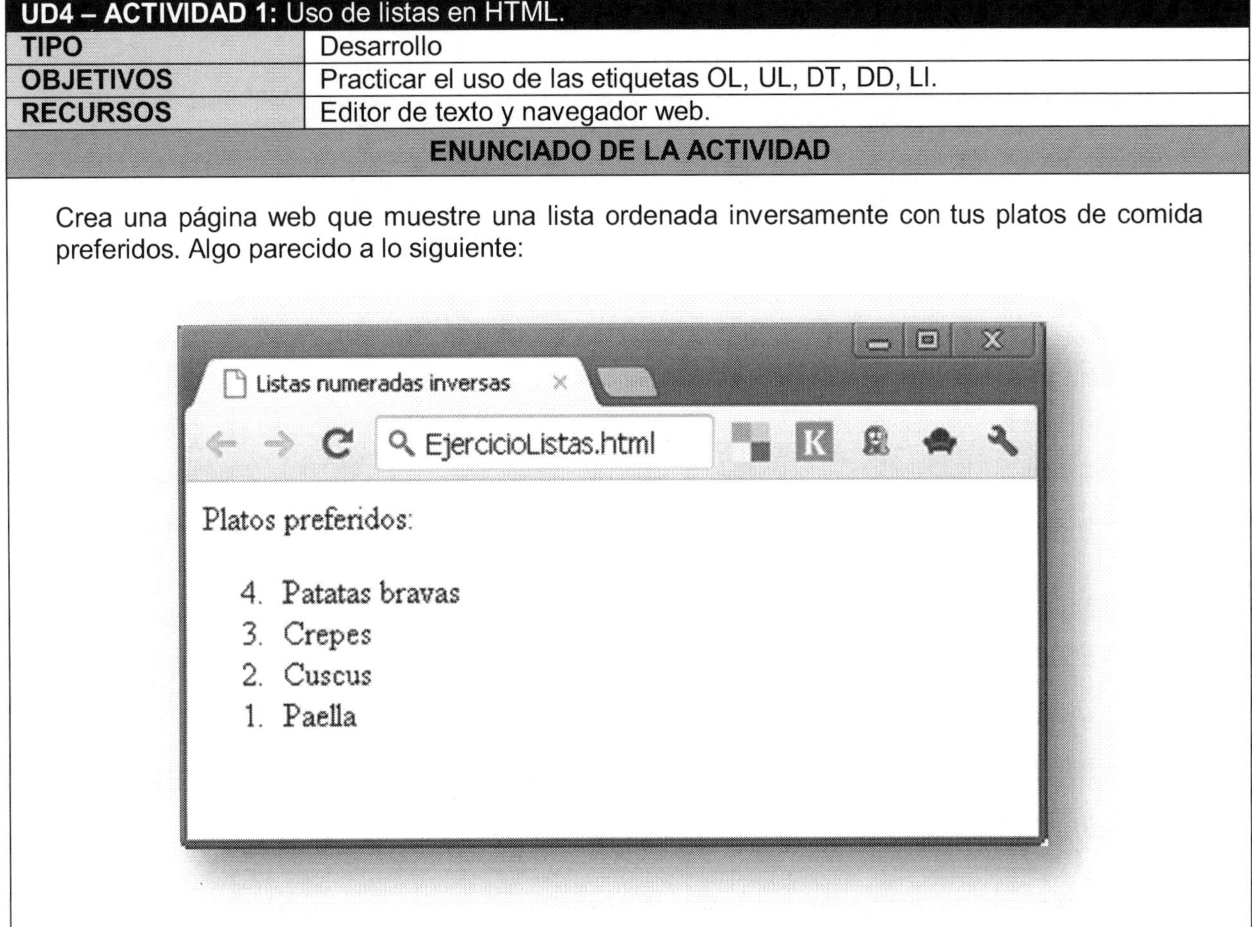

Enlaces.

Entendemos por sitio web al conjunto de archivos, principalmente páginas HTML e imágenes, que constituyen el contenido al que el navegante tiene acceso. Sin embargo, no podríamos hablar de navegante o de navegación si estos archivos HTML no estuviesen debidamente conectados entre ellos y con el exterior de nuestro sitio por medio de enlaces hipertexto. En efecto, el atractivo original del HTLM radica en la posible puesta en relación de los contenidos de los archivos introduciendo referencias bajo forma de enlaces que permitan un acceso rápido a la información deseada. De poco serviría en la red tener páginas aisladas a las que la gente no puede acceder y desde las que la gente no puede saltar a otras.

Un enlace puede ser fácilmente detectado en una página. Basta con deslizar el puntero del ratón sobre las imágenes o el texto y ver como cambia de su forma original transformando por regla general el puntero en una mano con un dedo señalador.

Adicionalmente, estos enlaces suelen ir, en el caso de los textos, coloreados y subrayados para que el usuario no tenga dificultad en reconocerlos. Si no especificamos lo contrario (ya tendremos ocasión de explicar como), estos enlaces texto estarán subrayados y coloreados en azul. En el caso de las imágenes que sirvan de enlace, veremos que están delimitadas por un marco azul por defecto.

Para colocar un enlace, nos serviremos de las etiquetas <a> y </a>. Dentro de la etiqueta de apertura deberemos especificar asimismo el destino del enlace. Este destino será introducido bajo forma de atributo, el cual lleva por nombre **href**.

La sintaxis general de un enlace es por tanto de la forma:

```
<a href="destino">contenido</a>
```

Siendo el *contenido* un texto o una imagen. Es la parte de la página que se colocará activa y donde deberemos pulsar para acceder al enlace. Por su parte, *destino* será una página, un correo electrónico o un archivo.

En función del destino los enlaces son clásicamente agrupados del siguiente modo:

- **Enlaces internos**: los que se dirigen a otras partes dentro de la misma página.

- **Enlaces locales**: los que se dirigen a otras páginas del mismo sitio web.

- **Enlaces remotos**: los dirigidos hacia páginas de otros sitios web.

- **Enlaces con direcciones de correo**: para crear un mensaje de correo dirigido a una dirección.

- **Enlaces con archivos**: para que los usuarios puedan hacer download de ficheros.

Enlaces internos.

Son los enlaces que apuntan a un lugar diferente dentro de la misma página. Este tipo de enlaces son esencialmente utilizados en páginas donde el acceso a los contenidos puede verse dificultado debido al gran tamaño de la misma. Vemos un ejemplo típico de su uso dentro de los artículos de Wikipedia. Mediante estos enlaces podemos ofrecer al visitante la posibilidad de acceder rápidamente al principio o final de la página o bien a diferentes párrafos o secciones.

Para crear un enlace de este tipo es necesario, aparte del enlace de origen propiamente dicho, un segundo enlace que será colocado en el destino. Veamos más claramente como funcionan estos enlaces con un ejemplo sencillo:

Supongamos que queremos crear un enlace que direccione al final de la página. Lo primero será colocar nuestro enlace origen. Lo pondremos aquí mismo y lo escribiremos del siguiente modo:

```
<a href="#abajo">Ir abajo</a>
```

Como se puede observar, el contenido del enlace es el texto "Ir abajo" y el destino, abajo, es un punto de la misma página que todavía no hemos definido. Ojo al símbolo **#**; es él que especifica al navegador que el enlace apunta a una sección en particular.

En segundo lugar, hay que generar un enlace en el destino. Este enlace llevara por nombre abajo para poder distinguirlo de los otros posibles enlaces realizados dentro de la misma página. En este caso, la etiqueta que escribiremos será ésta:

```
<a name="abajo"></a>
```

A decir verdad, estos enlaces, aunque útiles, no son los más extendidos de cuantos hay. La tendencia general es la de crear páginas (archivos) independientes con tamaños más reducidos enlazados entre ellos por enlaces locales (los veremos enseguida). De esta forma evitamos el exceso de tiempo de carga de un archivo y la introducción de exceso de información que pueda desviar la atención del usuario.

Una aplicación corriente de estos enlaces consiste en poner un pequeño índice al principio de nuestro documento donde introducimos enlaces origen a las diferentes secciones. Veamos a continuación un sencillo ejemplo:

```
<HTML>
      <HEAD>
            <TITLE>Enlace dentro de página</TITLE>
      </HEAD>
      <BODY>
            <A href="#abajo">-> Ir a la parte de abajo</A>
            <P><BR/></P>  <P><BR/></P>  <P><BR/></P>  <P><BR/></P>  <P><BR/></P>
<P><BR/></P>  <P><BR/></P>  <P><BR/></P>  <P><BR/></P>  <P><BR/></P>  <P><BR/></P>
<P><BR/></P>  <P><BR/></P>  <P><BR/></P>  <P><BR/></P>  <P><BR/></P>  <P><BR/></P>
<P><BR/></P> <P><BR/></P> <P><BR/></P>
            <A name="abajo">Esta es la zona de abajo</a>
      </BODY>
</HTML>
```

Al abrir la página web nos encontramos que ha aparecido la barra de desplazamiento vertical.

Y al hacer clic sobre el enlace "Ir a la parte de abajo", la página se desplaza hasta la marca con el nombre "abajo".

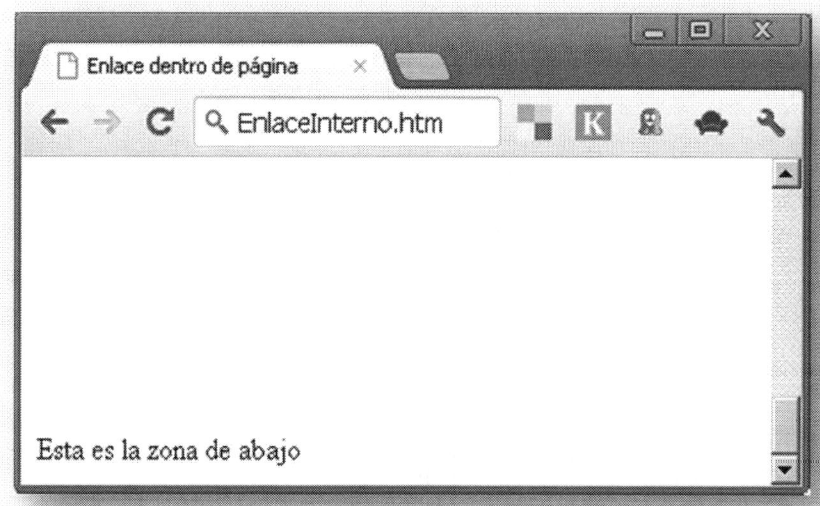

Enlaces locales.

Como hemos dicho, un sitio web está constituido de páginas interconexas. En el punto anterior hemos visto como enlazar distintas secciones dentro de una misma página. Nos queda ahora estudiar la manera de relacionar los distintos documentos HTML que componen nuestro sitio web. Para crear este tipo de enlaces, hemos de crear una etiqueta de la siguiente forma:

```
<a href="nombre del archivo">contenido</a>
```

Por regla general, para una mejor organización, los sitios suelen estar ordenados por directorios o carpetas. Estos directorios suelen contener diferentes secciones de la página, imágenes, sonidos...Es por ello que en muchos casos no nos valdrá con especificar el nombre del archivo, sino que tendremos que especificar además el directorio en el que nuestro archivo.html está alojado.

Para quienes no sepan como mostrar un camino de un archivo, aquí van una serie de indicaciones que os ayudaran a comprender la forma de expresarlos. Tan solo hay que tener cuidado en usar la barra "/" en lugar de la contrabarra "\". No resulta difícil en absoluto y con un poco de práctica lo haréis prácticamente sin pensar.

1. Hay que situarse mentalmente en el directorio en el que se encuentra la página con el enlace.

2. Si la página destino está en un directorio incluido dentro del directorio en el que nos encontramos, hemos de marcar el camino enumerando cada uno de los directorios por los que pasamos hasta llegar al archivo y separándolos por el símbolo barra "/". Al final obviamente, escribimos el archivo.

3. Si la página destino se encuentra en un directorio que incluye el de la página con el enlace, hemos de escribir dos puntos y una barra "../" tantas veces como niveles subamos en la arborescencia hasta dar con el directorio donde está emplazado el archivo destino.

4. Si la página se encuentra en otro directorio no incluido ni incluyente del archivo origen, tendremos que subir como en la regla 3 por medio de ".." hasta encontrar un directorio que englobe el directorio que contiene a la página destino. A continuación haremos como en la regla 2. Escribiremos todos los directorios por los que pasamos hasta llegar al archivo.

Ejemplo:

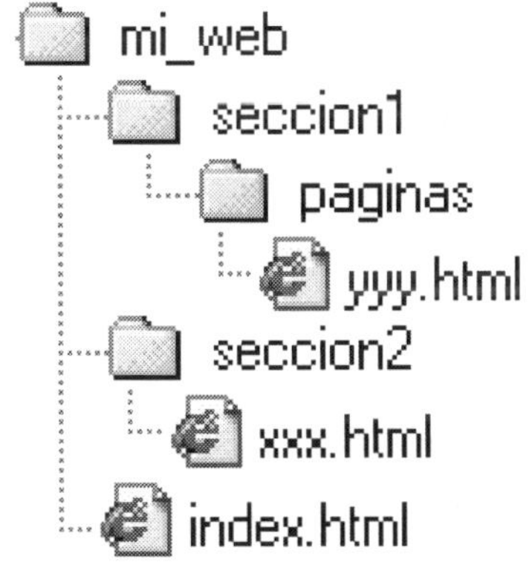

Para clarificar este punto podemos hacer un ejemplo a partir de la estructura de directorios de la imagen.

Para hacer un enlace desde index.html hacia yyy.html:

```
<a href="seccion1/paginas/yyy.html">contenido</a>
```

Para hacer un enlace desde xxx.html hacia yyy.html:

```
<a href="../seccion1/paginas/yyy.html">contenido</a>
```

Para hacer un enlace desde yyy.html hacia xxx.html:

```
<a href="../../seccion2/xxx.html">contenido</a>
```

Los enlaces locales pueden a su vez apuntar ya no a la página en general sino más precisamente a una sección concreta. Este tipo de enlaces resultan ser un híbrido de interno y local. La sintaxis es de este tipo:

```
<a href="archivo.html#seccion">contenido</a>
```

Como para los enlaces internos, en este caso hemos de marcar la sección con otro enlace del tipo:

```
<a name="seccion"></a>
```

Enlaces externos.

Son los enlaces que se dirigen hacia páginas que se encuentran fuera de nuestro sitio web, es decir, cualquier otro documento que no forma parte de nuestro sitio y que no se encuentra en el ordenador que alberga el sitio web.

Este tipo de enlaces es muy común y no representa ninguna dificultad. Simplemente colocamos en el atributo HREF de nuestra etiqueta <A> la URL o dirección de la página con la que queremos enlazar. Será algo parecido a esto.

```
<a href="http://www.wikipedia.com">ir a la Wikipedia</a>
```

Sólo cabe destacar que todos las direcciones web (URLs) empiezan por **http://**. Esto indica que el protocolo por el que se accede es HTTP, el utilizado en la web. No debemos olvidarnos de colocarlas, porque si no los enlaces serán tratados como enlaces locales a nuestro sitio y no será posible encontrar la página.

Otra cosa interesante es que no tenemos que enlazar con una página web con el protocolo HTTP necesariamente. También podemos acceder a recursos a través de otros protocolos como el FTP. En tal caso, las direcciones de los recursos no comenzarán por http:// sino por ftp://.

Enlaces a direcciones de correo.

Los enlaces a direcciones de correo son aquellos que al pincharlos nos abre un nuevo mensaje de correo electrónico dirigido a una dirección de mail determinada. Estos enlaces son muy habituales en las páginas web y resultan la manera más rápida de ofrecer al visitante una vía para el contacto con el propietario de la página.

Para colocar un enlace dirigido hacia una dirección de correo colocamos **mailto:** en el atributo href del enlace, seguido de la dirección de correo a la que se debe dirigir el enlace.

```
<a href="mailto: contacto@gmail.com"> contacto@gmail.com</a>
```

Además de la dirección de correo del destinatario, también podemos colocar en el enlace el asunto del mensaje. Esto se consigue colocando después de la dirección de correo un interrogante, la palabra subject, un signo igual (=) y el asunto en concreto.

```
<a href="malito:contacto@gmail.com?subject=contacto web">Atención al cliente.</a>
```

Podemos colocar otros atributos del mensaje con una sintaxis parecida. En este caso indicamos también que el correo debe ir con copia a copia@gmail.com.

```
<a href="malito:contacto@gmail.com?subject=contacto web&cc=copia@gmail.com">Atención al cliente.</a>
```

Enlaces a archivos.

Este no es un tipo de enlace propiamente dicho, pero lo destacamos aquí porque son un tipo de enlaces muy habitual y que presenta alguna complicación para el usuario novato.

El mecanismo es el mismo que hemos conocido en los enlaces locales y los enlaces remotos, con la única particularidad de que en vez de estar dirigidos hacia una página web está dirigido hacia un archivo de otro tipo. Si queremos enlazar con un archivo mi_fichero.zip que se encuentra en el mismo directorio que la página se escribiría un enlace así.

```
<a href="mi_fichero.zip">Descarga mi_fichero.zip</a>
```

Si pinchamos un enlace de este tipo nuestro navegador descargará el fichero, haciendo la pregunta típica de "Qué queremos hacer con el archivo. Abrirlo o guardarlo en disco".

Si queremos enlazar hacia otro tipo de archivo como un PDF, una imagen o un mundo VRML (Realidad virtual para Internet) lo seguimos haciendo de la misma manera. El navegador, si reconoce el tipo de archivo, es el responsable de abrirlo utilizando el conector adecuado para ello. Además, puede abrirlo directamente el navegador si dispone de un plugin adecuando embebido. Este sería un ejemplo de enlace a un documento PDF.

```
<a href="mi_documento.pdf">Descarga el PDF</a>
```

Actividades.

UD5 – ACTIVIDAD 1: Tren de páginas web.	
TIPO	Desarrollo
OBJETIVOS	Practicar el uso de enlaces internos.
RECURSOS	Editor de texto y navegador web.
ENUNCIADO DE LA ACTIVIDAD	

Crea una tren de cinco páginas conectadas donde en cada página tendremos dos enlaces, uno a la página anterior y otro a la página siguiente.

| **COMENTARIOS** | |

Se debe tener en cuenta que los enlaces son locales con lo que no debe aparecer en la dirección el http://www...

UD5 – ACTIVIDAD 2: Enlaces a periódicos.	
TIPO	Desarrollo
OBJETIVOS	Practicar el uso de enlaces externos y de correo electrónico.
RECURSOS	Editor de texto y navegador web.
ENUNCIADO DE LA ACTIVIDAD	

Crea una página con un listado de países y por cada uno de ellos una serie de enlaces web a sus periódicos más representativos. Añade al final del documento un texto dirigido a tus posibles usuarios con un enlace a una dirección de correo donde puedan enviarte sugerencias de periódicos.

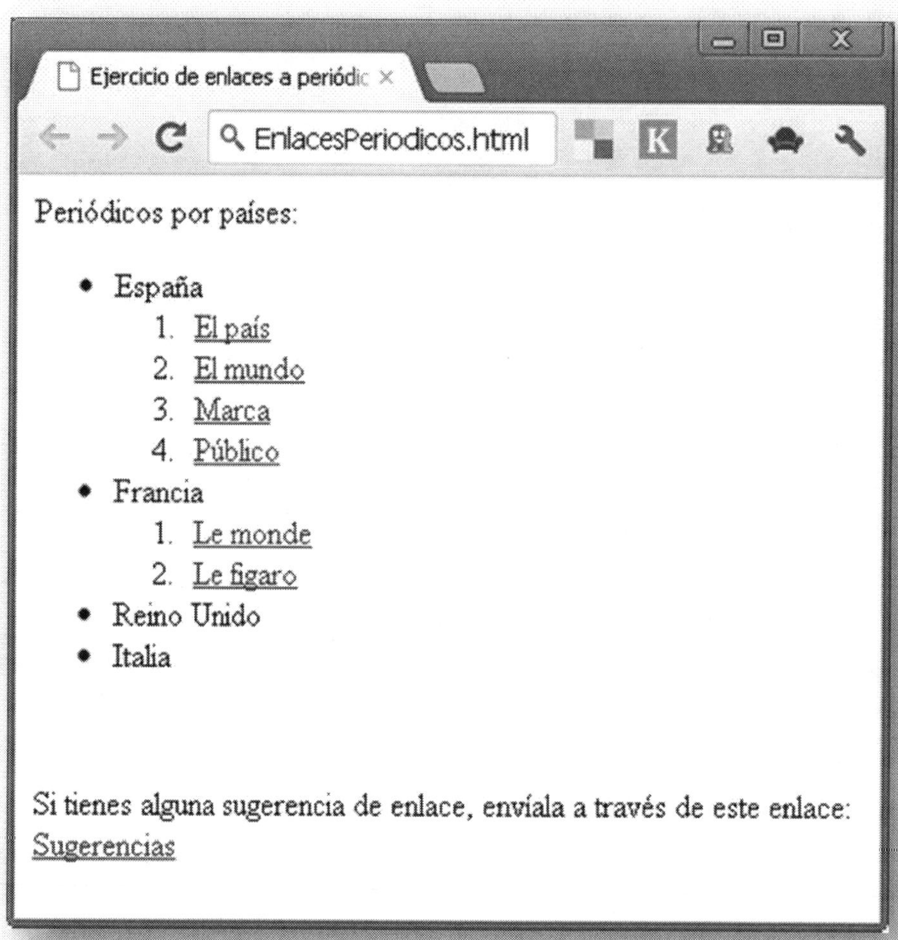

COMENTARIOS

Se recomienda el uso de listas desordenadas para los países.

6 – Imágenes.

Las imágenes con las que trabajamos en un ordenador se suelen clasificar en dos grupos, atendiendo a cómo se almacena la información:

- **Vectoriales**: cuyo contenido se almacena como una serie de coordenadas y datos que son interpretados por el ordenador. Por ejemplo, y simplificando, si una imagen tiene una gran zona de cielo de color azul, lo que se almacenaría sería una referencia indicando que a partir de una posición determinada hasta otra el color sería azul. Con tres o cuatro datos podríamos recrear toda esa zona. De este modo, este formato es poco apropiado para imágenes muy complejas y fotografías, pero por el contrario es muy útil para dibujos más sencillos, con grandes espacios de colores planos. Su principal ventaja es que ocupan muy poco espacio, por lo que se transfieren rápidamente a través de Internet, y que pueden redimensionarse sin pérdida de calidad. Normalmente los encontraremos como archivos **.svg**. No se suelen emplear demasiado en la creación de páginas web.

- **Mapas de bit**: cuyo contenido se almacena punto a punto. Es decir, para definir un cielo en una imagen de 800 píxeles (puntos) de ancho, iríamos indicando pixel a pixel el color de cada punto. Aunque luego se aplican técnicas de compresión, los archivos suelen ser más grandes, aunque mucho más realistas. Es el tipo que se emplea para almacenar fotografía y el que usaremos para nuestras páginas web. De entre los diferentes formatos que emplean este tipo de almacenamiento encontraremos los archivos **.jpg, .png** y **.gif**.

Entre los diferentes tipos de imágenes de mapa de bits intentaremos emplear los formatos .png y .gif para imágenes sencillas, rótulos, fondos y otros elementos de diseño, mientras que el formato .jpg se emplea para fotografía e imágenes complejas.

Existe un matiz que diferencia las imágenes .png y .gif de las .jpg. Las primeras son capaces de utilizar transparencias, es decir que permiten en ciertas partes de la imagen dejar ver lo que se encuentra tras ella. Esto permite realizar composiciones con fondos e imágenes transparentes superpuestas muy interesantes.

Dimensiones de imágenes y de pantallas.

Las imágenes tienen siempre una dimensión de ancho y alto que se suele medir en píxeles o puntos. Los píxeles nos dan la dimensión de los elementos que se muestran en una pantalla. Así, si un monitor cuenta con una resolución de 1280x1024 se nos está indicando que podemos mostrar 1280 puntos de ancho y 1024 de alto. Hoy en día los monitores se mueven entre valores de ancho de 1024, 1280 y 1600. La altura suele andar desde los 760 puntos en adelante, ya que varía dependiendo de si el monitor tiene una proporción 4:3 o 16:9 (panorámicos).

Esto nos arroja una realidad interesante: si queremos mostrar una fotografía en una página web, no será necesario que exceda las dimensiones sobre las que estamos hablando. Una imagen que se deba ver a buen tamaño en una página web puede tener una dimensión situada entre los 500 y los 800 píxeles de anchura. Por el contrario, una imagen tomada con una cámara fotográfica actual puede exceder los 3000 píxeles de anchura. En muchos casos tendremos que realizar pequeñas transformaciones en nuestro material, para que se muestre correctamente y para que además no ocupe tamaño innecesariamente. Como es lógico, cuanto menos píxeles tenga una imagen .jpg, menos tamaño suele ocupar y más rápidamente se cargará en el navegador.

Cuando se está diseñando, se debe tener en cuenta el perfil gráfico para el cual estamos trabajando. Si nuestra intención es crear una página web para una resolución de 1024x768 píxeles, el tamaño de las imágenes debe ir en consonancia ya que no es lo mismo la visualización de una imagen de 500x300 píxeles en una pantalla de 800x600 píxeles que para una pantalla de 1024x768 píxeles. Todos estos detalles los veremos en próximos capítulos.

El factor del tamaño también se ve afectado por la profundidad del color. Cada uno de los píxeles de una imagen se puede representar mediante una secuencia de ceros y unos (llamados bits). Dependiendo de lo larga que sea esa secuencia, podremos disponer de un mayor número de colores. Una fotografía estándar suele emplear secuencias de 24 bits, lo que nos arroja que podemos elegir un color de 2^{24} combinaciones de colores, es decir más de 16 millones de posibilidades. Por el contrario, en una imagen 8 bits, por ejemplo, sólo podríamos tener 256 colores diferentes por imagen.

No se debe abusar de imágenes con una gran profundidad de color en la web, esto producirá un retardo a la hora de cargar las imágenes y la web. Ciertos usuarios pueden encontrar este asunto muy molesto y la impaciencia puede hacer que desistan de cargar la web. Los ficheros .png y .gif utilizan una profundidad menor que las imágenes .jpg.

Insertar imágenes.

La etiqueta que utilizaremos para insertar una imagen es **<img>** (image). Esta etiqueta no posee su cierre correspondiente con lo que deberemos cerrarla con />. Además hemos de especificar obligatoriamente el paradero de nuestro archivo grafico mediante el atributo **src** (source). La sintaxis queda entonces de la siguiente forma:

```
<img src="ruta hacia el archivo" />
```

Estudiemos estos dos ejemplos:

```
<img src="imagenes/calle.jpg" />
```

muestra una imagen que está contenida en una carpeta llamada *imagenes*. Es una dirección relativa.

```
<img src="http://farm3.static.flickr.com/4478/242842342_e132erd14.jpg" />
```

muestra una imagen ubicada en una dirección de Internet, en este caso del portal *Flickr*. Es una dirección absoluta, que muestra una imagen que no está en nuestro ordenador ni en nuestro espacio web, sino directamente en Internet.

Esta última técnica (denominada *hotlinking*) entraña el riesgo de que, si el portal de donde tomamos el recurso opta por realizar algún cambio, puede que la imagen deje de mostrarse, pero puede ser un recurso interesante, si disponemos de poco espacio o limitaciones de ancho de banda.

Aparte de este atributo, indispensable obviamente para la visualización de la imagen, la etiqueta <img> nos propone otra serie de atributos para modificar el modo en el que se visualizará la imagen.

Atributo alt.

Dentro de las comillas de este atributo colocaremos una brevísima descripción de la imagen. Este atributo no es indispensable pero presenta varias utilidades.

Primeramente, durante el proceso de carga de la página, cuando la imagen no ha sido todavía cargada, el navegador mostrara esta descripción, con lo que el navegante se puede hacer una idea de lo que va en ese lugar.

Esto no es tan trivial si tenemos en cuenta que algunos usuarios navegan por la red con una opción del navegador que desactiva el muestreo de imágenes, con lo que tales personas podrán siempre saber de qué se trata el grafico y eventualmente cambiar a modo con imágenes para visualizarla.

Además, determinadas aplicaciones para discapacitados o teléfonos vocales que no muestran imágenes ofrecen la posibilidad de leerlas por lo que nunca esta de más pensar en estos colectivos.

En general podemos considerar como aconsejable el uso de este atributo salvo para imágenes de poca importancia y absolutamente indispensable si la imagen en cuestión sirve de enlace.

Por último destacar que los buscadores (google, yahoo, bing, etc.) tienen en cuenta esta descripción para la clasificación de nuestra web y la aparición de la imagen dentro de su base de datos de imágenes de Internet.

```
<img src="casa.jpg" alt="Mi casa de la Torrevieja"/>
```

Atributos height y width.

Definen la altura y anchura respectivamente de la imagen en píxeles.

Todos los archivos gráficos poseen unas dimensiones de ancho y alto. Estas dimensiones pueden obtenerse a partir del propio diseñador grafico o bien haciendo clic con el botón derecho sobre la imagen vista por el navegador para luego elegir propiedades sobre el menú que se despliega.

El hecho de explicitar en nuestro código las dimensiones de nuestras imágenes ayuda al navegador a confeccionar la página de la forma que nosotros deseamos antes incluso de que las imágenes hayan sido descargadas.

Así, si las dimensiones de las imágenes han sido proporcionadas, durante el proceso de carga, el navegador reservara el espacio correspondiente a cada imagen creando una maquetación correcta. El usuario podrá comenzar a leer tranquilamente el texto sin que este se mueva de un lado a otro cada vez que una imagen se cargue.

Además de esta utilidad, el alterar los valores de estos dos atributos, es una forma inmediata de redimensionar nuestra imagen. Este tipo de utilidad no es aconsejable dado que, si lo que pretendemos es aumentar el tamaño, la pérdida de calidad de la imagen será muy sensible. Inversamente, si deseamos disminuir su tamaño, estaremos usando un archivo más grande de lo necesario para la imagen que estamos mostrando con lo que aumentamos el tiempo de descarga de nuestro documento innecesariamente.

Es importante hacer hincapié en este punto ya que muchos debutantes tienen la mala costumbre de crear gráficos pequeños redimensionando la imagen por medio de estos atributos. Esto produce un efecto gráfico conocido con el nombre de pixelación, donde se ve la imagen reconstruida a partir de cuadrados grandes.

Otro de los errores cometidos por principiantes es usar archivos de tamaño descomunal e intentar reducirlos visualmente a través de los atributos height y width. El tamaño de la imagen no varía, con lo que su carga seguirá siendo lenta. Hay que pensar que el tamaño de una imagen con unas dimensiones de la mitad no se reduce a la mitad, sino que resulta ser aproximadamente cuatro veces inferior.

```
<img src="dibujo.gif" width=”300” height=”200”/>
```

En el ejemplo anterior, la imagen dibujo.gif se visualizará con 300 píxeles de ancho y 200 de alto. Esta imagen no se verá igual en todos los ordenadores ya que en clientes con resoluciones mayores la imagen se visualizará en un tamaño menor.

Estos atributos pueden especificar valores proporcionales sobre la resolución de visualización. Para ello se utiliza valores en porcentaje. En tal caso el tamaño de la imagen no variará de una resolución a otra ya que siempre ocupará el mismo porcentaje.

```
<img src="dibujo.gif" width=”20%” height=”15%”/>
```

Para evitar que se deforme la imagen, es mejor especificar únicamente una de las dos proporciones, ancho o alto. El navegador será el encargado de establecer la otra dimensión de manera proporcional a la original.

```
<img src="dibujo.gif" width=”300” />
```

Veamos a continuación un ejemplo de las características explicadas anteriormente sobre una imagen cuadrada. Imagen original (256x256)

Imagen modificada (400x100). La imagen se visualiza deformada ya que las proporciones de 400x100 no son las mismas que las originales 256x256.

Imagen modificada (especificando únicamente la anchura). Se puede observar como se adapta la altura hasta recuperar la proporción original.

Mapas de imágenes.

Mediante HTML podemos utilizar una única imagen y definir zonas en su interior de tal modo que, cuando el usuario pase el ratón sobre esas zonas, podamos enlazar con varios sitios. Se emplea mucho para crear mapas o grandes imágenes desde las que saltar a diferentes lugares. Su realización se basa en usar una imagen normal y corriente, pero añadiéndole el parámetro **usemap** seguido del nombre de un mapa. Por ejemplo:

```
<img src="planetario.png" usemap="#planetarioMap" />
```

Esa imagen se acompañará de una serie de coordenadas, que se engloban con la etiqueta **<map>**. Observemos este mapa típico:

```
<map name="planetarioMap">
    <area shape="rect" coords="0,0,82,126" alt="Sun" href="sol.htm" />
    <area shape="circle" coords="90,58,3" alt="Mercury" href="mercurio.htm" />
    <area shape="circle" coords="124,58,8" alt="Venus" href="venus.htm" />
</map>
```

La etiqueta **<area>** se acompaña de varios parámetros:

- **shape** para indicar el tipo de área que se va a definir. Usaremos **rect** para rectángulos (seguido de cuatro coordenadas x1,y1,x2 e y2), **circle** para círculos (más x1,y1 y el radio) o **poly** (seguido de una serie de coordenadas x1,y1,...xn,yn).
- **coords** para indicar las coordenadas, según el tipo de figura.
- **alt** para añadir un texto alternativo que no se mostrará; sólo se introduce por motivos de accesibilidad.
- **href** para establecer una dirección web a la que accederemos al hacer clic sobre el área.

Si queremos que se muestre algún rótulo sobre el área, debemos añadir junto a alt un parámetro title, como hemos hecho en la figura.

```
<HTML>
    <HEAD>
    <TITLE>Mapa de imágenes</TITLE>
    </HEAD>
    <BODY>
    <img src="planetario.png" usemap="#planetarioMap" />
    <map name="planetarioMap">
        <area shape="rect" coords="0,0,82,126" alt="El sol" href="sol.htm" />
        <area shape="circle" coords="90,58,3" alt="Mercurio" href="mercurio.htm" />
        <area shape="circle" coords="124,58,8" alt="Urano" href="urano.htm" />
    </map>
    </BODY>
</HTML>
```

Se recomienda el uso de programas específicos para facilitar la creación de mapas.

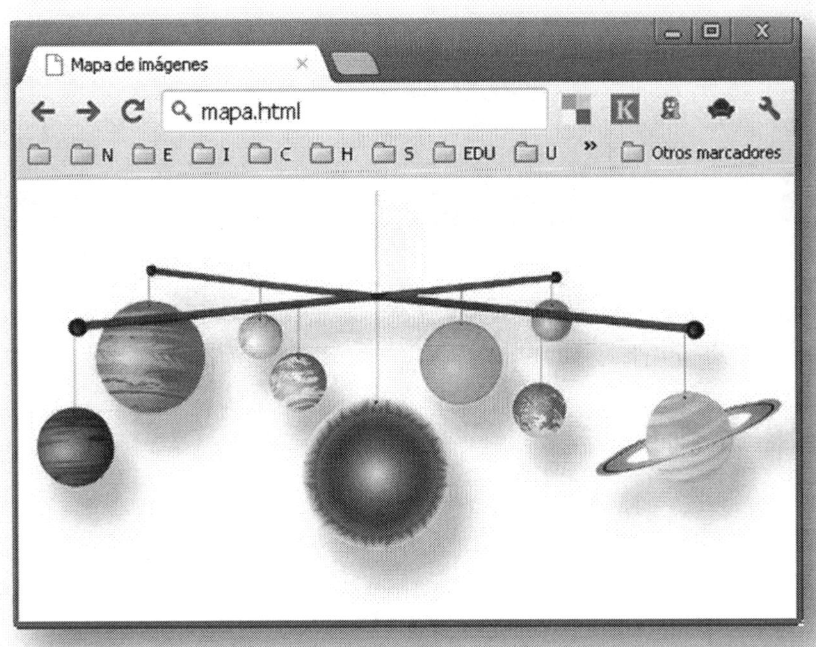

Imágenes como enlaces.

En el capítulo anterior vimos como crear enlaces. El texto de un enlace que se encuentra entre <A> y </A> puede ser remplazado por una imagen, convirtiéndose esta en el medio a través del cual se accede a la dirección de destino. Veamos un ejemplo:

```
<HTML>
      <HEAD><TITLE>Imágenes</TITLE></HEAD>
      <BODY>
                  <A href="http://www.elpais.es"><IMG src="noticias.png" /></A>
      </BODY>
</HTML>
```

En algunos navegadores al crear un enlace sobre una imagen es posible que aparezca un borde azul alrededor de la imagen. Este es posible quitarlo mediante el uso de estilos.

Actividades.

UD6 – ACTIVIDAD 1: Trabajo con imágenes.	
TIPO	Desarrollo
OBJETIVOS	Practicar el uso de imágenes en la web.
RECURSOS	Editor de texto, editor gráfico y navegador web.

ENUNCIADO DE LA ACTIVIDAD

Crea una estructura de páginas como la que se muestra abajo. La primera página llamada *index.html* contendrá los enlaces al resto de páginas.

Crea una página llamada *yo.html* y dentro diseña un currículum incluyendo tu imagen.

Crea otra página con el nombre *mipueblo.html* y dentro introduce imágenes de tu pueblo, todas ellas tendrán que tener la misma altura.

Crea otra página llamada *misamigos.html* dentro de la cual presentarás a un grupo de amigos. Todas las imágenes deberán tener la misma altura.

Por último crea una página llamada *mifamilia.html* con fotos de los miembros de tu familia. Todas las imágenes tendrán la misma altura.

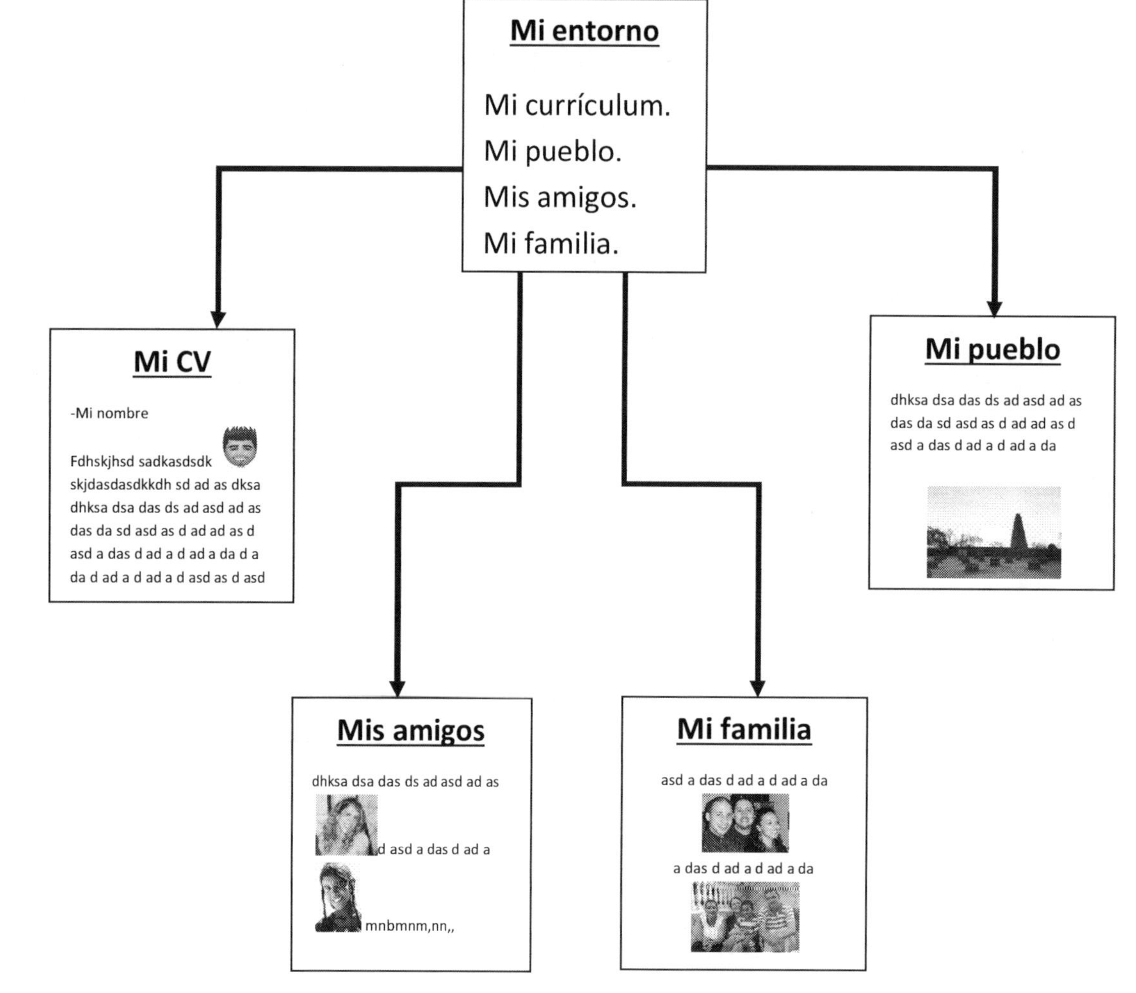

COMENTARIOS

En este ejercicio se trabajan varios aspectos del HTML: la creación de ficheros, inserción de enlaces, de imágenes, gestión de formatos, etc. Si se desea ampliar este ejercicio se recomienda crear los enlaces con imágenes.

7 – Tablas.

Las tablas son una de las mejores soluciones, junto con las capas, para organizar la información dentro de una página web.

Una tabla es una serie de celdas distribuidas en filas y columnas. Cada una de esas celdas se comporta casi como una página web en pequeño. En su interior podemos insertar desde un simple número hasta elementos multimedia que se nos ocurran.

El HTML actual sólo cuenta con etiquetas capaces de definir la estructura completa de la tabla, pero no su apariencia; los colores, anchuras de línea, fondos y otros aspectos se dejan para los estilos CSS.

Puede que en un principio nos resulte un poco complicado trabajar con estas estructuras pero, si deseamos crear una página de calidad, tarde o temprano tendremos que vérnoslas con ellas y nos daremos cuenta de las posibilidades nos ofrecen.

Para empezar, nada más sencillo que por el principio: las *tablas* son definidas por las etiquetas **<table>** y **</table>**.

Las tablas son descritas por líneas de izquierda a derecha conocidas como *filas*. Cada una de estas líneas es definida por otra etiqueta y su cierre: **<tr>** y **</tr>**. También es posible utilizar las etiquetas **<th>** y **</th>** para definir encabezados en las tablas. Dentro de estas últimas el contenido se visualizará en negrita y centrado.

Asimismo, dentro de cada línea, habrá diferentes celdas. Cada una de estas *celdas* será definida por otro par de etiquetas: **<td>** y **</td>**. Dentro de estas etiquetas será donde coloquemos nuestro contenido.

A continuación se presenta un ejemplo de estructura de tabla:

```
<HTML>
      <HEAD>
              <TITLE>Tablas</TITLE>
      </HEAD>
      <BODY>
              <table>
                      <tr>
                              <td>Celda 1, linea 1</td>
                              <td> Celda 2, linea 1</td>
                      </tr>
                      <tr>
                              <td> Celda 1, linea 2</td>
                              <td> Celda 2, linea 2</td>
                      </tr>
              </table>
      </BODY>
</HTML>
```

Visualmente quedaría como sigue:

A primera vista no parece nada de espectacular, pero es una herramienta muy versátil. Si deseamos ver la estructura de la tabla, debemos utilizar el atributo **border** de la etiqueta TABLE que sirve para indicar el grosor del borde de la tabla. Modificamos la etiqueta TABLE para que quede como sigue: <table border="1">.

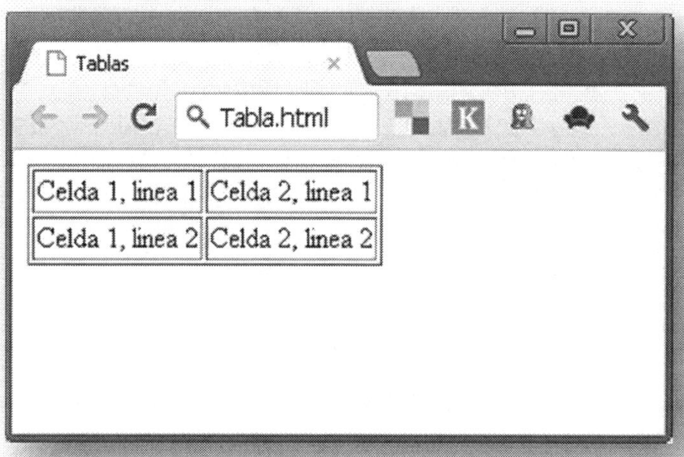

Si alguna de las celdas no tiene contenido, esta se quedará vacía.

```
<HTML>
    <HEAD>
          <TITLE>Tablas</TITLE>
    </HEAD>
    <BODY>
        <table>
              <tr>
                      <td>Celda 1, linea 1</td>
                      <td> Celda 2, linea 1</td>
              </tr>
              <tr>
                      <td> </td>
                      <td> Celda 2, linea 2</td>
              </tr>
        </table>
    </BODY>
</HTML>
```

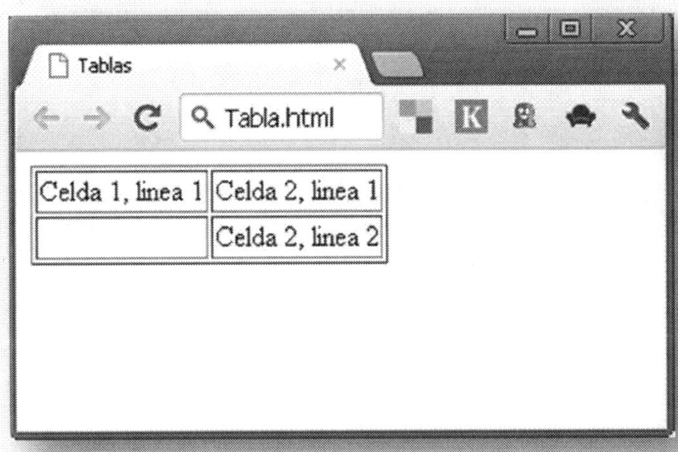

Etiquetas complementarias.

Una tabla semánticamente correcta suele emplear algunas etiquetas que aunque no sean necesarias, son recomendables.

<caption>: empleada al comienzo de la tabla, le asigna un nombre general a la tabla. En la figura siguiente hemos definido un **caption** con el título de la tabla.

<colgroup>: a continuación de **caption** podemos destacar un número de columnas, dándoles algún formato especial, con una línea similar a ésta: **<colgroup style="background-color: rgb(220, 220, 200);" span="3"> </colgroup>**, cuyo resultado se muestra en la figura. Se emplea el parámetro **span** para indicar el número de columnas que se verán afectadas.

<thead>: permite definir una o varias filas como cabeceras de la tabla. Al utilizarla, en lugar de definir las celdas con **<td>** emplearemos **<th>**, mientras que las filas seguirán creándose con **<tr>**.

<tbody>: si utilizamos **thead** para definir la cabecera, emplearemos también **<tbody>** para indicar en qué punto comienzan las filas normales de la tabla.

<tfoot>: por último, la pareja anterior se complementa con **<tfoot>** para establecer las filas que formarán parte del final de la tabla.

El siguiente ejemplo ilustra completamente el uso de todas las etiquetas complementarias.

```
<table border="1">
<caption>Tardes ocupadas</caption>
<colgroup style="background-color: red;" span="1"></colgroup>
<thead>
      <tr>
          <th> <br> </th>
          <th>Lunes</th>
          <th>Martes</th>
          <th>Miércoles</th>
          <th>Jueves</th>
          <th>Viernes</th>
      </tr>
</thead>
<tbody>
      <tr>
          <td>Lengua</td>
          <td>x<br></td>
          <td> x<br></td>
          <td><br></td>
          <td><br></td>
          <td>x<br></td>
      </tr>
      <tr>
          <td>Matemáticas</td>
          <td><br></td>
          <td> <br></td>
          <td>x<br></td>
          <td><br></td>
          <td>x<br></td>
      </tr>
        <tr>
          <td>Música</td>
          <td>x<br></td>
          <td> <br></td>
          <td><br></td>
          <td>x<br></td>
          <td><br></td>
      </tr>
</tbody>
<tfoot>
      <tr>
          <td>Totales</td>
          <td>2<br></td>
          <td>1<br></td>
          <td>1<br></td>
          <td>1<br></td>
          <td>2<br></td>
      </tr>
</tfoot>
</table>
```

El resultado se muestra en la figura. Es largo, pero a la vez muy sencillo de entender. Podemos distinguir con facilidad la parte más administrativa de la tabla, compuesta por **<caption>** y **<colgroup>** y diferenciarla de las tres secciones de la misma, **<thead>**, **<tbody>** y **<tfoot>**.

Tablas irregulares.

Cada celda de una tabla puede contar con dos parámetros, para que la celda se extienda más allá de lo normal. Es decir, podemos combinar varias celdas en una sola.

colspan: hace que la celda se extienda hacia la derecha, tantas celdas como se indique en su valor.

rowspan: la celda se extenderá hacia abajo, tantas filas como se indique.

Veámoslo con un ejemplo sencillo: La tabla de la figura es completamente regular.

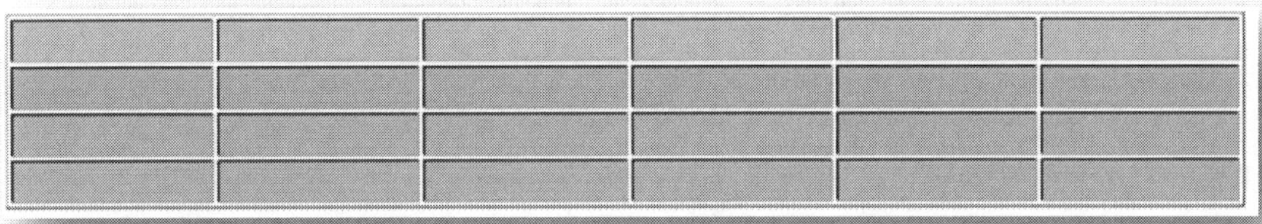

La tabla tiene seis columnas, así que, para que la primera fila se componga de una sola celda, debemos indicarle que ésta va a superponerse sobre las otras seis. Pasaríamos de una primera fila con esta apariencia:

```
<tr>
        <td> </td>
        <td> </td>
        <td> </td>
        <td> </td>
        <td> </td>
        <td> </td>
</tr>
```

A esta otra:

```
<tr>
        <td colspan="6"> </td>
</tr>
```

El resultado se muestra en la figura:

Hemos eliminado las otras cinco celdas, para evitar que aparezcan en la parte derecha, descuadrando la tabla ya que la primera ocupa seis celdas. Para la siguiente fila, hemos aplicado el valor **rowspan** a las tres últimas celdas de la izquierda. El código HTML es el siguiente:

```
<tr>
    <td rowspan="3"> </td>
    <td> </td>
    <td> </td>
    <td> </td>
    <td> </td>
    <td> </td>
</tr>
```

Y así se ve en el navegador.

Tablas anidadas.

Muy útil también es el uso de tablas anidadas. De la misma forma que podíamos incluir listas dentro de otras listas, las tablas pueden ser incluidas dentro de otras. Así, podemos incluir una tabla dentro de la celda de otra. El modo de funcionamiento sigue siendo el mismo aunque la situación puede complicarse si el número de tablas embebidas dentro de otras es elevado.

Vamos a ver un código de anidación de tablas. Veamos primero el resultado y luego el código, así conseguiremos entenderlo mejor.

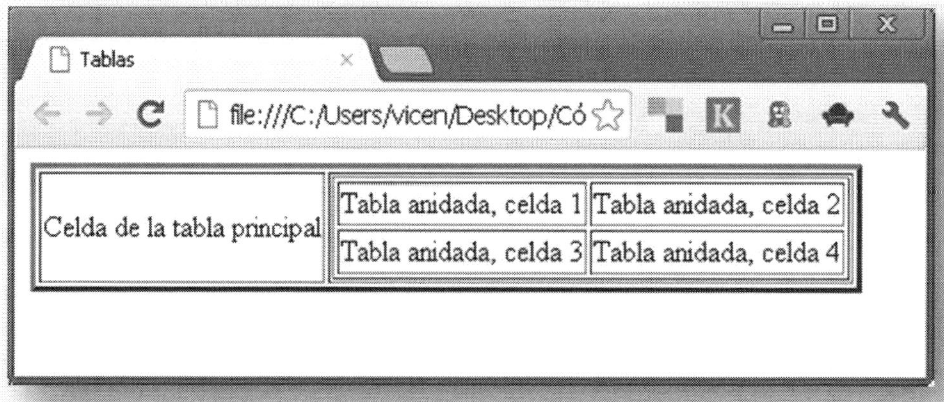

Este sería el código:

```
<HTML>
        <HEAD><TITLE>Tablas</TITLE></HEAD>
```

```
        <BODY>
            <table border="3">
             <tr>
                <td> Celda de la tabla principal </td>
                <td>
                    <table border="1">
                    <tr>
                        <td>Tabla anidada, celda 1</td>
                        <td>Tabla anidada, celda 2</td>
                    </tr>
                    <tr>
                        <td>Tabla anidada, celda 3</td>
                        <td>Tabla anidada, celda 4</td>
                    </tr>
                    </table>
                </td>
             </tr>
             </table>
        </BODY>
</HTML>
```

Actividades.

UD7 – ACTIVIDAD 1: Trabajo con tablas.	
TIPO	Desarrollo
OBJETIVOS	Practicar el uso de tablas.
RECURSOS	Editor de texto y navegador web.
ENUNCIADO DE LA ACTIVIDAD	

Crea una página con el horario semanal de deportes practicados por un aficionado al deporte.

Deporte	Hora/dia	Lunes	Martes	Miercoles	Jueves	Viernes
Natación	1:30h.	-	X	-	X	-
Futbol	2:30h.	X	X	-	-	X
Beisbol	2h.	-	X	-	-	X
Baloncesto	1:30	X	-	-	X	X
Balonmano	2h.	-	X	X	-	-
Gimnasia rítmica	2:30h.	X	X	X	-	-
Tenis	1:30h.	X	-	-	X	-
Patinaje(monopatin, patines...)	1h.	X	-	-	-	X
Atletismo	2h.	-	X	X	-	-
Baile	1:30h.	-	X	X	-	-
Danza de vientre	1h.	-	X	-	X	-

COMENTARIOS
El borde externo es de 5 píxeles.

UD7 – ACTIVIDAD 2: Tablas e imágenes.	
TIPO	Desarrollo
OBJETIVOS	Practicar el uso de tablas.
RECURSOS	Editor de texto y navegador web.
ENUNCIADO DE LA ACTIVIDAD	

Crea una página con una tabla a modo de la siguiente que contenga las fotos de tus compañeros, amigos o familiares.

COMENTARIOS

Una técnica a la hora de afrontar tablas con cierta dificultad es la de contar el número de filas y columnas máximo que son necesarias y posteriormente utilizar el colspan y el rowspan según necesidad.

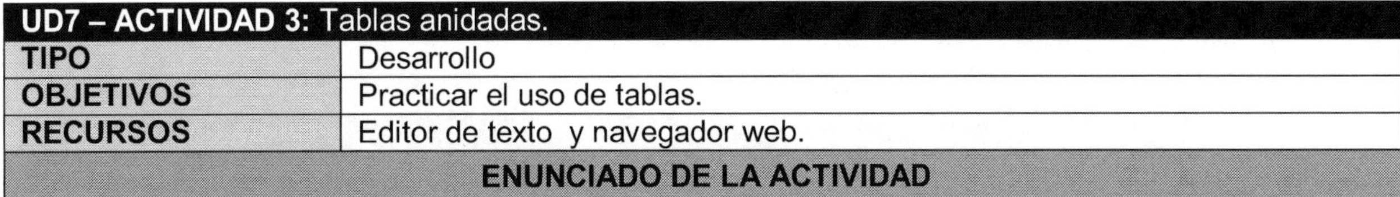

UD7 – ACTIVIDAD 3: Tablas anidadas.	
TIPO	Desarrollo
OBJETIVOS	Practicar el uso de tablas.
RECURSOS	Editor de texto y navegador web.

ENUNCIADO DE LA ACTIVIDAD

Crea una tabla con la siguiente estructura:

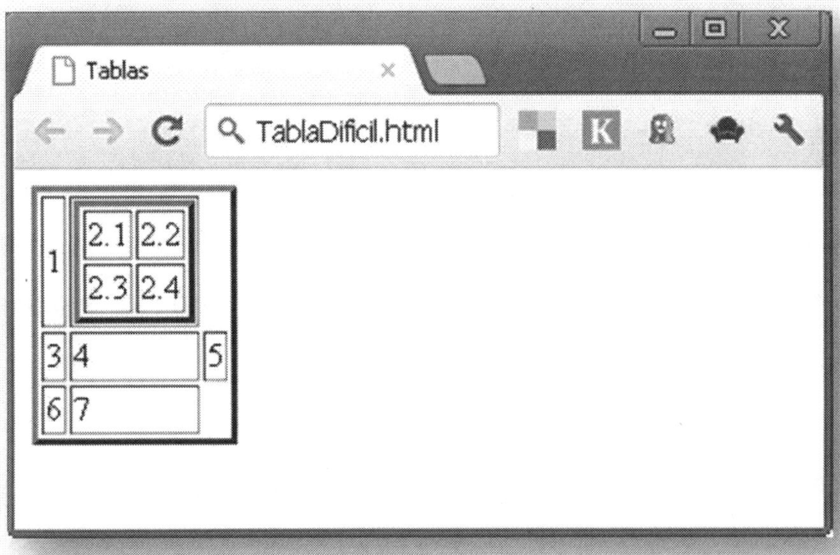

COMENTARIOS

Se trata de dos tablas anidadas, de 3 píxeles de borde. Atención porque no todas las filas tienen el mismo número de celdas.

8 – Comentarios.

Se entiende por comentario en el ámbito de HTML a las notas que el autor o autores ponen en el código para facilitar su entendimiento. Estos comentarios no son mostrados por el navegador y por tanto sólo serán visibles al leer el código HTML de la página web.

En general es recomendable ir insertando comentarios al crear una página para marcar determinadas partes y así encontrarlas más fácilmente. Algunos usos que suelen darse a los comentarios son:

• *Notas para recordar detalles del código* la próxima vez que vayamos a cambiarlo, como por ejemplo para indicar por qué hemos usado una etiqueta y no otra, por qué hemos usado una lista numerada y no una no numerada, etc. Este tipo de comentarios son muy usados cuando las páginas son complejas.

• *Apuntar que queda por hacer* en una determinada sección o como es conveniente cambiarla. O bien para indicar el comienzo o fin de una determinada sección de la página.

• Para identificar fácilmente partes importantes del código o aquellas que cambian más a menudo.

• *Usos particulares de cada webmaster.* De hecho los comentarios pueden usarse para cualquier cosa y cada programador de páginas web tiene su propio modo de usarlos.

Comentar el código es una de las costumbres más saludables que se pueden tener en informática. Estos comentarios nos ayudarán a entender mejor el código en un futuro y a ayudar a otras personas a entender nuestro código.

Para crear un comentario no se usa una etiqueta, aunque es una estructura parecida. En primer lugar ponemos una cadena que indica el comienzo del comentario: **<!--**, esto es, el símbolo *menor que*, seguido del símbolo fin de exclamación y de dos guiones, todo ello sin espacios entre ellos. Todo el texto que le siga será parte de comentario, que terminará cuando insertemos la cadena de fin: **-->** , dos guiones y el símbolo *mayor que*. La estructura de un comentario es por tanto:

```
<!--Esto es un comentario-->
```

Suele ser recomendable dejar un espacio entre ambas cadenas y el texto anterior y posterior, tal y como acabamos de mostrar.
Veamos algunos ejemplos prácticos de comentarios:

```
<!--Aquí comienza el cuerpo de la página-->
<!--Cambiar este párrafo para que se entienda mejor-->
<!--Debería añadir más enlaces en esta página-->
```

A continuación podemos ver un ejemplo de un comentario junto con otro código HTML y el resultado de visualizar ese código con el navegador. Como observamos el navegador ignora los contenidos del interior de los comentarios.

```
<HTML>
      <HEAD>
            <TITLE>Comentarios</TITLE>
      </HEAD>
      <BODY>
          <!-- El siguiente código sirve para crear un enlace externo mediante una imagen -->
            <A href="http://www.elpais.es"><IMG src="noticias.png" /></A>
      </BODY>
</HTML>
```

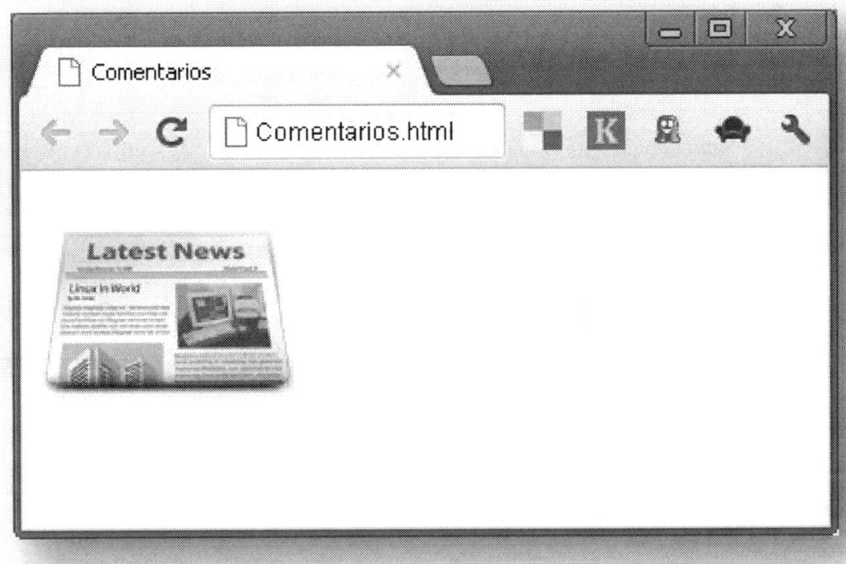

9 – Introducción a los estilos.

El lenguaje HTML es limitado a la hora de aplicarle forma a un documento. Esto es así porque fue concebido para otros usos (científicos sobre todo), distinto a los actuales, mucho más amplios.

Para solucionar estos problemas los diseñadores han utilizado técnicas tales como la utilización de tablas imágenes transparentes para ajustarlas, utilización de etiquetas que no son estándares del HTML,etc. Estas "trampas" han causado a menudo problemas en las páginas a la hora de su visualización en distintas plataformas.

Además, los diseñadores se han visto frustrados por la dificultad con la que, aun utilizando estos trucos, se encontraban a la hora de maquetar las páginas, ya que muchos de ellos venían maquetando páginas sobre el papel, donde el control sobre la forma del documento es absoluto.

Finalmente, otro antecedente que ha hecho necesario el desarrollo de esta tecnología consiste en que las páginas web tienen mezclado en su código HTML el contenido del documento con las etiquetas necesarias para darle forma. Esto tiene sus inconvenientes ya que la lectura del código HTML se hace pesada y difícil a la hora de buscar errores o depurar las páginas. Desde el punto de vista de la riqueza de la información y la utilidad de las páginas a la hora de almacenar su contenido, es un gran problema que estos textos estén mezclados con etiquetas incrustadas para dar forma a estos: se degrada su utilidad.

Las reglas actuales de diseño que se aplican en el HTML moderno hacen hincapié en la necesidad de separar el **contenido** y su **apariencia**. Para conseguirlo se hace uso de los estilos o CSS.

CSS es el acrónimo de *Cascade Style Sheet* (hojas de estilo en cascada), un estándar que apareció al mismo tiempo que HTML4 y que nos proporciona todos los elementos que necesitemos para modificar la apariencia de nuestra página web. Cascading significa cascada, y tiene que ver con la herencia. En CSS, los elementos hijos heredan todas las propiedades de sus padres. Por ejemplo, si establecemos una regla para el elemento table, sus hijos (td entre otros) también tendrán esas mismas reglas.

Podemos decir que con CSS definimos cómo debe mostrarse un elemento HTML concreto, estableciendo los aspectos habituales como *tamaño, color, tipografía o bordes*. Es una definición muy versátil, que nos permitirá modificar la apariencia de todas las páginas del sitio web, de sólo una de ellas o incluso de un simple elemento dentro de la página.

Así, con los estilos separamos las cuestiones de diseño de las del contenido, obteniendo algunas ventajas imprescindibles. Las dos principales son éstas:

- Es muy sencillo modificar cuestiones de diseño a través de un sitio web complejo. Podemos cambiar el tipo de letra de todo un portal web con tan sólo modificar una línea de un archivo.

- Las páginas son más limpias, cargándose más rápido, contando con menos errores y sobre todo más accesibles en todos los sentidos.

Como crear estilos.

Los estilos se pueden aplicar de tres formas diferentes, para poder compararlas vamos a realizar el mismo ejercicio de cada manera. Consistirá en pintar el texto del párrafo siguiente en color rojo, ponerlo en cursiva con un tipo de letra denominado verdana. Partiremos de un trozo de código inicial. Se aconseja ver el tema diseño web usando estilos para entender mejor como utiliza HTML los colores y la nomenclatura empleada.

```
<HTML>
     <HEAD>
            <TITLE>Estilos</TITLE>
     </HEAD>
     <BODY>


            <h1>Aplicando estilos a un párrafo.</h1>
            <p>Un párrafo de texto se compone de un bloque de texto independiente con una
apariencia concreta, delimitado por un espacio superior, otro inferior y un punto final.</p>


     </BODY>
</HTML>
```

Que produce la siguiente página web:

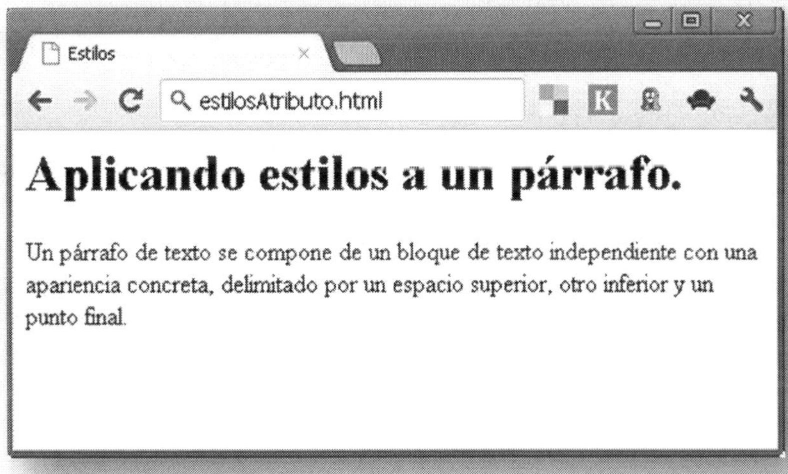

Estilos dentro de las etiquetas.

Podemos aplicar estilos dentro de un elemento concreto de la página web, mediante el parámetro **style** que se puede establecer para cualquier etiqueta.

```
<HTML>
     <HEAD>
            <TITLE>Estilos</TITLE>
     </HEAD>
     <BODY>
            <h1>Aplicando estilos a un párrafo.</h1>
            <p style="font-family: verdana; font-style: italic; color: red;">Un párrafo de texto se
compone de un bloque de texto independiente con una apariencia concreta, delimitado por un
espacio superior, otro inferior y un punto final.</p>
            </BODY>
</HTML>
```

Hemos establecido tres elementos CSS, el tipo de letra mediante **font-family** y le asignamos el valor de verdana, **color** para definir un tono rojo y **font-style** para designar que utilizaremos un estilo italic o cursiva.

Como se puede observar, cada par de elementos CSS especifican su valor correspondiente tras un signo de dos puntos y se separan del siguiente mediante un punto y coma; así podemos añadir tantas variaciones como necesitemos.

Los espacios y los saltos de línea no afectan a las reglas CSS. De hecho, es muy habitual escribir esas instrucciones así:

```
elemento, clase o id {
        propiedad: valor;
        propiedad: valor;
        propiedad: valor;
...}
```

Estilos en la cabecera de la página web.

En la cabecera podemos indicar las reglas CSS que necesitemos, afectando de este modo sólo a la página web en cuestión. Esto se hace creando una sección con las etiquetas **<STYLE> </STYLE>**.

```
<HTML>
      <HEAD>
            <TITLE>Estilos</TITLE>
            <STYLE type="text/css">
                    p {
                        font-family: verdana;
                         font-style: italic;
                        color: red;
                         }
            </STYLE>

      </HEAD>
      <BODY>


        <h1>Aplicando estilos a un párrafo.</h1>
        <p>Un párrafo de texto se compone de un bloque de texto independiente con una
apariencia concreta, delimitado por un espacio superior, otro inferior y un punto final.</p>

      </BODY>
</HTML>
```

Uno de los elementos básicos que los diseñadores web deben acordar es el tipo de llaves que se utilizan para encerrar la declaración de cada regla CSS.

Estilos en un archivo externo.

Definimos una serie de reglas CSS en un archivo independiente (miestilo.css), que enlazaremos desde nuestra página web, en la cabecera de la misma a través de la etiqueta **<LINK>**. Este es el método más aconsejado de trabajo y el que se emplea en desarrollos profesionales.

```
<HTML>
     <HEAD>
          <TITLE>Estilos</TITLE>
          <LINK rel="stylesheet" href="miestilo.css" type="text/css" />
     </HEAD>
     <BODY>
          <h1>Aplicando estilos a un párrafo.</h1>
          <p>Un párrafo de texto se compone de un bloque de texto independiente con una
apariencia concreta, delimitado por un espacio superior, otro inferior y un punto final.</p>
     </BODY>
</HTML>
```

Y el contenido del fichero *miestilo.css* es el siguiente:

```
p {
   font-family: verdana;
   font-style: italic;
   color: red;
   }
```

Para que el fichero con los estilos tenga efecto en la página, debemos indicar en la cabecera del archivo .html que se va a tomar ese estilo, mediante la etiqueta **<link>**:

```
<link rel="stylesheet" href="misestilos.css" type="text/css" media="all">
```

Cada parámetro tiene su propio significado:

- **rel**: indica la relación entre el documento y el archivo que se carga; en este caso será su hoja de estilos.
- **href**: como en los enlaces normales, indica la URL del archivo. Al encontrarse en la misma carpeta, sólo indicaremos el nombre; pero si estuviese en otro lugar o incluso en otro servidor, crearíamos las rutas siguiendo las normas de los enlaces.
- **type**: indica el tipo de información. Tanto este valor como el de **rel**, serán siempre iguales.
- **media**: especifica a qué medio se aplicará la hoja de estilo. En este caso se aplica a todos los medios, pero podríamos tener hojas de estilo diferentes para impresión (**print**), móviles (**handheld**), televisiones (**tv**), etc.

Por tanto, esa línea será la que repetiremos a través de nuestras diferentes páginas HTML, para que tomen la apariencia deseada. Un detalle a tener en cuenta es que una misma página web puede emplear varias hojas de estilo diferentes. De hecho es una práctica muy frecuente para separar, por ejemplo, los aspectos relativos a maquetación de los puramente gráficos. En las tres formas anteriores, análogas todas ellas, el resultado es el mismo.

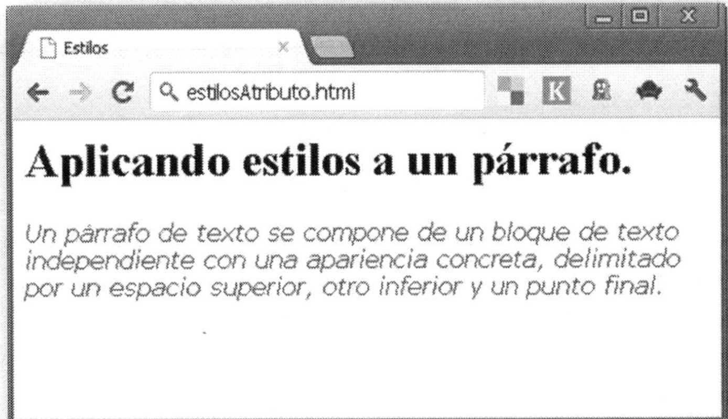

Como se puede observar, para definir un estilo se utilizan atributos como font-size,text-decoration... segudos de dos puntos y el valor que le deseemos asignar. Podemos definir un estilo a base de definir muchos atributos separados por punto y coma. Ejemplo:

```
font-size: 10pt; text-decoration: underline; color: black;
```

Los valores que se pueden asignar a los atributos de estilo son unidades de medida, por ejemplo, el valor del tamaño de un margen o el tamaño de la fuente. Las unidades de medida son las siguientes:

Español	Ingles	Unidad
Puntos	Points(1 pt = 1/72 inch)	pt
Pulgadas	Inches	in
Picas	Pica (1 pc = 12 points)	pc
Centímetros	Centimeters	cm
Píxeles	Pixels	px
Porcentaje	Percentage	%
1 em equivale al tamaño de la fuente actual.	if an element is displayed with a font of 12 pt, then '2em' is 24 pt.	em
Suele equivaler a la mitad del tamaño de la fuente actual.	(x-height is usually about half the font-size)	ex

Por último resaltar que aunque los estilos dentro de las etiquetas sea una forma lícita de utilizar estilos, no es la más aconsejable. En caso de necesitar modificar un estilo que haya sido utilizado en muchas etiquetas, deberemos ir etiqueta a etiqueta modificando el código HTML. En lugar de esta forma, los profesionales del diseño web utilizan la opción de fichero externo. Aún así, los estilos dentro de las etiquetas nos sirven para verificar más fácilmente el efecto de los estilos sobre las distintas etiquetas.

Clases e identificadores.

CSS define una serie de términos que permiten describir cada una de las partes que componen los estilos CSS. El siguiente esquema muestra las partes que forman un estilo CSS muy básico:

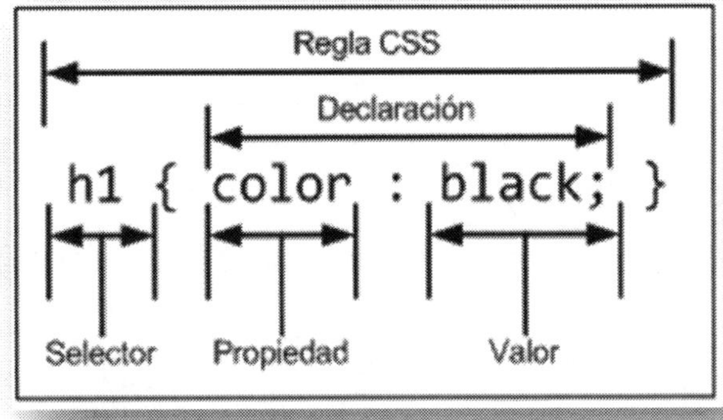

Los diferentes términos se definen a continuación:

- **Regla**: cada uno de los estilos que componen una hoja de estilos CSS. Cada regla está compuesta de una parte de "selectores", un símbolo de "llave de apertura" ({), otra parte denominada "declaración" y por último, un símbolo de "llave de cierre" (}).
- **Selector**: indica el elemento o elementos HTML a los que se aplica la regla CSS.
- **Declaración**: especifica los estilos que se aplican a los elementos. Está compuesta por una o más propiedades CSS.
- **Propiedad**: característica que se modifica en el elemento seleccionado, como por ejemplo su tamaño de letra, su color de fondo, etc.
- **Valor**: establece el nuevo valor de la característica modificada en el elemento.

Un archivo CSS puede contener infinitas reglas CSS, cada regla puede contener infinitos selectores y cada declaración puede estar formada por un número infinito de pares propiedad/valor.

Pensemos ahora en una página en la que queremos cambiar la apariencia de algunos **<h1>**, pero no de todos. ¿Cómo lo conseguiríamos? Para ello tenemos un parámetro general de HTML denominado **class** ("clase" en español, en el sentido de "tipo"). Este parámetro nos sirve para crear un conjunto de etiquetas que forman parte del mismo grupo. El objetivo es que luego podremos referirnos a esa clase de forma conjunta. Vamos a ver un ejemplo en acción:

```
<h1>La historia de España</h1>
<hr>

<h2 class="secciones">Prehistoria</h2>
<p>La prehistoria en la península Ibérica empieza con los asentamientos de humanos cazadores
recolectores...</p>

<h2 class="secciones">Antigüedad</h2>
<p>El periodo de la antigüedad fue dominado por el imperio romano ...</p>

<h2>Edad Media</h2>
<p>Como en el resto de Europa la Edad Media se caracteriza por...</p>

<h2>Renacimiento</h2>
<p>El esplendor del renacimiento llegó gracias a la proximidad de ...</p>
```

Dos de ellos los hemos agrupado dentro de una clase llamada "secciones". Gracias a ello podemos modificar sólo su apariencia, diferenciándolos del resto de los títulos del documento. Para referirnos a la clase, emplearíamos el signo de punto (.).

```
.secciones { font-family: verdana; text-decoration: underline; color:blue}
```

Al probarlo en un navegador, obtendríamos el resultado de la figura.

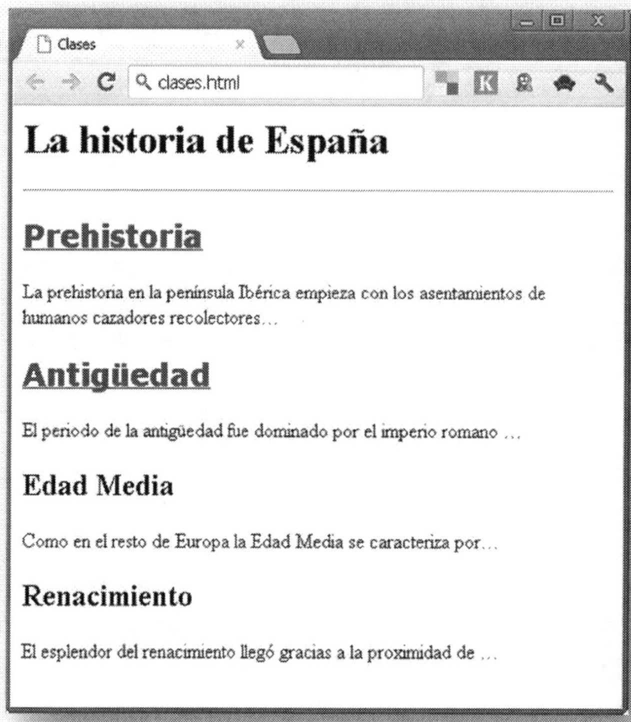

Es decir, ahora tenemos dos tipos de títulos: los normales y los pertenecientes a la clase "secciones". Por tanto, podemos aplicar normas para todos los títulos o sólo para los de los grupos que generemos. El código del ejemplo es el siguiente:

```
<HTML>
    <HEAD><TITLE>Clases</TITLE>
        <STYLE>
                .secciones {
                        font-family: verdana;
                        text-decoration: underline;
                        color: blue;
                }
        </STYLE>
    </HEAD>
    <BODY>
        <h1>La historia de España</h1>
        <hr>

        <h2 class="secciones">Prehistoria</h2>
        <p>La prehistoria en la península Ibérica empieza con los asentamientos de
humanos cazadores recolectores...</p>
        <h2 class="secciones">Antigüedad</h2>
        <p>El periodo de la antigüedad fue dominado por el imperio romano ...</p>
        <h2>Edad Media</h2>
```

```
            <p>Como en el resto de Europa la Edad Media se caracteriza por...</p>
            <h2>Renacimiento</h2>
            <p>El esplendor del renacimiento llegó gracias a la proximidad de ...</p>
    </BODY>
</HTML>
```

Clases dependientes.

Las reglas que definimos para una clase pueden ser aplicadas exclusivamente a una etiqueta. Así podríamos tener un par de reglas como éstas:

```
h1.secciones    {    font-family:    sans-serif;    text-decoration:    underline;    font-size:14px}
p.secciones  { font-family: sans-serif; text-decoration: underline;}
```

De este modo podemos reutilizar el nombre de la clase y definir distintos valores, dependiendo de si se aplica a una cabecera o a un párrafo, en nuestro ejemplo.

Identificadores.

Además de las clases, podemos diferenciar un único elemento entre todos los demás de una página mediante el parámetro **id** (abreviatura de "identificador"). Con **id** asignaremos un nombre único que luego podemos emplear en nuestra sección de estilos, precediéndolo en este caso del signo **#**. Continuando con el ejemplo anterior, supongamos que tenemos un identificador como éste:

```
<h1 id="destacadas">Fechas destacadas</h1>
```

Podríamos modificar exclusivamente ese anexo mediante la siguiente regla:

```
#destacadas { font-size: 18px; text-align: center;color :red }
```

El resultado se muestra en la figura. La clave del **id** es que estamos creando un grupo específico sólo con un elemento. Este modificador tiene otras muchas utilidades, ya que al designar un elemento de forma única dentro de la página web, podremos operar con él a través de la programación en *JavaScript*, aunque eso es otra cuestión.

El sentido de utilizar identificadores, al trabajar con estilos, es mayor cuando pensamos en las hojas externas. Podemos tener un elemento con un identificador que se repite a lo largo de varias páginas. Si nuestros estilos están guardados en un archivo externo, podremos modificar todos esos identificadores con facilidad.

Identificadores dependientes.

Como sucede con las clases, un identificador puede estar definido de forma general o específicamente para una etiqueta concreta. Es distinto esto:

```
#destacadas { font-size: 18px; text-align: center; }
```

que esto:

```
h1#destacadas { font-size: 18px; text-align: center; }
```

El segundo sólo se aplicaría a un elemento que se llamase así:

```
<h1 id="destacadas">
```

pero no a uno denominado

```
<span id="destacadas">
```

Combinación de class e id.

Se pueden combinar los parámetros **class** e **id** en un mismo elemento, con lo que conseguiremos que se le apliquen tanto las reglas definidas para la **clase** como para el **identificador**. Este ejemplo:

```
<h1 class="secciones" id="destacadas">La historia de España</h1>
```

da como resultado una mezcla de todas las reglas que hemos aplicado hasta ahora, tanto las del elemento **<h1>**, como las de la **clase** y las del **identificador**.

```
<HTML>
        <HEAD><TITLE>Clases</TITLE>
                <STYLE>
                        .secciones {
                                font-family: verdana;
                                text-decoration: underline;
                                color: blue;
                        }
                        #destacadas { font-size: 18px; text-align: center;color :red }
                </STYLE>
        </HEAD>
        <BODY>
                <h1 class="secciones" id="destacadas">La historia de España</h1>
                <hr>
                <h2 class="secciones">Prehistoria</h2>
                <p>La prehistoria en la península Ibérica empieza con los asentamientos de
humanos cazadores recolectores…</p>
                <h2 class="secciones">Antigüedad</h2>
                <p>El periodo de la antigüedad fue dominado por el imperio romano …</p>
                <h2>Edad Media</h2>
                <p>Como en el resto de Europa la Edad Media se caracteriza por…</p>
                <h2>Renacimiento</h2>
                <p>El esplendor del renacimiento llegó gracias a la proximidad de …</p>
                <h1 id="destacadas">Fechas destacadas</h1>
        </BODY>
</HTML>
```

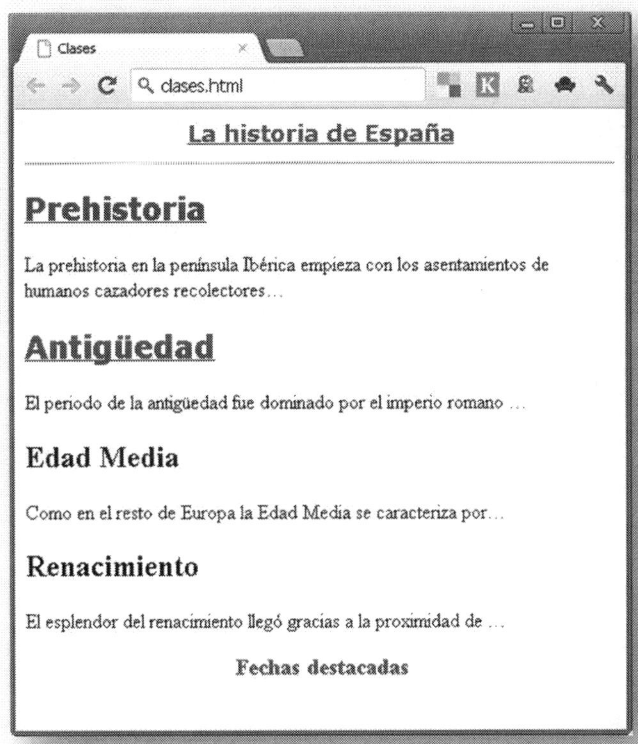

Otros selectores.

Existen métodos para definir reglas que se aplicarán a grupos de etiquetas.

Selector universal.

El signo * se emplea para definir a todo el conjunto de etiquetas de una página web. Nos sirve para indicar "esto se aplica a cualquier etiqueta". Por ejemplo:

```
* {font-family:san-serif; }
```

Hace que cualquier etiqueta de la página tome ese tipo de letra.

Agrupación de selectores.

También podemos emplear la coma para agrupar varias etiquetas, clases e identificadores. Un par de ejemplos:

```
p, h1, h2 {font-family: times, word-spacing: 2px;}
img, #portada, hr, .fotografia {margin: 6px;}
```

Sucesores y antecesores.

Todavía obtenemos mayor control, gracias a las opciones que nos ofrece CSS para aplicar estilos, si un elemento desciende de otro o es el padre de uno. No entraremos en demasiados detalles, pero observemos la siguiente regla:

```
h2 strong {font-style: italic; }
```

Esa línea haría que se mostrase en cursiva el contenido etiquetado dentro de **<strong>**, pero si y sólo si esta etiqueta se encuentra dentro de una cabecera **<h2>**. No es necesario que lo sea directamente; puede haber otras etiquetas conteniendo la de **<strong>**. Por ejemplo:

```
<h1>Esta línea no se vería <strong>afectada</strong></h1>
<h2>Esta línea <strong>sí</strong> se vería <strong>afectada</strong></h2>
```

El ejemplo anterior se mostraría como en la figura:

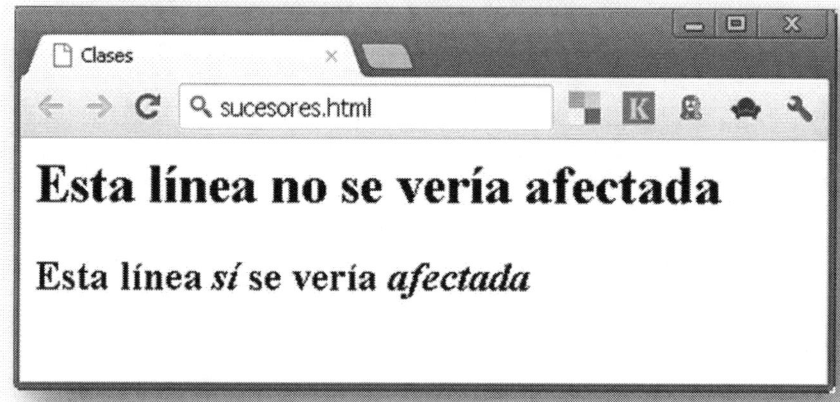

El espacio, por tanto, indica que la aplicación se hará dependiendo de si un elemento está dentro de otro. Además hay otros operadores que definen el tipo de relación, como el *, el signo de > (que indica que un elemento desciende directamente de otro), el de + o el signo ~.

Pseudoclases.

Contamos con un último tipo de selectores denominado **pseudoclases** que permiten definir propiedades para algunos elementos html que cuentan con diferentes estados. El más conocido es el caso de la etiqueta **<a>**, empleada para definir enlaces. Esta etiqueta puede tener varios estados. Estos son los principales:

- **a:link**: el estado normal de un enlace no visitado.
- **a:visited**: el estado de un enlace, una vez que ha sido visitado.
- **a:active**: cuando se está pulsando sobre el elemento.
- **a:hover**: cuando el ratón está sobre el elemento.
- **a:focus**: cuando el elemento tiene el foco del navegador. Es el que está preseleccionado.

Si definimos algunos de esos estados, conseguiremos, por ejemplo, que un enlace cambie su apariencia al pasar el ratón sobre él (**a:hover**) o que cambie de color cuando ha sido visitado (**a:visited**). Podríamos hacerlo así:

```
a:link {font-family: sans-serif; }
a:hover {color:red; }
a:visited {color:gray; }
```

La figura muestra el enlace tras ser visitado:

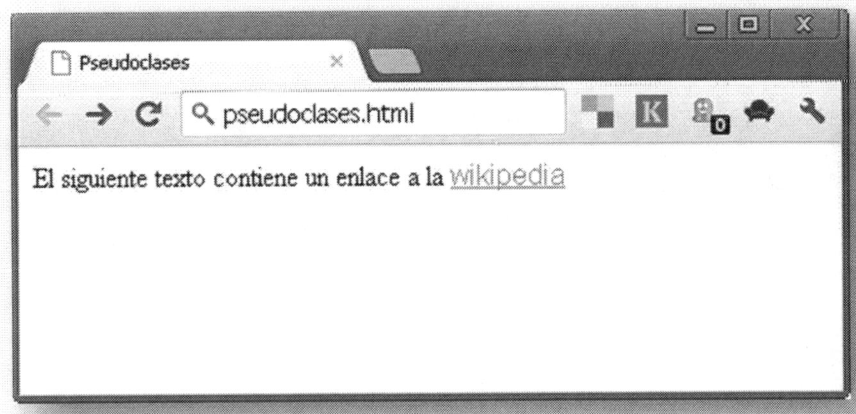


```
<HTML>
     <HEAD>
          <TITLE>Pseudoclases</TITLE>
          <STYLE>
                a:link {font-family: sans-serif; }
                a:hover {color:red; }
                a:visited {color:gray; }
          </STYLE>
     </HEAD>
     <BODY>
          El siguiente texto contiene un enlace a la <a href="http://www.wikipedia.com">
          wikipedia</a>
     </BODY>
</HTML>
```

Aún hay muchas más pseudoclases, centradas en aspectos posicionales, dependientes de si un elemento es el primero de su tipo (**:first-of-type**, **:last-of-type**), si es el único descendiente (**:only-child**), si está vacío (**:empty**), etc. Incluso tenemos una pseudoclase para no aplicar estilo a un elemento concreto (**:not**), pero de nuevo su uso es poco frecuente en esta etapa de aprendizaje de CSS. Veamos un ejemplo de uso con la lista siguiente:

```
<ul>
    <li>Alumno y nota</li>
    <li>José García. 7 </li>
    <li>Marta Ruiz. 4 </li>
    <li>Natalia Sánchez. 4</li>
    <li>Media. 5</li>
</ul>
```

Le aplicaremos los estilos siguientes:

```
li:first-child  {
            font-size:22px;
            color:#333399;
            list-style-type: none
            }
li:last-of-type {
            font-size:16px;
            color:#333399 ;
            font-weight:bolder;
            }
```

En este caso no había diferencia entre emplear **child** o **of-type**. El resultado que obtenemos es el de la figura:

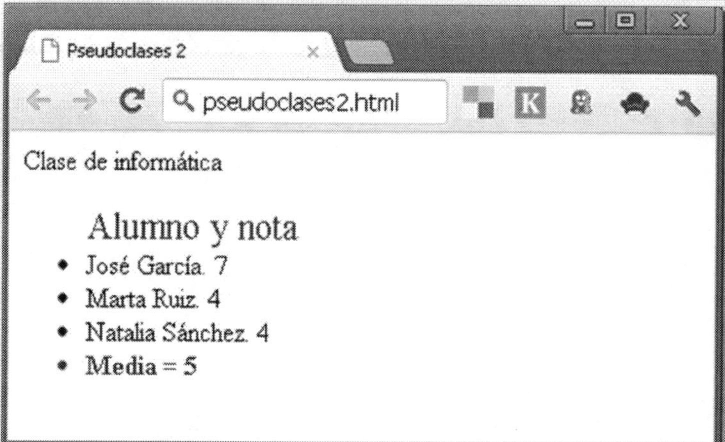


```
<HTML>
    <HEAD>
        <TITLE>Pseudoclases 2</TITLE>
        <STYLE>
                li:first-child  {
                            font-size:22px;
                            color:#333399;
                            list-style-type: none
                            }
                li:last-of-type {
                             font-size:16px;
                             color:#333399 ;
                             font-weight:bolder;
                             }

        </STYLE>
    </HEAD>
    <BODY>
        <p>Clase de informática</p>
        <ul>
                <li>Alumno y nota</li>
                <li>José García. 7 </li>
                <li>Marta Ruiz. 4 </li>
                <li>Natalia Sánchez. 4</li>
                <li>Media = 5</li>
        </ul>
    </BODY>
</HTML>
```

La etiqueta span.

En el ejemplo anterior vimos como modificar un bloque de texto completo o un título completo, pero, ¿cómo podríamos modificar sólo una frase dentro de un párrafo o una simple palabra? La respuesta la encontramos en el elemento HTML denominado **<span>**.

Con **<span>** y su correspondiente cierre seremos capaces de realizar una agrupación dentro de un bloque de texto. Visualmente no hay ningún cambio, pero el hecho de poder crear esa agrupación nos permitirá aplicarle estilos CSS a ese bloque. Continuando con el ejemplo anterior, se puede observar cómo mediante el uso de **span** hemos modificado una sola palabra del título y una parte del párrafo.

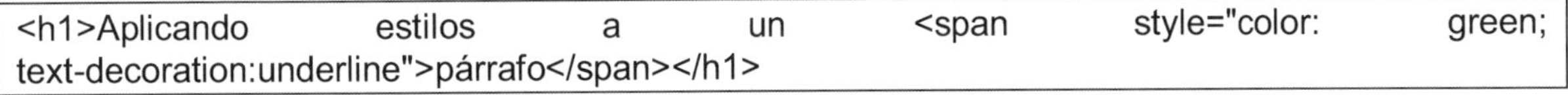

```
<h1>Aplicando estilos a un <span style="color: green; text-decoration:underline">párrafo</span></h1>
```

En el título hemos hecho que un término aparezca en verde subrayado, mientras que el resto mantiene su apariencia predeterminada.

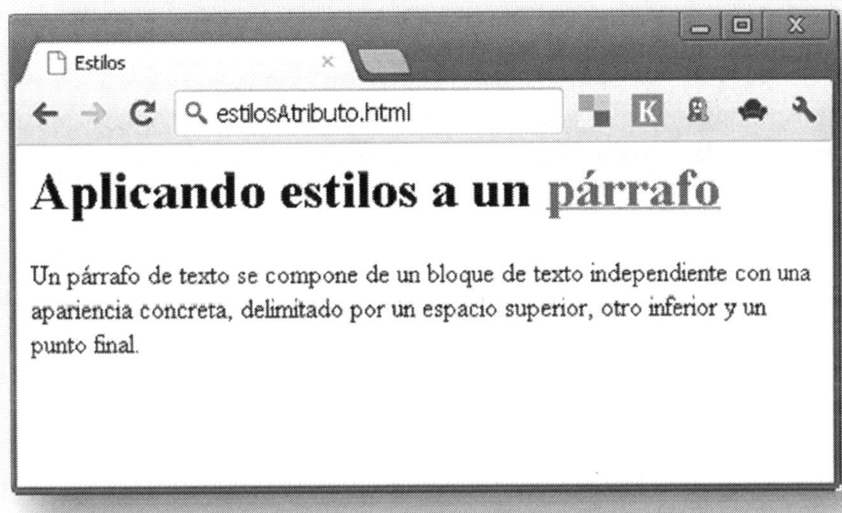

La utilidad de **<span>** va más allá de la aplicación de estilos, aunque es una de sus facetas más destacadas.

Reglas de importancia en los estilos.

Los estilos se heredan de una etiqueta a otra, como se indicó anteriormente. Por ejemplo, si tenemos declarado en el <BODY> unos estilos, por lo general, estas declaraciones también afectarán a etiquetas que estén dentro de esta etiqueta, o lo que es lo mismo, dentro de todo el cuerpo.

En muchas ocasiones más de una declaración de estilos afecta a la misma porción de la página. Siempre se tiene en cuenta la declaración más particular. Pero las declaraciones de estilos se pueden realizar de múltiples modos y con varias etiquetas, también entre estos modos hay una jerarquía de importancia para resolver conflictos entre varias declaraciones de estilos distintas para una misma porción de página. Se puede ver a continuación esta jerarquía, primero ponemos las formas de declaración más generales, y por tanto menos respetadas en caso de conflicto:

- Declaración de estilos con fichero externo. (Para todo un sitio web)

- Declaración de estilos para toda la página. (Con la etiqueta <STYLE> en la cabecera de la página)

- Estilos definidos en una parte de la página. (Con la etiqueta <DIV>)

- Definidos en una etiqueta en concreto. (Utilizando el atributo style en la etiqueta en cuestión)

- Declaración de estilo para una porción pequeña del documento. (Con la etiqueta <SPAN>)

Ya vimos cómo incluir estilos en la página, de todas las maneras posibles e hicimos un repaso con la lista anterior. Ahora estás en condiciones de empezar a usar las hojas de estilo en cascada para mejorar tus páginas y aumentar la productividad de tu trabajo. Pero estate atento a los siguientes capítulos donde aprenderás las lecciones que te faltan para dominar bien la materia: conocer la sintaxis, los distintos atributos de estilos y otras cosas que mejorarán tus páginas.

El uso del modificador **!important** en una determinada regla hace que ésta se salte la cadena de prioridades y que se aplique de forma prioritaria. Se emplea así:

```
p {margin: 10px !important; }
```

Su uso se suele hacer más en la fase de diseño de la página web que una vez terminada, ya que pocas veces se justifica el saltarse el orden predefinido de los estilos.

Actividades.

UD9 – ACTIVIDAD 1: Trabajo con estilos.	
TIPO	Desarrollo
OBJETIVOS	Practicar el uso de la etiqueta SPAN.
RECURSOS	Editor de texto y navegador web.
ENUNCIADO DE LA ACTIVIDAD	

Crea una página tal y como sigue donde mediante el uso de la etiqueta SPAN cambiemos el color de cada uno de los caracteres de la palabra HTML.

Realiza el mismo ejercicio mediante cada una de las diferentes formas mostradas al principio del tema:
- Estilos dentro de las etiquetas.
- Estllos en la cabecera de la página.
- Estilos en un fichero aparte.

COMENTARIOS

Los colores utilizados son red, green, blue y marron.

10–Diseño web usando estilos.

Una vez introducidos en el mundo de los estilos vamos a estudiar las diferentes propiedades de las hojas de estilo que nos permiten controlar la apariencia de una web.

Utilizaremos la técnica de estilos en la cabecera porque es más sencillo de seguir los ejemplos. No obstante todas las reglas que vamos a analizar pueden ser aplicadas directamente mediante una hoja de estilos externa, el método más profesional cuando se trabaja con estilos.

Propiedades del texto.

Tipo de letra.

Para especificar el tipo de letra que deseamos utilizaremos la propiedad **font-family**, seguida de una tipografía concreta o de una serie de tipos de letra separadas por comas, define la apariencia del elemento HTML en cuestión.

Hay muchos tipos de letra, pero un pequeño conjunto de ellos se usan con asiduidad, como el tipo *Times New Roman, Helvética, Georgia, Arial, Verdana*, etc. Cada uno tiene sus propias características. Normalmente los tipos sin serifa (como *arial* o *verdana*) suelen proporcionar una estética agradable y moderna, mientras que los que sí la tienen (como *times*) se suelen usar para textos largos, como libros o documentos más densos. La práctica nos irá marcando la pauta de qué tipo será el más adecuado en cada caso.

Cuando el tipo de letra está compuesta por varias palabras, estas se entrecomillan para no inducir a equívocos. El ejemplo más claro es *"Times New Roman"*.

```
h1      {font-family:    Georgia,    "Times    New    Roman",    Times,    Serif;}
body {font-family: Helvetica, Arial, Sans-serif; }
```

Con este ejemplo estamos definiendo un formato concreto para toda la página y otro para los títulos. Cuando definimos un valor para el cuerpo de la página, estamos estableciendo ese tipo de letra para todos los elementos excepto para aquellos en los que se indique otra cosa. Es una práctica muy habitual.

Normalmente siempre indicaremos un grupo de fuentes, ya que, si el navegador no tiene instalada la primera, recurrirá a las alternativas, hasta llegar a la última que hemos indicado, que define una fuente genérica. Las fuentes genéricas son **serif, sans-serif, cursive, fantasy** y **monospace**.

Tipos de letra no instalados.

Hasta la versión 3 del estándar CSS el uso de tipografías estaba bastante acotado, ya que sólo podíamos emplear aquellos tipos de letra que intuíamos que el usuario podría tener instalados. Ahora eso no es así y podemos indicar al navegador que emplee un tipo de letra que nosotros distribuimos junto a la página web.

Si observamos la figura, veremos que junto a la página web y la hoja de estilos hemos incorporado también un par de tipos de letra, archivos con extensión .ttf. Es decir, tipografías en formato *TrueType*.

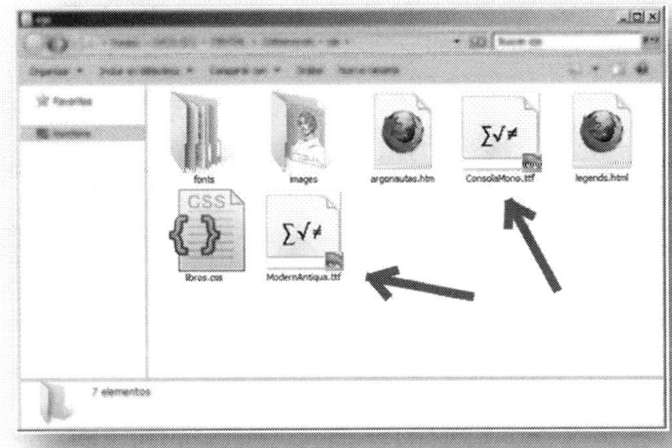

Para incorporar esas tipografías, modificaremos las líneas anteriores estableciéndolas de la siguiente manera:

```css
@font-face {
        font-family: TipoTitulos;
        src: url('ModernAntiqua.ttf');
        }
@font-face {
        font-family: TipoGeneral;
        src: url('ConsolaMono.ttf');
        }
h1 {
        font-family: TipoTitulos, Serif;
}
body {
        font-family: TipoGeneral, Sans-serif;
}
```

Es decir, mediante la directiva **@font-face** le indicamos al navegador que tenemos un nuevo tipo de letra basado en un archivo que nosotros mismos le suministramos. A su vez, en **font-family** emplearemos el nuevo tipo de letra. Incluso podemos poner una fuente genérica, por si hubiese algún problema de carga de los archivos. El resultado se muestra en la figura:

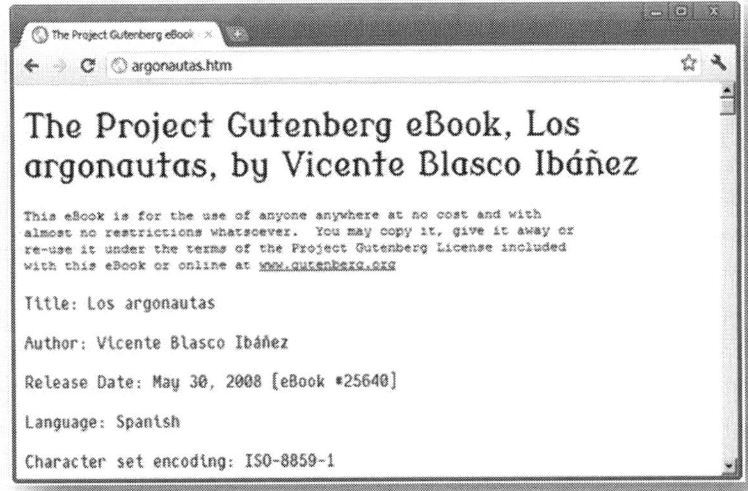

Estamos empleando fuentes sin preocuparnos de si el usuario las tiene instaladas o no.

Tamaño de letra.

Para el tamaño de letra se emplea la propiedad **font-size**.

```
body {font-size: 2em;}
```

En el valor, además de un número, indicaremos la medida que empleamos entre una de éstas:

- **%**: un porcentaje para el texto hará que varíen sus tamaños basados en el valor original. Por ejemplo, **body {font-size: 80%; }** hace que el texto se vea un 20% más pequeño de lo normal, mientras que un 150% lo incrementaría en un 50%.
- **px**, **cm**, **pt** o **in**: para indicar medidas en píxeles, centímetros, puntos o pulgadas. No suele ser muy apropiado, porque cada navegador puede mostrar diferencias en este sentido, aunque para definir estilos de impresión sí que nos dará unos valores más precisos.
- **em**: es el valor recomendado por el *W3C,* si queremos emplear valores fijos. 1em es su valor base y equivale a 16 píxeles. 2em sería el doble de tamaño .5em la mitad (es lo mismo que 0.5em), etc.
- **Valores fijos**: hay ciertos modificadores fijos que podemos emplear, que van de menor a mayor (**xx-small**, **x-small**, **small**, **medium**, **large**, **x-large** y **xx-large**). Éstos no necesitan un número y asignan siempre el mismo tamaño.
- **Valores relativos**: usando **smaller** (más pequeño) y **larger** (más grande) conseguimos que la tipografía aumente o disminuya su tamaño respecto a su valor original.

Los diferentes valores se pueden mezclar, pero finalmente lo más recomendable sería emplear una escala basada en porcentajes o en **em**. A nuestra plantilla de ejemplo incorporaremos el siguiente bloque:

```
body {font-size:100%;}
h1 {font-size:3em;}
h2 {font-size:2em;}
p {font-size:0.8em;}
```

Conseguiremos unos títulos grandes, con un texto general al 100% de su tamaño, es decir, a 1em y unos párrafos un poco más pequeños.

Estilo de letra.

La propiedad **font-style** puede tomar el valor **normal**, que es el predefinido, **italic** (equivalente a cursiva) o **oblique** (equivalente a oblícua), que inclina el texto a la derecha. Normalmente coinciden estos dos últimos resultados pero, según la tipografía, podría haber cierta variación. El valor **inherit** especifica que el estilo debe ser heredado o tomado del elemento padre.

El peso de la letra.

La propiedad **font-weight** especifica si el texto irá en negrita o no, con diferentes grados:

- **bold**: negrita.
- **bolder** y **lighter**: valor relativo que aplica un efecto más pronunciado en el primer caso o menos en el segundo.
- **100..900**: también podemos indicar con un valor entre 100 y 900 el grado de "negrita" que queremos.
- **normal**: hace que el texto no se muestre en negrita, saltándose cualquier otra directriz marcada por otras normas.

Minúsculas y mayúsculas.

La propiedad **font-variant** se emplea para forzar que un texto concreto se muestre en mayúsculas con tamaño de minúsculas, lo que se conoce como **versalitas** ("versal" es un sinónimo de mayúsculas). Sus valores son **normal** o **small-caps**.

```
<HTML>
	<HEAD><TITLE>Estilos de fuentes</TITLE>
		<STYLE>
			h1{
				font-variant:small-caps;

			}
			h2 {

				font-weight: bold;

			}
			p {

				font-family: verdana;
				font-style: italic;
				font-size: 12px;

			}
		</STYLE>
	</HEAD>
	<BODY>
		<h1>La historia de España</h1>
		<hr>
	<h2>Prehistoria</h2>
	<p>La prehistoria en la península Ibérica empieza con los asentamientos de humanos
cazadores recolectores...</p>

	<h2>Antigüedad</h2>
	<p>El periodo de la antigüedad fue dominado por el imperio romano ...</p>

	<h2>Edad Media</h2>
	<p>Como en el resto de Europa la Edad Media se caracteriza por...</p>

	<h2>Renacimiento</h2>
	<p>El esplendor del renacimiento llegó gracias a la proximidad de ...</p>
	</BODY>
</HTML>
```

Espacios.

La propiedad **letter-spacing** modifica el espacio entre los caracteres de una palabra y **word-spacing** hace lo mismo pero entre palabras.

Las medidas que se emplean en ambos casos son las mismas que ya vimos para el tamaño de letra. Además podemos emplear el valor normal para restablecer cualquiera de los dos valores, si los hemos modificado en otro elemento. Aquí tenemos algunos ejemplos, que darían el resultado de la figura:

```
p {letter-spacing:normal}
p {letter-spacing: 12 px}
p {letter-spacing: -.1em}
p {word-space: 1.5 em}
p {word-space: 3 em}
```

En el eje vertical podemos emplear la propiedad **line-height** para incrementar o reducir el espacio entre líneas. Las dos líneas siguientes modifican la separación entre líneas de un párrafo:

```
p {line-height:1em}
p {line-height:2em}
```

Mientras que la primera elimina casi por completo el espacio entre líneas, la segunda pone el texto a doble espacio. En la figura se pueden comparar tres párrafos: el primero sería el modelo normal y los dos siguientes corresponden a las líneas anteriores.

Erguidos ante sus atriles con militar rigidez, entonaban los músicos una marcha solemne, que servía de acompañamiento a los pasajeros en su entrada al comedor. Los hombres vestían de frac o de *smoking*, guardando en una mano la gorra de viaje. Algunos se detenían en las puertas formando grupos para ver a las señoras que iban saliendo de los camarotes de preferencia o venían de los de abajo por la gran escalera de doble rampa, con un roce de finas ropas interiores.

Deslizábanse rápidas todas ellas, entre saludos y sonrisas, para sumirse, más allá de las mamparas de cristales, en un mar de luz en el que nadaban los colores de inquietas banderas. Una estela de polvos de tocador y vagas esencias de jardín artificial seguía el aleteo de las faldas desmayadas y flácidas, con brillantes pajuelas de oro o plata; el crujiente arrastre de los tejidos sedosos; el brillo de las espaldas desnudas suavizadas con una capa de blanquete; la tersura de las nucas, sobre las que se elevaba el edificio de un peinado extraordinario, el primero de una navegación que únicamente se había prestado hasta entonces a exhibir sombreros de paseo y velos de odalisca.

En el antecomedor lucía un gran cartel pintarrajeado con una pareja danzante y una inscripción gótica en alemán y en español: «Esta noche baile.» Y el anuncio parecía esparcir por todo el buque un regocijo de colegio en libertad. «Esta noche baile», repetían las personas de grave aspecto, como si se prometiesen un sinnúmero de misteriosas satisfacciones.

Valores de la propiedad.

Valor	Descripción
normal	La altura normal de una línea. Por defecto.
número	Un número por el cual se multiplicará el actual tamaño de la fuente para establecer la altura de la línea.
longitud	Una altura fija en px, pt, cm, etc.
%	El tamaño de la altura de línea especificado en porcentaje del tamaño actual.
inherit	El valor de la altura se heredará del valor especificado por la etiqueta padre.

Mayúsculas y minúsculas.

Mediante la propiedad **text-transform** podemos convertir un bloque de texto completo en:

- Mayúsculas: con el valor **uppercase**.
- Minúsculas: valor **lowercase**.
- Primera en mayúsculas, resto en minúsculas: **capitalize** convierte la primera letra de cada palabra a mayúscula.
- Dejar el texto como está: emplearemos el valor **none**.

La figura nos presenta las diferentes modalidades:

> Texto original
>
> TEXTO ORIGINAL EN MAYÚSCULAS.
>
> texto original en minúsculas.
>
> Texto Original Con Capitalize.

Alineación entre elementos.

La propiedad **vertical-align** nos será útil para definir la alineación entre dos o más elementos que no tengan la misma altura, por ejemplo, un texto y una imagen o textos de diferente tamaño, como los que se muestran en la figura:

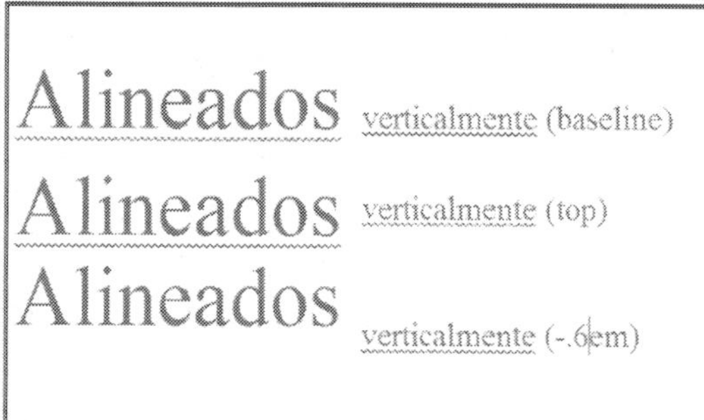

Su composición, si la segunda parte fuese, por ejemplo, una clase aplicada a un valor **span**, quedaría así:

```
span.parte2 {vertical-align:baseline}
span.parte2 {vertical-align:top}
span.parte2 {vertical-align:-.6em}
```

Contamos con un amplio muestrario de parámetros, como se puede observar. Podemos definir valores relativos, absolutos o utilizar algunas palabras clave como **top** (alineación superior), **bottom** (inferior), **baseline** (se alinean sus lineas base), etc. Este tipo de propiedades se suele modificar con algún tipo de editor, por lo que no es necesario recordar todos sus valores.

Valores de las propiedades

Valor	Descripción
longitud	Eleva o desciende un element por la longitude especificada. Se permiten valores negativos.
%	Eleva o desciende un element en un porcentaje de la altura de línea. Se permiten valores negativos.
baseline	Se alinea con la base del element padre. Esto es por defecto.
sub	Genera el efecto subscript.

super	Alinea como si fuera superscript.
top	La parte de arriba del elemento se alinea a la parte de arriba del elemento más alto de la línea.
text-top	La parte de arriba del elemento se alinea con la parte de arriba de la fuente del elemento padre.
middle	El elemento se sitúa en el medio del elemento padre.
bottom	La parte de abajo del elemento se alinea a la parte de abajo del elemento más alto de la línea.
text-bottom	La parte de abajo del elemento se alinea con la parte de abajo de la fuente del elemento padre.
inherit	Especifica que el valor de la propiedad vertical-align se heredará del elemento padre.

Sangrado del texto.

El sangrado (a veces denominado *indentación*, en referencia al término inglés) consiste en desplazar a la izquierda o a la derecha la primera línea de un párrafo. Con CSS se puede realizar mediante la propiedad **text-indent**, seguida de algún valor numérico absoluto o relativo. La figura nos muestra el resultado que se produce con la siguiente línea:

```
p {text-indent: 1.5em}
p {text-indent: 3%}
```

Erguidos ante sus atriles con militar rigidez, entonaban los músicos una marcha solemne, que servía de acompañamiento a los pasajeros en su entrada al comedor. Los hombres vestían de frac o de *smoking*, guardando en una mano la gorra de viaje. Algunos se detenían en las puertas formando grupos para ver a las señoras que iban saliendo de los camarotes de preferencia o venían de los de abajo por la gran escalera de doble rampa, con un roce de finas ropas interiores.

Deslizábanse rápidas todas ellas, entre saludos y sonrisas, para sumirse, más allá de las mamparas de cristales, en un mar de luz en el que nadaban los colores de inquietas banderas. Una estela de polvos de tocador y vagas esencias de jardín artificial seguía el aleteo de las faldas desmayadas y flácidas, con brillantes pajuelas de oro o plata; el crujiente arrastre de los tejidos sedosos; el brillo de las espaldas desnudas suavizadas con una capa de blanquete; la tersura de las nucas, sobre las que se elevaba el edificio de un peinado extraordinario, el primero de una navegación que únicamente se había prestado hasta entonces a exhibir sombreros de paseo y velos de odalisca.

En el antecomedor lucía un gran cartel pintarrajeado con una pareja danzante y una inscripción gótica en alemán y en español: «Esta noche baile.» Y el anuncio parecía esparcir por todo el buque un regocijo de colegio en libertad. «Esta noche baile», repetían las personas de grave aspecto, como si se prometiesen un sinnúmero de misteriosas satisfacciones.

Este ejemplo ilustra perfectamente la diferencia entre valores relativos y absolutos. El primer párrafo tiene aplicada la primera línea, es decir, el valor exacto y absoluto. Por el contrario, la segunda tiene el valor porcentual, el relativo. Se desplaza la línea un 3% del tamaño horizontal de la ventana del navegador.

Ambas líneas parecen iguales pero, si ampliamos el tamaño de la ventana del navegador, observaremos que la primera línea se mantiene en la misma distancia, mientras que la segunda ha variado, ya que el 3% de un valor mayor será una distancia notablemente mayor.

Erguidos ante sus atriles con militar rigidez, ento
vestían de frac o de *smoking*, guardando en una mano
preferencia o venían de los de abajo por la gran escale

Deslizábanse rápidas todas ellas, entre saludo
banderas. Una estela de polvos de tocador y vagas ese
arrastre de los tejidos sedosos; el brillo de las espaldas
extraordinario, el primero de una navegación que úni

Dependiendo del sitio web que estemos diseñando, nos resultará más conveniente usar valores relativos o absolutos. Por lo general los valores relativos aportarán flexibilidad a nuestra página web.

Alineación del texto.

Otro factor clásico de cualquier editor de texto es su capacidad de alinear el texto horizontalmente a la izquierda, derecha, centrado o justificado. Con CSS se realiza mediante la propiedad **text-align**. Es tan simple como añadir alguna regla de este tipo:

```
body {text-align: justify; }
h1 {text-align: right;}
```

Los valores posibles son **left** (izquierda, el predefinido), **right** (derecha), **center** (centrado) o **justify** (justificado).

Espacios en blanco.

La propiedad **white-space** controla el tratamiento que hace el navegador de los espacios en blanco. Los navegadores tienden a comprimir o ampliar esos espacios para ajustar las palabras en las líneas. Para evitarlo, podemos utilizar el valor **pre** con la propiedad **white-space** y así conseguir que éstos no se modifiquen. Esto es útil si tenemos un texto exacto, fórmulas, un poema, etc. Las rupturas de línea que tuviese el texto original se respetarán escrupulosamente.

Igualmente, si indicamos la opción **nowrap**, el navegador no cortará las líneas, sino que mantendrá cada párrafo o bloque de texto en la misma línea. La línea se prolongará hacia la derecha todo lo que sea necesario.

Ajuste de palabras.

La propiedad **word-wrap** permite, con el valor **break-word**, la ruptura de palabras que no serían divisibles en circunstancias normales, como palabras muy largas en cuadros de texto pequeños. Su valor predeterminado es normal, permite la ruptura cuando sea posible y si no, se traslada la palabra a la línea siguiente.

Decoración del texto.

La propiedad **text-decoration** cuenta con algunos valores para decorar una línea de texto. Por ejemplo, para un rótulo **<h1>**:

- **h1{text-decoration:none;}** elimina cualquier decoración de un elemento.
- **h1{text-decoration:underline;}** el texto aparece subrayado.
- **h1{text-decoration:overline;}** el texto se presenta con una línea por encima.
- **h1{text-decoration:line-through;}** el texto se muestra tachado.
- **h1{text-decoration:blink;}** el texto parpadea, distrayendo la atención sobre el resto de la página. Se debe usar con mucho criterio.

Estas opciones se emplean con frecuencia para tachar un texto que ya no vale o para resaltar los estados de un enlace, mediante sus pseudoselectores. Por ejemplo, el enlace de la figura se resalta mediante un **underline** y un **overline** al pasar el ratón sobre el. Para conseguirlo, hemos añadido estas dos líneas a nuestro archivo de estilos:

```
a:link {text-decoration: none; }
a:hover {text-decoration: overline underline;}
```

Sombras.

Mediante CSS3 es posible añadir sombras a un texto con la propiedad **text-shadow**; así de fácil:

```
h1 { text-shadow: rgb(60,60,60) 3px 3px 6px };
```

Lleva cuatro parámetros:

- **Color**: expresado de diferentes maneras, es además opcional.
- **X** e **Y**: valores obligatorios que indican la distancia de la sombra.
- **Suavizado**: el último valor es opcional y especifica lo difuminada que se mostrará la sombra.

Para obtener unas sombras apropiadas, es necesario realizar algunas pruebas e intentar conseguir el efecto que buscamos.

```
h1 {text-shadow:rgb(160,160,90) 4px 4px 16px;}
```

A continuación se presenta un ejemplo que recoge algunas de las propiedades vistas anteriormente:

```
<HTML>
    <HEAD>
        <TITLE>Estilos de fuentes</TITLE>
        <STYLE>
                h1{
                        text-shadow:rgb(160,160,90) 4px 4px 16px;
                }
                h2 {
                        text-decoration:overline underline;
                }
                p {
                    text-indent: 1.5em;
                    text-align: justify;
                    font-family: verdana;
                    font-size: 12px;
                }
        </STYLE>
    </HEAD>
    <BODY>
        <h1>La historia de España</h1>
        <h2>Prehistoria</h2>
        <p>La prehistoria en la península Ibérica empieza con los asentamientos de humanos
cazadores recolectores…</p>
        <h2>Antigüedad</h2>
        <p>El periodo de la antigüedad fue dominado por el imperio romano …</p>
        <h2>Edad Media</h2>
        <p>Como en el resto de Europa la Edad Media se caracteriza por…</p>
        <h2>Renacimiento</h2>
        <p>El esplendor del renacimiento llegó gracias a la proximidad de …</p>
    </BODY>
</HTML>
```

Bordes.

Usando estilos podemos aplicar bordes a casi cualquier tag que tenga al menos dos lados. Para seleccionar el tipo de borde utilizaremos el atributo **border-style** con alguno de los valores que se muestran a continuación:

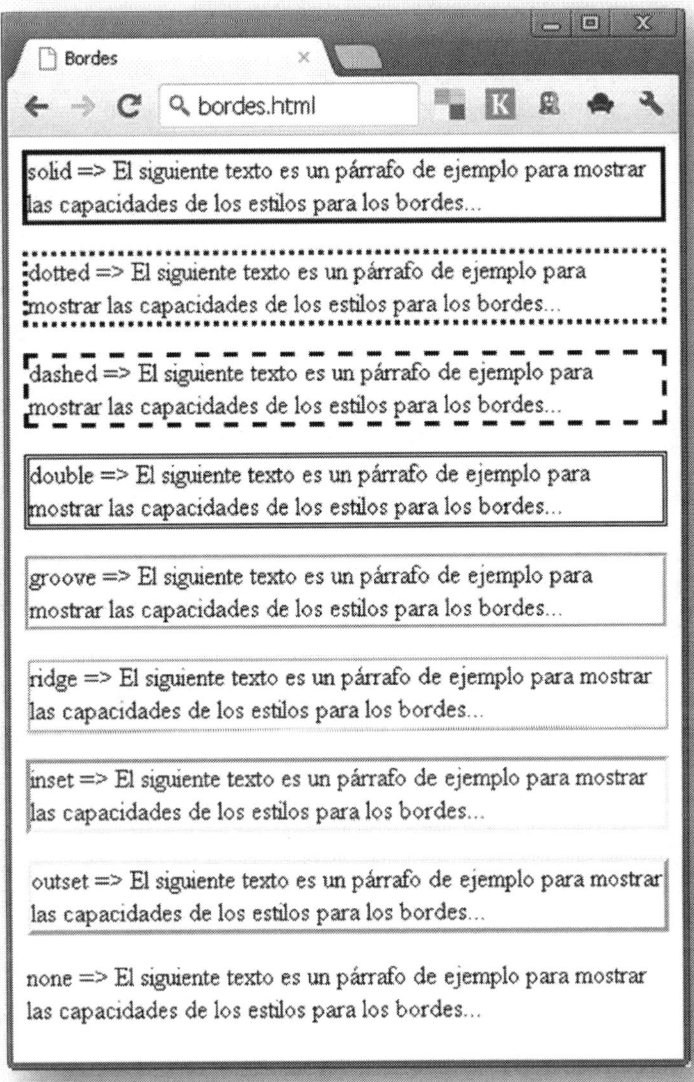

Se puede igualmente especificar el grosor del borde con la propiedad **border-with** y el color con **border-color** (si el lector no está familiarizado con los sistemas de colores se recomienda que lea atentamente el siguiente capítulo como referencia). El siguiente código dibuja un borde sólido de 2 píxeles de ancho y color azul.

```
<p style="border-style: solid; border-width: 2px; border-color: blue">
```

El navegador dibuja los bordes muy cerca del texto como bien se puede observar en la imagen anterior. Para dejar un espacio de separación entre el borde y el texto se puede utilizar la propiedad **padding**.

```
<p style="border-style: solid; padding: 15px">
```

Por defecto, los atributos de los bordes se aplican a todos los lados del elemento al menos que se especifique lo contrario. Para indicar que un lado en concreto tiene un formateo especial, hemos de incluir el argumento **–top, -right, -left, -bottom** entre la palabra border y la propiedad deseada. El siguiente ejemplo muestra el uso de estos argumentos:

```
<HTML>
     <HEAD><TITLE>Bordes individuales</TITLE></HEAD>
     <BODY>
          <p style="border-top-style: dotted; border-bottom-style: dotted; padding-top:15px;
padding-bottom: 15px"> El siguiente texto es un párrafo de ejemplo para mostrar las capacidades
de los estilos para los bordes... </p>
     </BODY>
</HTML>
```

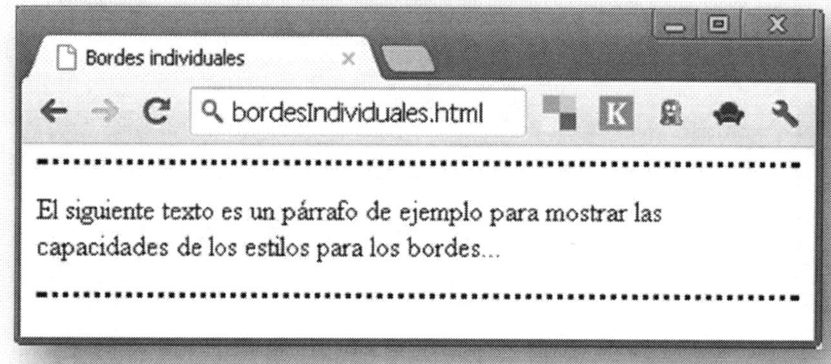

Por último, destacaremos la posibilidad de especificar todos los atributos de los bordes al mismo tiempo.

```
<p style="border: 2px green dotted none dotted none">
```

Colores.

Varias son las propiedades en las que podemos aplicar un color determinado, ya sea como fondo, como color de texto, para una sombra, etc. pero en todos los casos las formas de definir el color son similares. Las propiedades que se emplean para definir el color del texto son las siguientes:

- **color**: para indicar el color del texto.
- **background-color**: para indicar el color de fondo de diferentes elementos, entre ellos de un texto.

Formas de definición del color.

El método más sencillo para definir un color es mediante su nombre en inglés. Por ejemplo, para definir un texto de color rojo de una clase determinada utilizaríamos esta regla:

```
clase {color:red; }
```

Un título azul y con el fondo amarillo se conseguiría así:

```
h1 {color:blue; background-color:yellow; }
```

Y que toda la página tuviese un color lila, con fondo verde y sombra azul oscura, se consigue así:

```
body {
        color:purple;
        background-color: green;
        text-shadow: midnightblue 2px 2px 4px;
}
```

Se puede consultar un listado de nombres de colores en la página http://en.wikipedia.org/wiki/X11_color_names, con sus equivalencias en formato RGB y hexadecimal.

Definir un color numéricamente.

El sistema de nombres de color se nos quedará corto rápidamente y necesitaremos buscar alguna solución para definir colores de una forma precisa. En los ordenadores, en las pantallas, se emplea un sistema de representación del color basado en tres parámetros. Un ordenador es capaz de representar varios millones de colores con tan sólo realizar combinaciones de tres colores básicos: el rojo, el verde y el azul.

Existen otros sistemas de representación de colores, pero el basado en estos tres, conocido como sistema RGB (son las siglas de los tres colores en inglés, *red*, *green* y *blue*) nos servirá perfectamente para diseñar nuestros propios colores.

La definición de un color en formato RGB consiste en indicar qué cantidad de cada uno de esos colores debe llevar el color resultante, sabiendo que el valor más bajo representa la ausencia de color y el color más alto el blanco absoluto.

El color más alto dependerá de la medida que estemos empleando. Podemos hacerlo mediante números decimales que van del 0 al 255 o mediante valores porcentuales. Veamos algunos ejemplos:

- **p {color:rgb (255,0,0); }** representa el rojo puro. El valor de **r** está al máximo mientras los demás están al mínimo.
- **p {color:rgb (0,255,0); }** representa el verde puro. El valor de **g** está al máximo mientras los demás están al mínimo.
- **p {color:rgb (0,0,255); }** representa el azul puro. El valor de **b** está al máximo mientras los demás están al mínimo.
- **p {color:rgb (0,0,0); }** este color sería el negro; todos los valores al mínimo o sin color.
- **p {color:rgb (190,190,0;)}** éste sería un amarillo claro, pero no el más claro posible, que se obtendría con (255,255,0). La combinación de rojo y verde en una pantalla proporciona el amarillo.
- **p {color:rgb (255,255,255;)}** es el blanco.
- **p {color:rgb (66,66,66;)}** cuando los tres tonos se mezclan a partes iguales, obtenemos siembre un color gris, más o menos oscuro, dependiendo de lo elevados que sean los valores.

Observemos algunos de esos ejemplos en la imagen:

```
<HTML>
        <HEAD><TITLE>Colores numéricos</TITLE></HEAD>
        <BODY>
                <p style="color:rgb(255,0,0);">Texto en color rojo.</p>
                <p style="color:rgb(0,255,0);">Texto en color verde.</p>
                <p style="color:rgb(0,0,255);">Texto en color azul.</p>
        </BODY>
</HTML>
```

El ejemplo anterior también pueden ser expresado en valores porcentuales. Ambos son análogos y su uso dependerá de con que sistema se sienta el usuario más a gusto. Por ejemplo:

```
p {color: rgb (100%, 0%, 0%); }
p {color: rgb (80%, 80%, 0%); }
p {color: rgb (33%, 33%, 33%); }
```

Colores hexadecimales.

Usando la lógica del formato RGB, se emplea con frecuencia la definición de colores basada en valores hexadecimales, en lugar de decimales. Es decir, en vez de utilizar valores que van de 0 a 255, utilizamos valores que van de 00 a FF. Los códigos hexadecimales emplean los valores del 0 al 9, más la A, B, C, D, E y F. En este caso el número se precede del signo **#**. Los ejemplos anteriores quedarían así:

```
p {color: #ff0000; }
p {color: #bbbb00; }
p {color: #424242; }
```

Encontraremos este tipo de notación en muchos sitios. Produce unos códigos muy breves y que se descifran con rapidez, una vez que nos hemos acostumbrado a leerlos. De hecho, aún se pueden abreviar más, empleando un solo valor para definir cada color, pero reduce mucho el número de colores que podemos obtener, por lo que es mejor mantener el sistema de dos cifras para cada componente de color.

Herramientas en Internet.

En Internet encontramos muchas herramientas para definir conjuntos de colores, lo que se conoce como una **paleta de colores**. Más que mezclar colores al azar, es conveniente elegir colores siguiendo algunas reglas básicas. Hay toda una teoría de uso del color que nos permite saber qué colores combinan bien con cuáles.

Además de tomar como referencia aquellas páginas que nos gusten, podemos recurrir a herramientas, como este par de ejemplos:

- *Adobe Kuler*: http://kuler.adobe.com/
- *Color Blender*: http://www.colorblender.com/

Imágenes de fondo.

La propiedad **background-image** se puede aplicar a una gran cantidad de etiquetas y consigue que se muestre una imagen de fondo. Su formato es el siguiente, aplicada por ejemplo al cuerpo de la página:

```
body { background-image: url("mifondo.png"); }
```

El resultado sería el que se muestra en la figura.

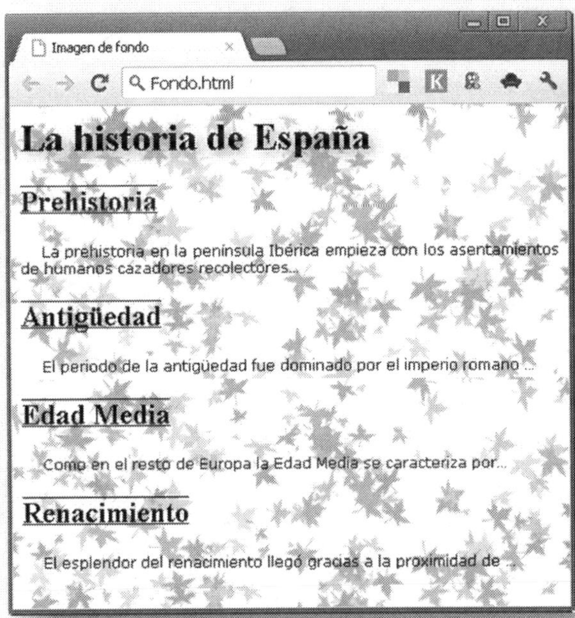

Una imagen pequeña se toma como fondo de todo el documento, repitiéndose una y otra vez hasta cubrir toda la página.

Repeticiones.

No siempre nos va a interesar que la imagen se reproduzca indefinidamente. Por ello, a continuación de la url podemos indicar el modo de repetición a través de la propiedad **background-repeat**:

- **repeat**: para que se repita. Es el valor predefinido, se puede omitir.
- **repeat-x**: para que sólo se repita horizonalmente, no verticalmente.
- **repeat-y**: para que se repita en el eje vertical.
- **no-repeat**: para que no se repita nunca.

Por ejemplo, para que sólo se repita verticalmente añadiríamos esta línea:

```
body {
    background-color: #CCCCCC;
    background-image: url("ordenador.gif");
    background-repeat: repeat-y;
}
```

El resultado es que la imagen sólo aparece en el eje vertical.

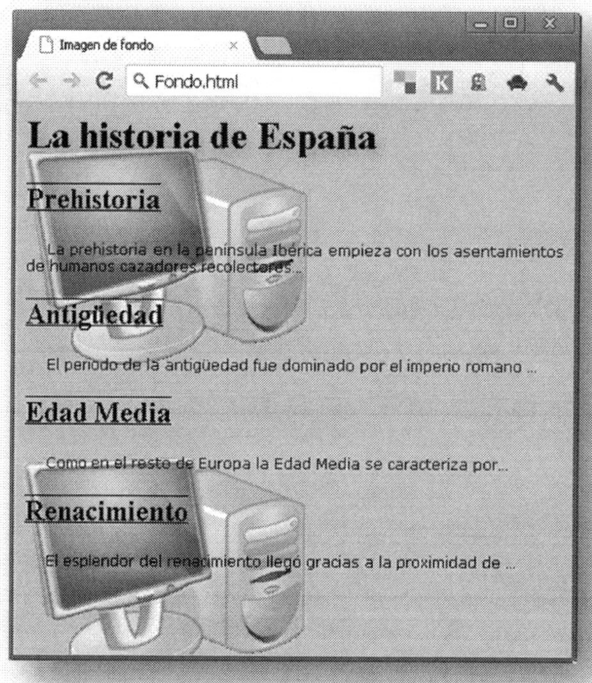

Fondo fijo.

Todavía podemos mejorar el conjunto. En los casos en los que la imagen no debe ocupar todo el fondo podemos emplear la propiedad **background-attachment** para controlar la posición de la imagen, con los siguientes valores:

- **scroll**: la imagen se desplazará al desplazarnos arriba y abajo cuando el documento sea largo. Es el valor predeterminado.
- **fixed**: la imagen se queda fija aunque nos desplacemos hacia abajo.
- **local**: similar al anterior, aunque la imagen está fijada al contenido del elemento en lugar de al propio elemento.

Colocación del fondo.

La propiedad **background-position** se emplea para ubicar el fondo a nuestro gusto, mediante los valores x e y, ya sea en formato de píxeles, mediante porcentajes o mediante indicaciones de posición (**center**, **top**, **bottom**, **right** o **left**). Por ejemplo, probaremos esta regla:

```
body {
        background-color: #CCCCCC;
        background-image: url("ordenador.gif");
        background-repeat: no-repeat;
        background-position: top right;
}
```

La imagen se ha desplazado a la esquina inferior derecha (**bottom right**), como se muestra en la figura.

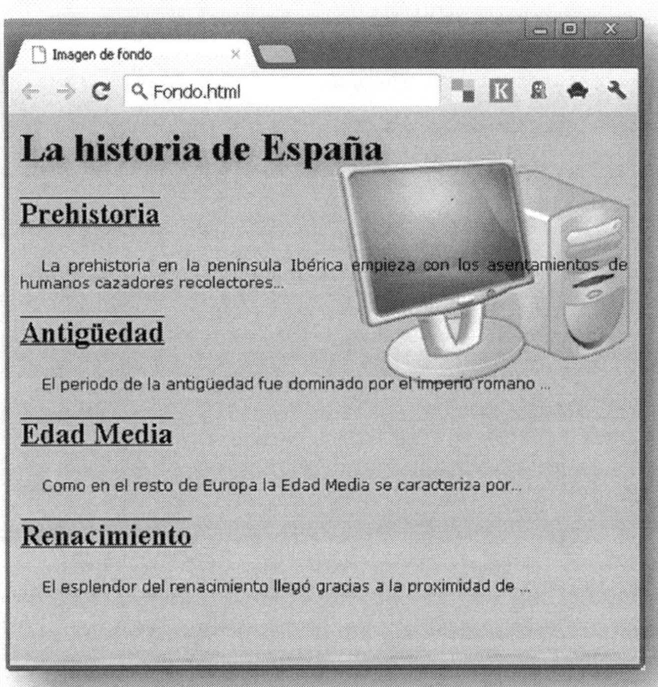

Si estamos empleando una imagen como fondo de un bloque o un elemento similar y la imagen es más grande que el elemento que la va a contener podemos emplear los valores cover (ajusta la imagen al bloque sin deformarla) o contain (reduce la imagen para ajustarla al bloque, también sin deformarla).

La propiedad background.

Como sucedía con la propiedad **font**, podemos fusionar todas las propiedades relacionadas con los fondos en una sola mediante **background**. El ejemplo que hemos venido realizando se podría expresar también de esta manera:

```
body {
        background: #DEB0A0 url("images/etching-small.jpg") no-repeat fixed top right;
}
```

En primer lugar indicamos el color de fondo, si no queremos que aparezca ningún color indicaremos el término **transparent**. Luego viene la dirección de la imagen, seguida de los diferentes parámetros que hemos visto.

Las prácticas que hemos realizado se han centrado en aplicar fondos a la etiqueta <body>; tenemos que tener en mente que esto no tiene por qué ser así. Es muy habitual aplicar imágenes de fondo a pequeños bloques definidos por un <div>, para las tablas e incluso a cualquier tipo de cabecera del documento.

Efectos mediante estilos.

La opacidad.

Todos los navegadores actuales pueden aplicar la propiedad **opacity**. Ésta va seguida de un valor entre cero y uno, que indica el nivel de transparencia que tendrá el elemento al que se le aplique (cero sería transparente y uno sería completamente opaco). La figura muestra el resultado de aplicar diferentes niveles de opacidad a un grupo de elementos.

```
<HTML>
      <HEAD><TITLE>Transparencia</TITLE></HEAD>
      <BODY>
            <h2><span  style="opacity:1;" >Texto de prueba.</span></h2>
            <h2><span style="opacity:0.9;">Texto de prueba.</span></h2>
            <h2><span style="opacity:0.8;">Texto de prueba.</span></h2>
            <h2><span style="opacity:0.7;">Texto de prueba.</span></h2>
            <h2><span style="opacity:0.6;">Texto de prueba.</span></h2>
            <h2><span style="opacity:0.5;">Texto de prueba.</span></h2>
            <h2><span style="opacity:0.4;">Texto de prueba.</span></h2>
            <h2><span style="opacity:0.3;">Texto de prueba.</span></h2>
            <h2><span style="opacity:0.2;">Texto de prueba.</span></h2>
            <h2><span style="opacity:0.1;">Texto de prueba.</span></h2>
      <BODY>
</HTML>
```

Apariencia del cursor.

Podemos modificar la apariencia gráfica del **cursor** asignando diferentes valores, podremos conseguir que el puntero del ratón tome la apariencia que queramos entre una extensa lista de posibilidades:

```
span.ayuda {cursor:help;}
```

En los tres ejemplos anteriores conseguimos que el cursor se convierta, respectivamente, en una mano al pasar sobre una imagen de la clase **botones**, el icono de **ayuda** al pasar sobre un **span** etiquetado como tal y el **reloj** de arena habitual, al pasar sobre un bloque de la clase **esperar**.

De todas las opciones posibles, sin duda la de *hand* es la más empleada para simular botones con imágenes, pero también tenemos otras muchas posibilidades que se describen por si mismas, como **text**, **default** (el predeterminado), **progress**, **move**, **crosshair** (una cruz), etc. Incluso podemos definir nuestro propio puntero indicando una URL, como hacíamos con las imágenes o con las tipografías.

Valor	Descripción
URL	URL a un cursor específico
auto	Por defecto, el navegador establece un cursor.
crosshair	Muestra un punto de mira.
default	El cursor por defecto.
e-resize	Cursor ←→ para agrandar.
help	Muestra el icono de ayuda. Interrogante.
move	Muestra un icono que indica que algo puede ser movible.
n-resize	Igual que el e.resize pero en vertical.Hacia el norte.
ne-resize	Igual que el e.resize pero en oblíquo dirección noreste.
nw-resize	Igual que el e.resize pero en oblíquo dirección noroeste
pointer	Un puntero
progress	El cursor indica que el programa está ocupado.
s-resize	Igual que el e.resize pero en vertical. Hacia el sur.
se-resize	Igual que el e.resize pero en oblíquo dirección sureste.
sw-resize	Igual que el e.resize pero en oblíquo dirección suroeste.
text	El cursor indica texto.
w-resize	Igual que el e.resize pero en pero en dirección oeste.
wait	El cursor indica que el programa está esperando.
inherit	El tipo del cursor se heredará del cursor padre.

Propiedades de las tablas.

Utilizando estilos podemos controlar la apariencia de las tablas. Es algo que sin duda habremos echado en falta ya que por el momento únicamente hemos visto las instrucciones de estructura.

Especificando el tamaño.

Emplearemos las propiedades **width** y **height** para especificar la anchura y la altura tanto de la tabla como de las diferentes celdas. La anchura final de la tabla será igual a la suma de los tamaños de todas las columnas y la altura final equivaldrá a la suma de todas las filas. Los valores que pueden tomar estas propiedades son relativos mediante porcentajes o absolutos mediante píxeles (px).

<table style="**height=80%**"> → Se crea una tabla con una altura del 80% de la página.
<td style="**width: 200px**"> → El tamaño de la celda será de 200 píxeles de ancho.

Bordes de tabla y de celda.

Recordamos que para crear un border en tabla usaremos la propiedad **border**.

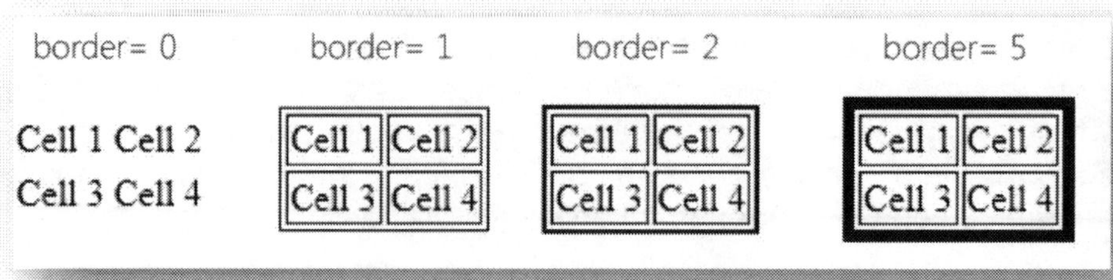

Los bordes de tabla y de las celdas siguen los mismos patrones que para los párrafos (border-style, border-color, border-width, etc.)

```
<HTML>
     <HEAD><TITLE>Bordes de tablas.</TITLE></HEAD>
     <BODY>
          <table style="width:200px; border-style: dotted; border-color: blue">
             <tr>
                  <td style="border-style: groove; border-color: red;">Celda 1</td>
                  <td>Celda 2</td>
             </tr>
             <tr>
                  <td>Cell 3</td>
                  <td>Cell 4</td>
             </tr>
          </table>
     </BODY>
</HTML>
```

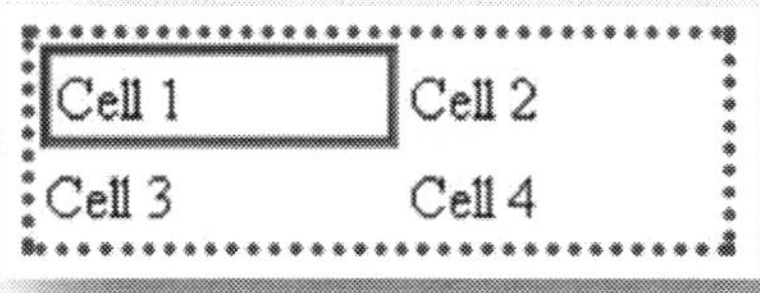

Colores de fondo.

La propiedad **background-color** nos permite definir un color de fondo para la tabla, para la fila y para la celda.

```
<HTML>
     <HEAD><TITLE>Bordes de tablas.</TITLE></HEAD>
     <BODY>
          <table style="width:200px; border-style: dotted; border-color: blue">
               <tr>
                    <td style="background-color: #CCCCCC;">Cell 1</td>
                    <td>Cell 2</td>
               </tr>
               <tr>
                    <td>Cell 3</td>
                    <td>Cell 4</td>
               </tr>
          </table>
```

```
        </BODY>
</HTML>
```

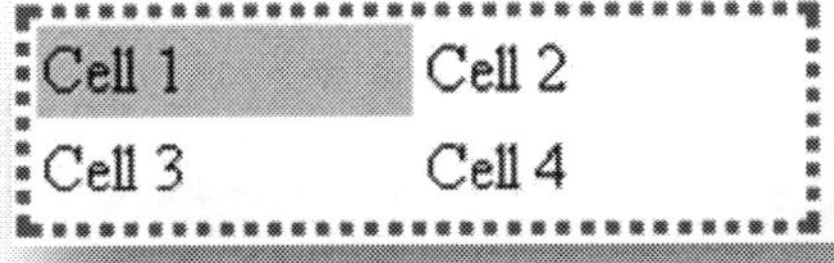

Imágenes.

Análogo al color podemos insertar una imagen de fondo de tabla, fila y celda mediante la propiedad **background-image**.

```
<HTML>
        <HEAD><TITLE>Bordes de tablas.</TITLE></HEAD>
        <BODY>
                <table        style="background-image:url(mifondo.png);width:200px;        border-style:
dotted; border-color: blue">
                        <tr>
                                <td style="background-color: #CCCCCC;">Cell 1</td>
                                <td>Cell 2</td>
                        </tr>
                        <tr>
                                <td>Cell 3</td>
                                <td>Cell 4</td>
                        </tr>
                </table>
        </BODY>
</HTML>
```

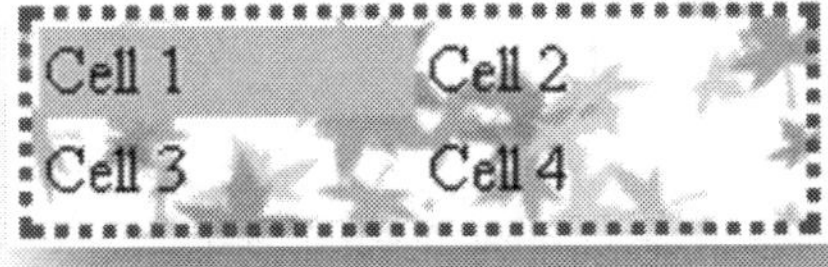

Trabajando los márgenes.

El padding se refiere a la cantidad de espacio entre el contenido de un elemento y su borde externo. Cellpadding se refiere al espacio entre el contenido de la celda y su borde externo.

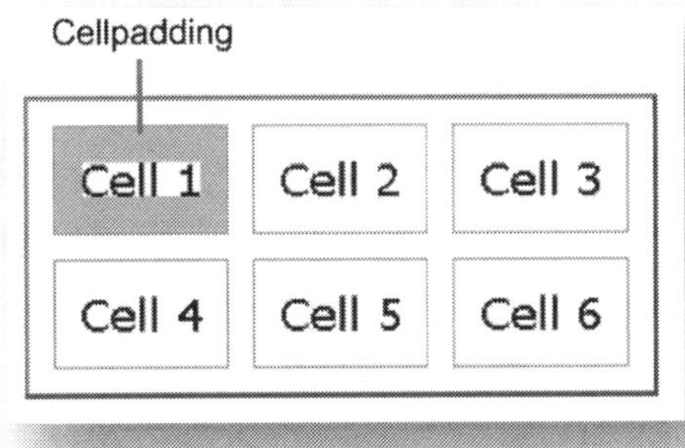

El spacing se refiere a la cantidad de espacio entre el exterior de un elemento y el elemento adyacente. Cellspacing será entonces el espacio entre celdas.

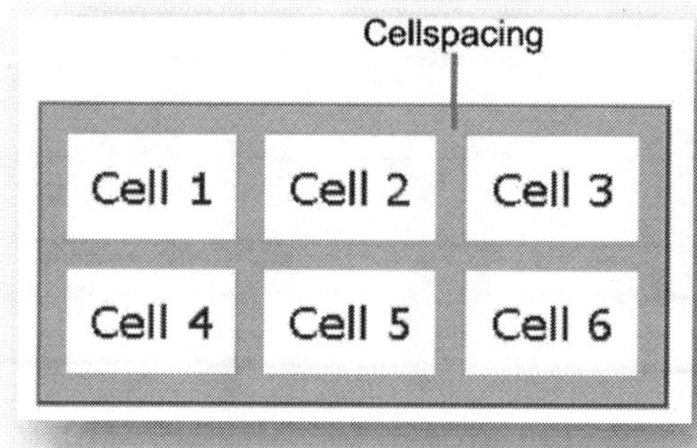

Alineación del contenido.

Para alinear el contenido utilizaremos las propiedades **text-align** para el modo horizontal, que puede tomar los valores *left* para la izquierda, *center* para centrado y *right* para la derecha. Y **vertical-align** para el vertical, cuyos valores pueden ser *top* para arriba, *middle* para el medio y *bottom* para abajo. La siguiente figura clarifica lo expresado anteriormente:

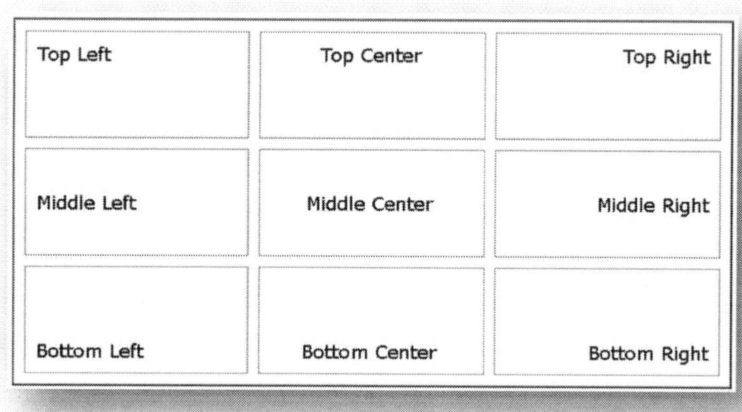


```
<HTML>
        <HEAD><TITLE>Alineación en las tablas.</TITLE> </HEAD>
        <BODY>
                <table style="width:400px; height:400px; border-style: dotted; border-color: blue">
                        <tr>
                                <td style="text-align: left; vertical-align: top; background-
color:#CCCCCC;">Celda 1</td>
                                <td style="text-align: center; vertical-align: top; background-
color:#CCCCCC;">Celda 2</td>
                                <td style="text-align: right; vertical-align: top; background-
color:#CCCCCC;">Celda 3</td>
                        </tr>
                        <tr>
                                <td style="text-align: left; vertical-align: middle; background-
color:#CCCCCC;">Celda 4</td>
                                <td style="text-align: center; vertical-align: middle; background-
color:#CCCCCC;">Celda 5</td>
```

```
                              <td style="text-align: right; vertical-align: middle; background-
color:#CCCCCC;">Celda 6</td>
                    </tr>
                    <tr>
                              <td style="text-align: left; vertical-align: bottom; background-
color:#CCCCCC;">Celda 7</td>
                              <td style="text-align: center; vertical-align: bottom; background-
color:#CCCCCC;">Celda 8</td>
                              <td style="text-align: right; vertical-align: bottom; background-
color:#CCCCCC;">Celda 9</td>
                    </tr>
          </table>
     </BODY>
</HTML>
```

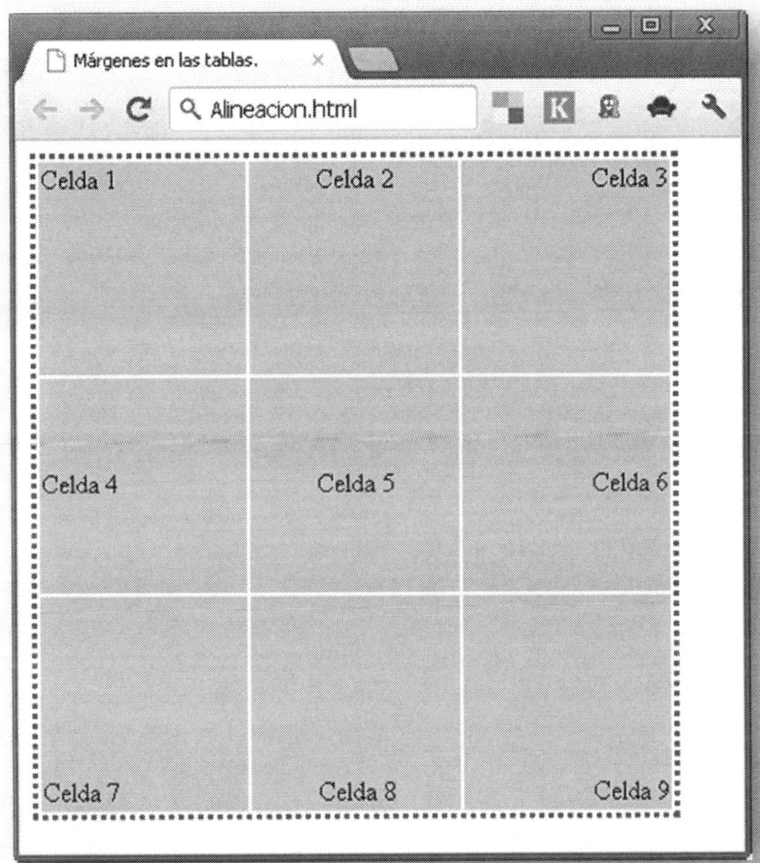

Actividades.

UD10 – ACTIVIDAD 1: Estilos en tablas.	
TIPO	Desarrollo
OBJETIVOS	Practicar el uso de los estilos aplicables a las tablas.
RECURSOS	Editor de texto y navegador web.
ENUNCIADO DE LA ACTIVIDAD	

Crea una tabla para un calendario mensual tal y como se presenta al lado:

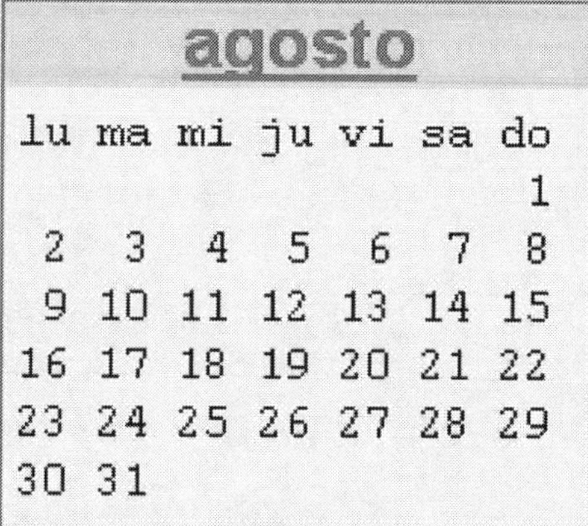

COMENTARIOS

Deberás controlar los bordes de la tabla exterior, colores de fondo y alineaciones.

UD10 – ACTIVIDAD 2: Estilos en tablas II.	
TIPO	Desarrollo
OBJETIVOS	Practicar el uso de los estilos aplicables a las tablas.
RECURSOS	Editor de texto y navegador web.
ENUNCIADO DE LA ACTIVIDAD	

Crea en HTML la tabla periódica de los elementos químicos.

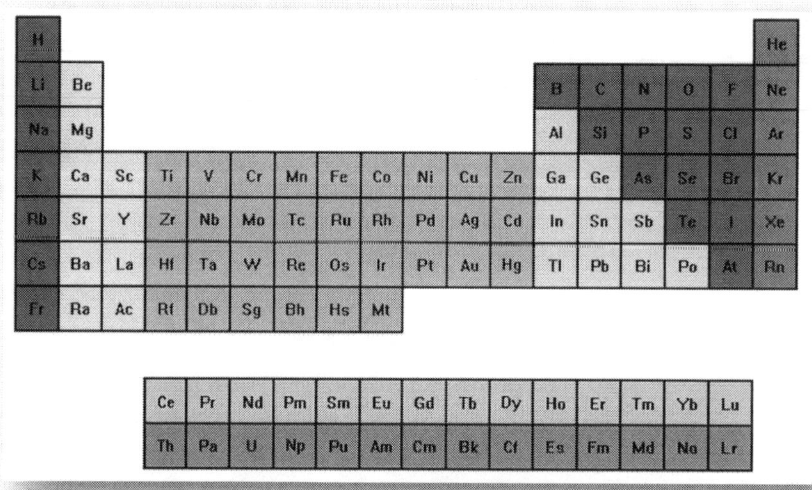

COMENTARIOS

Has de controlar los bordes de cada una de las celdas, colores de fondo y alineaciones.

11 – Capas.

El elemento HTML **<div>** es un contenedor a nivel de bloque para otros elementos. Por sí mismo, no tiene significado alguno a nivel de presentación o semántico, exceptuando que, al ser un elemento a nivel de bloque, los navegadores mostrarán un quiebre de línea antes y después de su contenido.

Los elementos HTML div adquieren su potencual al ser usados conjuntamente con hojas de estilo, ya que resultan muy útiles para asignar atributos presentacionales a bloques enteros de contenido.

Otro uso útil para este elemento, y tal vez el más importante, es el de establecer la distribución o el diseño (en inglés "layout") del documento. Los elementos DIV han venido a reemplazar a la antigua forma de establecer el diseño del documento, que usaba tablas para organizar la distribución del contenido. Estos deseños con tablas hacían uso erróneo del elemento HTML table, cuyo propósito no es otro que representat información tabulada.

La etiqueta **<div>** se emplea para definir un bloque de contenido o sección de la página, para poder aplicarle diferentes estilos e incluso para realizar operaciones sobre ese bloque específico. El uso de la etiqueta **div** es sencillo, únicamente debemos encerrar en ella el contenido incluyendo otras etiquetas HTML que consideremos necesario. Veamos un ejemplo:

```
<div>
    <h1>Historia dc España</h1>
    Prehistoria<br />
    Antigüedad<br />
    Edad Media<br />
    Renacimiento<br />
</div>
```

Se emplea la etiqueta div para crear un bloque, que hará las veces de índice de contenidos. Visualmente la etiqueta no provoca ningún cambio, pero en la estructura interna del documento hemos aplicado una división muy importante. La figura muestra el texto del ejemplo; no hay ninguna diferencia visible.

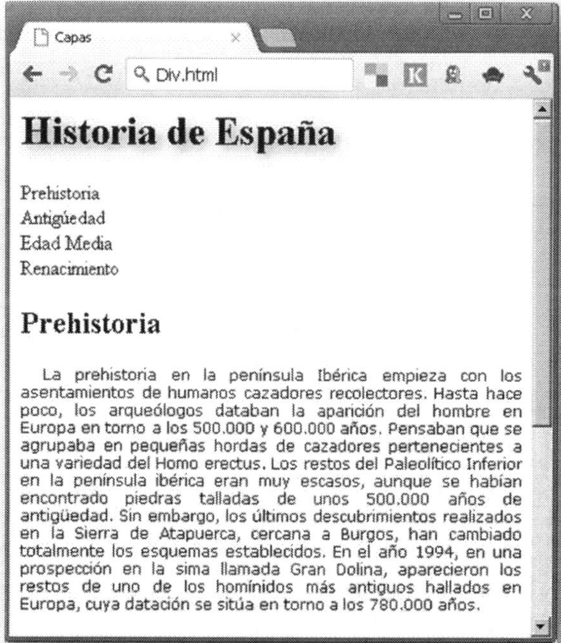

Intentemos ahora modificar la apariencia de ese bloque, añadiendo un estilo de borde a la etiqueta **<div>**, para diferenciarlo; quedaría así:

```
<div style="border: 2px solid red;">
     <h1>Historia de España</h1>
     Prehistoria<br />
     Antigüedad<br />
     Edad Media<br />
     Renacimiento<br />
</div>
```

Observemos de nuevo la figura; ahora sí que aparece un borde sólido rojo alrededor de todo el espacio definido por la etiqueta **div**.

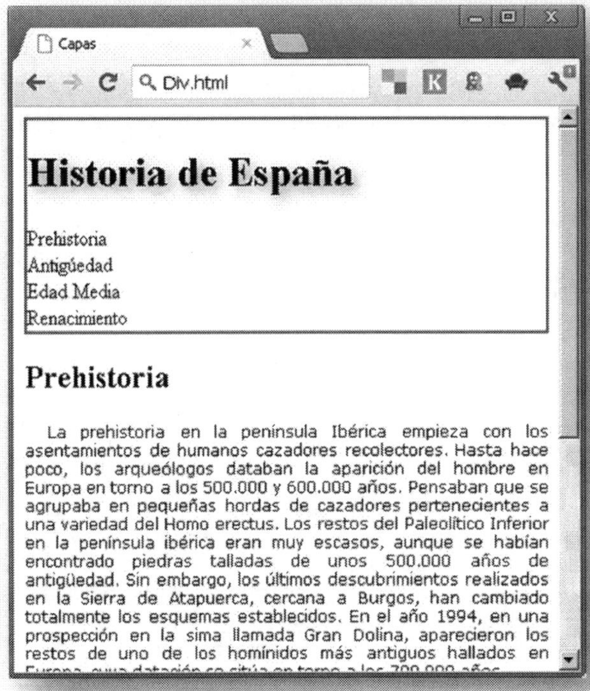

Eso es todo lo que necesitamos saber: la etiqueta **<div>** configura espacios dentro de la página para facilitar la maquetación (distribución de contenidos). Posteriormente estudiaremos todas las posibilidades que nos ofrecen los estilos.

La diferencia principal entre un **<div>** y un **<span>** es que tras un **</div>** se comienza con una nueva línea. Con <span> conseguimos un efecto similar, pero en el interior de un párrafo. Recordemos que span se emplea con frecuencia para aplicar estilos en el interior de un bloque de texto.

Las etiquetas **div** y **span** se suelen acompañar de uno o dos parámetros destinados a identificar ese bloque:

- **id**: permite establecer un identificador único para el bloque. Así podremos referirnos al bloque de forma inequívoca.
- **class**: es similar a **id**, pero con la ventaja de que se puede repetir; así que podemos tener varios **<div>** diferentes con la misma clase.

Usando **id** y **class** podemos diferenciar unos **div** de otros y así aplicarles estilos CSS diferentes o hacer que actúen de forma distinta. Las etiquetas **id** y **class** se utilizan como se muestra en el ejemplo:

```
<div id="indice" style="border: 2px solid red;">
     <h1>Historia de España</h1>
     Prehistoria<br />
     Antigüedad<br />
     Edad Media<br />
     Renacimiento<br />
</div>

<div id="contenidoPrehistoria" class="contenidos">
    <p>La prehistoria en la península Ibérica empieza con los asentamientos de humanos
cazadores recolectores. Hasta hace poco, los arqueólogos databan la aparición del hombre en
Europa…</p>
</div>
```

Se puede apreciar, las etiquetas **id** y **class** se pueden mezclar. Se mantiene siempre esa norma: los **id** son únicos dentro de una página, mientras que los **class** se suelen repetir para que varios elementos tomen un mismo estilo.

12 – Maquetación con estilos.

La **maquetación**, también llamada a veces *diagramación*, es un oficio del <u>diseño editorial</u> que se encarga de organizar en un espacio, contenidos escritos, visuales y en algunos casos audiovisuales (<u>multimedia</u>) en medios impresos y electrónicos, como libros, diarios y revistas.

El objeto capa visto anteriormente se utiliza básicamente para realizar la maquetación de una página web. Las propiedades que estudiaremos a continuación, junto con los bordes y sombreados vistos anteriormente son aplicables a las capas.

El modelo de caja en HTML

Cada elemento HTML que podemos encontrar en una página web se encuentra rodeado de una caja con varias propiedades que pueden ser modificadas. Las siguientes imágenes ilustran este modelo.

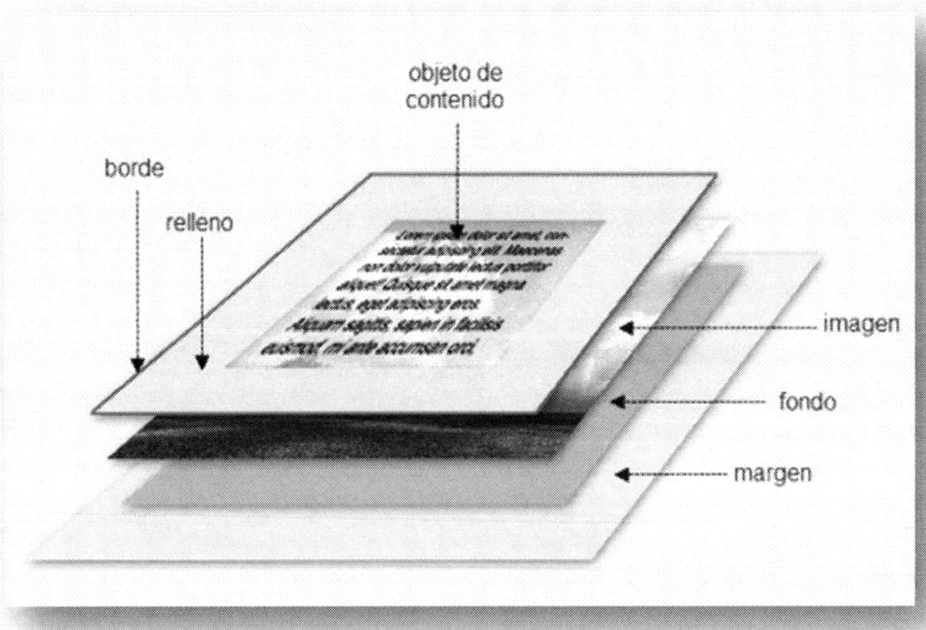

Las cajas de una página se crean automáticamente. Cada vez que se inserta una etiqueta HTML, se crea una nueva caja rectangular que encierra los contenidos de ese elemento. La siguiente imagen muestra las tres cajas rectangulares que crean las tres etiquetas HTML que incluye la página:

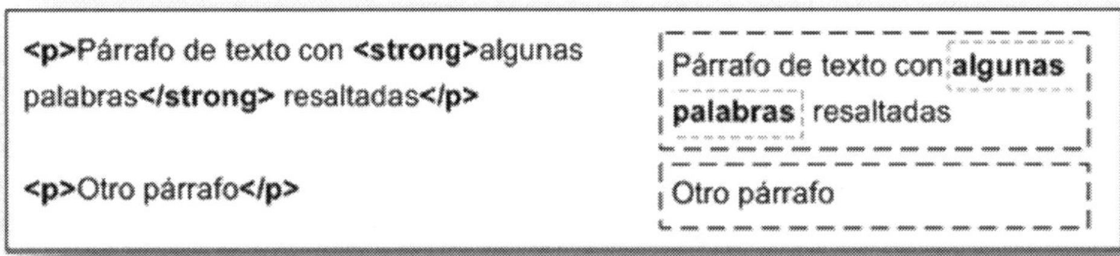

CSS permite controlar el aspecto de todas las cajas: la altura y anchura de cada caja, el margen existente entre cajas y el espacio de relleno interior que muestra cada una de ellas y la forma en la que se visualizan las cajas: se pueden ocultar, desplazar respecto de su posición original y fijarlas en una posición específica dentro del documento.

Las cajas de las páginas no son visibles a simple vista porque inicialmente no muestran ningún color de fondo ni ningún borde. Las partes que componen cada caja y su orden de visualización, desde el punto de vista del usuario, son:

- **Contenido** (**content**): contenido HTML del elemento (las palabras de un párrafo, una imagen, el texto de una lista de elementos, una tabla, etc.).
- **Relleno** (**padding**): espacio libre opcional existente entre el contenido y el borde que lo encierra.
- **Borde** (**border**): línea que encierra completamente el contenido y su relleno.
- **Imagen de fondo** (**background-image**): imagen que se muestra por detrás del contenido y el espacio de relleno.
- **Color de fondo** (**background-color**): color que se muestra por detrás del contenido y el espacio de relleno.
- **Margen** (**margin**): espacio libre entre la caja y las posibles cajas adyacentes.

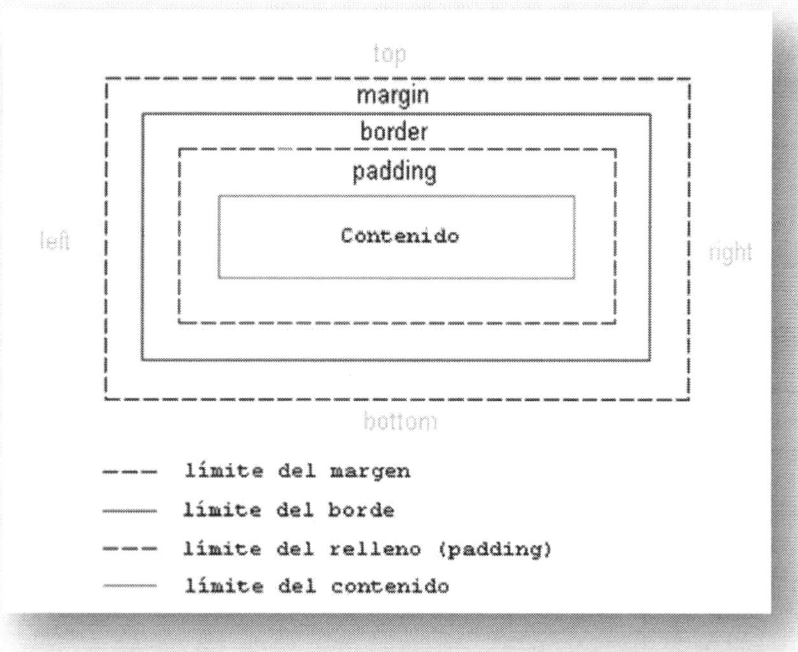

El relleno y el margen son transparentes, por lo que en el espacio ocupado por el relleno se muestra el color o imagen de fondo (si están definidos) y en el espacio ocupado por el margen se muestra el color o imagen de fondo de su elemento padre (si están definidos).

Si ningún elemento padre tiene definido un color o imagen de fondo, se muestra el color o imagen de fondo de la propia página (si están definidos).

Si una caja define tanto un color como una imagen de fondo, la imagen tiene más prioridad y es la que se visualiza. No obstante, si la imagen de fondo no cubre totalmente la caja del elemento o si la imagen tiene zonas transparentes, también se visualiza el color de fondo. Combinando convenientemente cada una de estas partes se obtienen resultados muy interesantes.

Anchura y altura

La propiedad CSS que controla la anchura de los elementos se denomina **width**. La propiedad width no admite valores negativos y los valores en porcentaje se calculan a partir de la anchura de su elemento padre. El valor **inherit** indica que la anchura del elemento se hereda de su elemento padre. El valor **auto**, que es el que se utiliza si no se establece de forma explícita un valor a esta propiedad, indica que el navegador debe calcular automáticamente la anchura del elemento, teniendo en cuenta sus contenidos y el sitio disponible en la página.

width	Anchura
Valores	<medida> | <porcentaje> | auto | inherit
Se aplica a	Todos los elementos, salvo los elementos en línea que no sean imágenes, las filas de tabla y los grupos de filas de tabla
Valor inicial	auto
Descripción	Establece la anchura de un elemento

El siguiente ejemplo establece el valor de la anchura del elemento <div> lateral a 200 píxeles:

```
#lateral { width: 200px; }
<div id="lateral">
  ...
</div>
```

La propiedad CSS que controla la altura de los elementos se denomina **height**. Al igual que sucede con width, la propiedad height no admite valores negativos. Si se indica un porcentaje, se toma como referencia la altura del elemento padre. Si el elemento padre no tiene una altura definida explícitamente, se asigna el valor auto a la altura.

El valor **inherit** indica que la altura del elemento se hereda de su elemento padre. El valor **auto**, que es el que se utiliza si no se establece de forma explícita un valor a esta propiedad, indica que el navegador debe calcular automáticamente la altura del elemento, teniendo en cuenta sus contenidos y el sitio disponible en la página.odeado de una caja con varias propiedades que pueden ser modificadas. Las siguientes imágenes ilustran este modelo.

height	Altura
Valores	<medida> | <porcentaje> | auto | inherit
Se aplica a	Todos los elementos, salvo los elementos en línea que no sean imágenes, las columnas de tabla y los grupos de columnas de tabla
Valor inicial	auto
Descripción	Establece la altura de un elemento

Margen y relleno

CSS define cuatro propiedades para controlar cada uno de los márgenes horizontales y verticales de un elemento. Cada una de las propiedades establece la separación entre el borde lateral de la caja y el resto de cajas adyacentes:

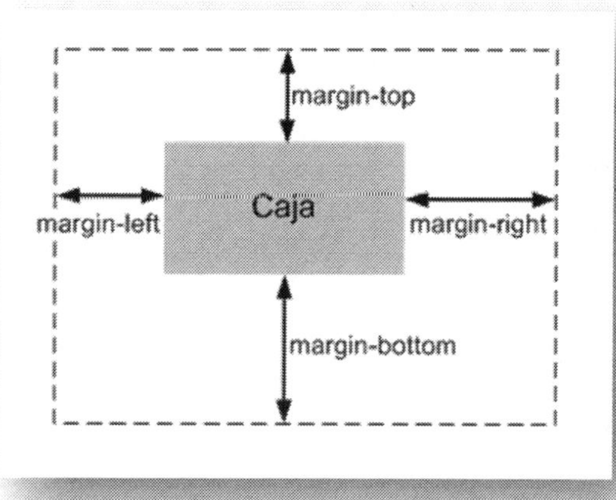

margin-top margin-right margin-bottom margin-left	Margen superior Margen derecho Margen inferior Margen izquierdo
Valores	<medida> | <porcentaje> | auto | inherit
Se aplica a	Todos los elementos, salvo margin-top y margin-bottom que sólo se aplican a los elementos de bloque y a las imágenes
Valor inicial	0
Descripción	Establece cada uno de los márgenes horizontales y verticales de un elemento

Las unidades más utilizadas para indicar los márgenes de un elemento son los **píxeles** (cuando se requiere una precisión total), los **em** (para hacer diseños que mantengan las proporciones) y los **porcentajes** (para hacer diseños líquidos o fluidos).

Los márgenes verticales (margin-top y margin-bottom) sólo se pueden aplicar a los elementos de bloque y las imágenes, mientras que los márgenes laterales (margin-left y margin-right) se pueden aplicar a cualquier elemento.

```html
<HTML>
        <HEAD><TITLE>Márgenes en capas</TITLE>
                <STYLE>
                        .destacado {    margin-left: 2em;       }

                </STYLE>
        </HEAD>
        <BODY>
                <p>Lorem ipsum dolor sit amet, consectetuer adipiscing elit. Nam et elit.
                Vivamus placerat lorem. Maecenas sapien. Integer ut massa. Cras diam ipsum,
laoreet non, tincidunt a, viverra sed, tortor.</p>
                <p class="destacado">Vestibulum lectus diam, luctus vel, venenatis ultrices,
cursus vel, tellus. Etiam placerat erat non sem. Nulla molestie odio non nisl tincidunt faucibus.</p>
                <p>Aliquam euismod sapien eu libero. Ut tempor orci at nulla. Nam in eros egestas
massa vehicula nonummy. Morbi posuere, nibh ultricies consectetuer tincidunt, risus turpis laoreet
elit, ut tincidunt risus sem et nunc.</p>
        </BODY>
</HTML>
```

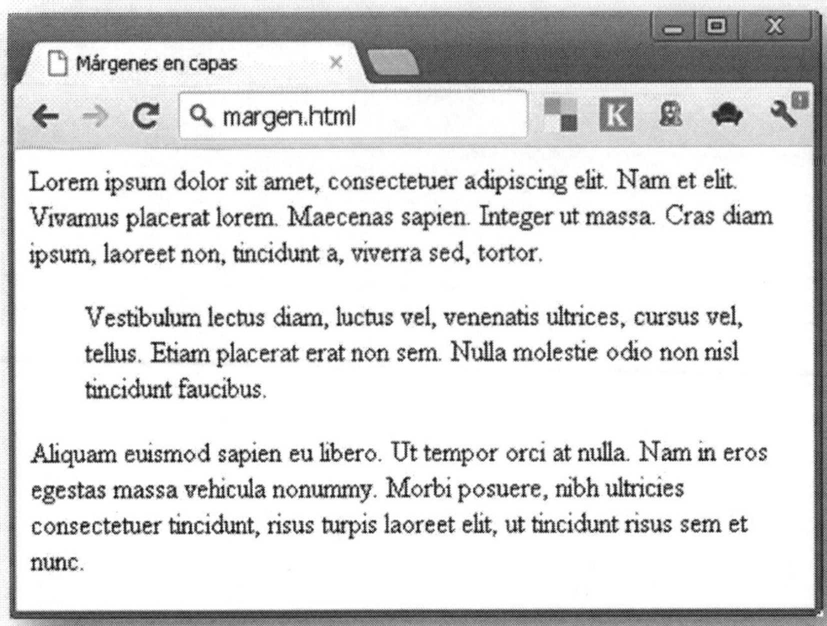

La propiedad que permite definir de forma simultánea los cuatro márgenes se denomina **margin**.

margin	Margen
Valores	(<medida> | <porcentaje> | auto) {1, 4}	inherit
Se aplica a	Todos los elementos salvo algunos casos especiales de elementos mostrados como tablas
Valor inicial	-
Descripción	Establece de forma directa todos los márgenes de un elemento

La notación {1, 4} de la definición anterior significa que la propiedad margin admite entre uno y cuatro valores, con el siguiente significado:

- Si solo se indica un valor, todos los márgenes tienen ese valor.
- Si se indican dos valores, el primero se asigna al margen superior e inferior y el segundo se asigna a los márgenes izquierdo y derecho.
- Si se indican tres valores, el primero se asigna al margen superior, el tercero se asigna al margen inferior y el segundo valor se asigna los márgenes izquierdo y derecho.
- Si se indican los cuatro valores, el orden de asignación es: margen superior, margen derecho, margen inferior y margen izquierdo.

Código CSS original:

```
div img {
        margin-top: .5em;
        margin-bottom: .5em;
        margin-left: 1em;
        margin-right: .5em;
}
```

Alternativa directa:

```
div img {
        margin: .5em .5em .5m 1em;
}
```

CSS define cuatro propiedades para controlar cada uno de los espacios de **relleno** horizontales y verticales de un elemento. Cada una de las propiedades establece la separación entre el lateral de los contenidos y el borde lateral de la caja:

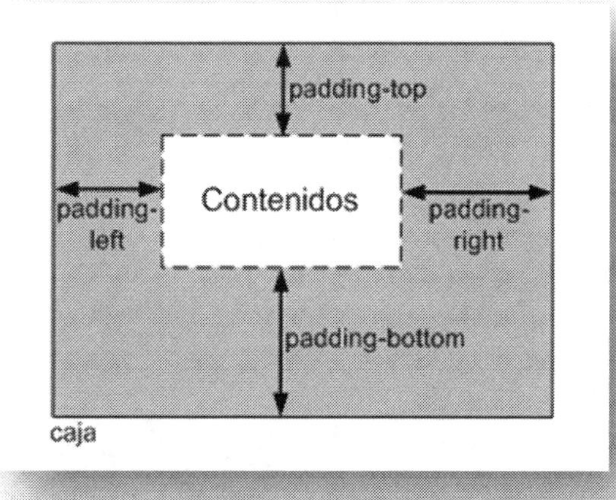

padding-top padding-right padding-bottom padding-left	Relleno superior Relleno derecho Relleno inferior Relleno izquierdo
Valores	<medida>	<porcentaje>	inherit
Se aplica a	Todos los elementos excepto algunos elementos de tablas como grupos de cabeceras y grupos de pies de tabla
Valor inicial	0
Descripción	Establece cada uno de los rellenos horizontales y verticales de un elemento

El siguiente ejemplo ilustra la diferencia entre el margen y el relleno de los elementos:

```
<HTML>
     <HEAD><TITLE>Márgenes en capas</TITLE>
          <STYLE>
          .margen {
              margin-top: 2em; margin-right: 2em; margin-bottom: 2em; margin-left: 2em;
          }
          .relleno {
              padding-top:2em; padding-right:2em; padding-bottom: 2em; padding-left: 2em;
          }
          </STYLE>
     </HEAD>
     <BODY>
          <p class="margen">Lorem ipsum dolor sit amet, consectetuer adipiscing elit.
```

```
                Cras vitae dolor eu enim dignissim lacinia. Maecenas blandit. Morbi mi.</p>
                <p class="relleno">Lorem ipsum dolor sit amet, consectetuer adipiscing elit.
                Cras vitae dolor eu enim dignissim lacinia. Maecenas blandit. Morbi mi.</p>
        </BODY>
</HTML>
```

En el navegador a priori no vamos a obtener una diferencia visual.

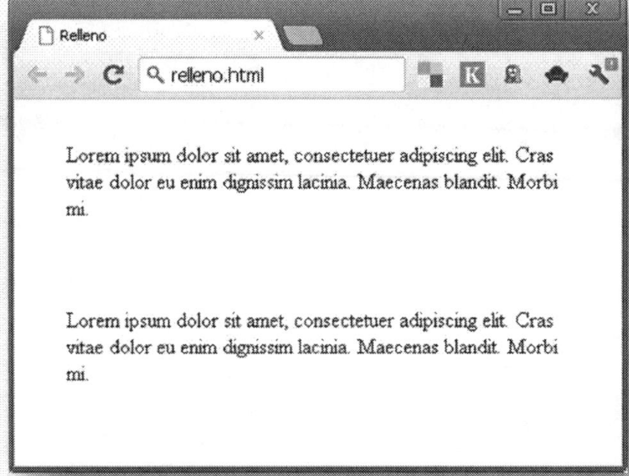

En cambio si le ponemos bordes a los párrafos *border: 2px solid red;*

Como sucede con la propiedad margin, CSS también define una propiedad de tipo *"shorthand"* para establecer los cuatro rellenos de un elemento de forma directa. La propiedad que permite definir de forma simultanea los cuatro márgenes se denomina padding.

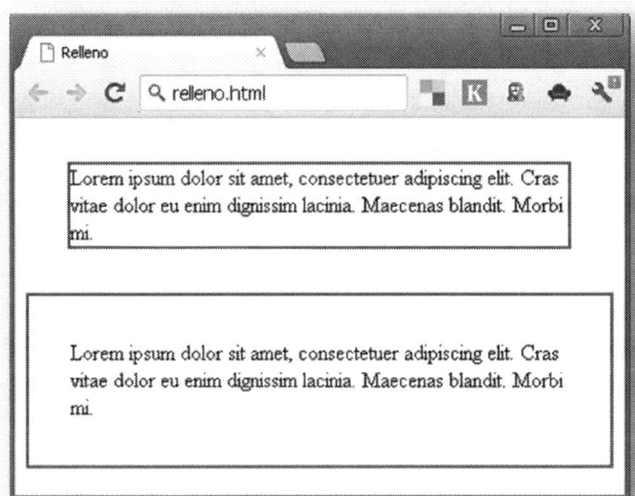

padding	Relleno
Valores	(<medida> | <porcentaje>) {1, 4} | inherit
Se aplica a	Todos los elementos excepto algunos elementos de tablas como grupos de cabeceras y grupos de pies de tabla
Valor inicial	-
Descripción	Establece de forma directa todos los rellenos de los elementos

La notación {1, 4} de la definición anterior significa que la propiedad padding admite entre uno y cuatro valores, con el mismo significado que el de la propiedad margin. Ejemplo:

```
body {padding: 2em}     /* Todos los rellenos valen 2em */
body {padding: 1em 2em} /* Superior e inferior = 1em, Izquierdo y derecho = 2em */
body {padding: 1em 2em 3em} /* Superior = 1em, der = 2em, inferior = 3em, izq = 2em */
body {padding: 1em 2em 3em 4em} /* Superior = 1em, der = 2em, inferior = 3em, izq = 4em */
```

La anchura y altura de un elemento no solamente se calculan teniendo en cuenta sus propiedades width y height. El margen, el relleno y los bordes establecidos a un elemento determinan la anchura y altura final del elemento. En el siguiente ejemplo se muestran los estilos CSS de un elemento:

```
div {
    width: 300px;
    padding-left:  50px;
    padding-right: 50px;
    margin-left:   30px;
    margin-right:  30px;
    border: 10px solid black;
}
```

La anchura total con la que se muestra el elemento no son los 300 píxel indicados en la propiedad width, sino que se tienen en cuenta todos sus márgenes, rellenos y bordes:

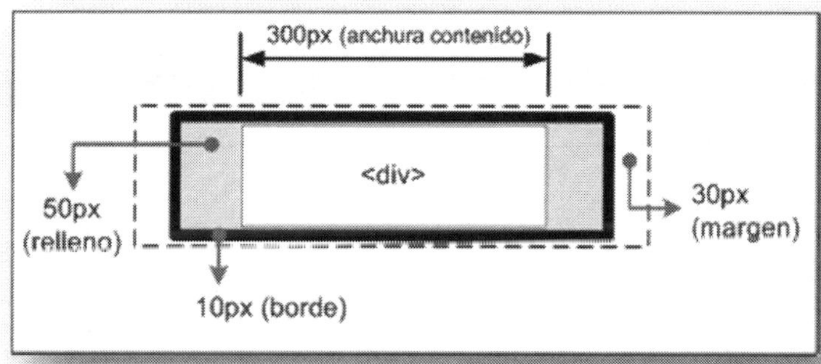

De esta forma, la anchura del elemento en pantalla sería igual a la suma de la anchura original, los márgenes, los bordes y los rellenos:

30px + 10px + 50px + 300px + 50px + 10px + 30px = 480 píxel

Así, la anchura/altura establecida con CSS siempre hace referencia a la anchura/altura del contenido. La anchura/altura total del elemento debe tener en cuenta además los valores del resto de partes que componen la caja del *box model*.

Posicionamiento

El estándar HTML clasifica a todos sus elementos en dos grandes grupos: elementos en línea y elementos de bloque.

Los elementos de bloque ("block elements" en inglés) siempre empiezan en una nueva línea y ocupan todo el espacio disponible hasta el final de la línea. Por su parte, los elementos en línea ("inline elements" en inglés) no empiezan necesariamente en nueva línea y sólo ocupan el espacio necesario para mostrar sus contenidos. Debido a este comportamiento, el tipo de un elemento influye de forma decisiva en la caja que el navegador crea para mostrarlo. La siguiente imagen muestra las cajas que crea el navegador para representar los diferentes elementos que forman una página HTML:

El primer elemento de la página anterior es un párrafo. Los párrafos son elementos de bloque y por ese motivo su caja empieza en una nueva línea y llega hasta el final de esa misma línea. Aunque los contenidos de texto del párrafo no son suficientes para ocupar toda la línea, el navegador reserva todo el espacio disponible en la primera línea.

El segundo elemento de la página es un enlace. Los enlaces son elementos en línea, por lo que su caja sólo ocupa el espacio necesario para mostrar sus contenidos. Si después de este elemento se incluye otro elemento en línea (por ejemplo otro enlace o una imagen) el navegador mostraría los dos elementos en la misma línea, ya que existe espacio suficiente.

Por último, el tercer elemento de la página es un párrafo que se comporta de la misma forma que el primer párrafo. En su interior, se encuentra un enlace que también se comporta de la misma forma que el enlace anterior. Así, el segundo párrafo ocupa toda una línea y el segundo enlace sólo ocupa el espacio necesario para mostrar sus contenidos.

Por sus características, los elementos de bloque no pueden insertarse dentro de elementos en línea y tan sólo pueden aparecer dentro de otros elementos de bloque. En cambio, un elemento en línea puede aparecer tanto dentro de un elemento de bloque como dentro de otro elemento en línea.

Los elementos en línea definidos por HTML son: *a, abbr, bdo, br, cite, code, dfn, em, i, img, input, kbd, label, q, s, samp, select, small, span, strong, sub, sup, textarea, u, var*.

Los elementos de bloque definidos por HTML son: *address, blockquote, dir, div, dl, fieldset, form, h1, h2, h3, h4, h5, h6, hr, isindex, menu, noscript, ol, p, pre, table, ul*.

Los siguientes elementos también se considera que son de bloque: *dd, dt, li, tbody, td, tfoot, th, thead, tr*.

Los siguientes elementos pueden ser en línea y de bloque según las circunstancias: *button, del, iframe, ins, map, object, script*.

Los navegadores crean y posicionan de forma automática todas las cajas que forman cada página HTML. No obstante, CSS permite al diseñador modificar la posición en la que se muestra cada caja.

Utilizando las propiedades que proporciona CSS para alterar la posición de las cajas es posible realizar efectos muy avanzados y diseñar estructuras de páginas que de otra forma no serían posibles. El estándar de CSS define cinco modelos diferentes para posicionar una caja:

- Posicionamiento **normal** o **estático**: se trata del posicionamiento que utilizan los navegadores si no se indica lo contrario.
- Posicionamiento **relativo**: variante del posicionamiento normal que consiste en posicionar una caja según el posicionamiento normal y después desplazarla respecto de su posición original.
- Posicionamiento **absoluto**: la posición de una caja se establece de forma absoluta respecto de su elemento contenedor y el resto de elementos de la página ignoran la nueva posición del elemento.

- Posicionamiento **flotante**: se trata del modelo más especial de posicionamiento, ya que desplaza las cajas todo lo posible hacia la izquierda o hacia la derecha de la línea en la que se encuentran.

El posicionamiento de una caja se establece mediante la propiedad **position**:

position	Posicionamiento
Valores	static | relative | absolute | fixed | inherit
Se aplica a	Todos los elementos
Valor inicial	static
Descripción	Selecciona el posicionamiento con el que se mostrará el elemento

El significado de los posibles valores de la propiedad position es el siguiente:

- **static**: corresponde al posicionamiento normal o estático. Si se utiliza este valor, se ignoran los valores de las propiedades top, right, bottom y left que se verán a continuación.
- **relative**: corresponde al posicionamiento relativo. El desplazamiento de la caja se controla con las propiedades top, right, bottom y left.
- **absolute**: corresponde al posicionamiento absoluto. El desplazamiento de la caja también se controla con las propiedades top, right, bottom y left, pero su interpretación es mucho más compleja, ya que el origen de coordenadas del desplazamiento depende del posicionamiento de su elemento contenedor.
- **fixed**: corresponde al posicionamiento fijo. El desplazamiento se establece de la misma forma que en el posicionamiento absoluto, pero en este caso el elemento permanece inamovible en la pantalla.

La propiedad position no permite controlar el posicionamiento flotante, que se establece con otra propiedad llamada float y que se explica más adelante. Además, la propiedad position sólo indica cómo se posiciona una caja, pero no la desplaza.

Normalmente, cuando se posiciona una caja también es necesario desplazarla respecto de su posición original o respecto de otro origen de coordenadas. CSS define cuatro propiedades llamadas top, right, bottom y left para controlar el desplazamiento de las cajas posicionadas:

top right bottom left	Desplazamiento superior Desplazamiento lateral derecho Desplazamiento inferior Desplazamiento lateral izquierdo
Valores	<medida> | <porcentaje> | auto | inherit
Se aplica a	Todos los elementos posicionados
Valor inicial	auto
Descripción	Indican el desplazamiento horizontal y vertical del elemento respecto de su posición original

En el caso del posicionamiento relativo, cada una de estas propiedades indica el desplazamiento del elemento desde la posición original de su borde superior/derecho/inferior/izquierdo. Si el posicionamiento es absoluto, las propiedades indican el desplazamiento del elemento respecto del borde superior/ derecho/ inferior/ izquierdo de su primer elemento padre posicionado.

En cualquiera de los dos casos, si el desplazamiento se indica en forma de porcentaje, se refiere al porcentaje sobre la anchura (propiedades right y left) o altura (propiedades top y bottom) del elemento.

Posicionamiento normal o estático.

El posicionamiento normal o estático es el modelo que utilizan por defecto los navegadores para mostrar los elementos de las páginas. En este modelo, ninguna caja se desplaza respecto de su posición original, por lo que sólo se tiene en cuenta si el elemento es de bloque o en línea.

Los elementos de bloque forman lo que CSS denomina "contextos de formato de bloque". En este tipo de contextos, las cajas se muestran una debajo de otra comenzando desde el principio del elemento contenedor. La distancia entre las cajas se controla mediante los márgenes verticales.

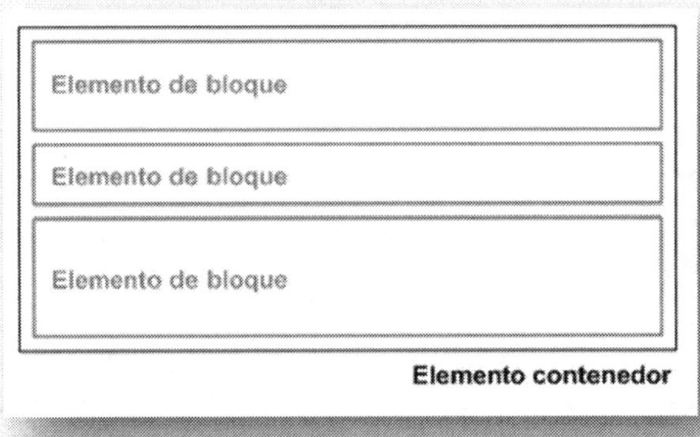

Si un elemento se encuentra dentro de otro, el elemento padre se llama "elemento contenedor" y determina tanto la posición como el tamaño de todas sus cajas interiores.

Si un elemento no se encuentra dentro de un elemento contenedor, entonces su elemento contenedor es el elemento <body> de la página. Normalmente, la anchura de los elementos de bloque está limitada a la anchura de su elemento contenedor, aunque en algunos casos sus contenidos pueden desbordar el espacio disponible.

Los elementos en línea forman los "contextos de formato en línea". En este tipo de contextos, las cajas se muestran una detrás de otra de forma horizontal comenzando desde la posición más a la izquierda de su elemento contenedor. La distancia entre las cajas se controla mediante los márgenes laterales.

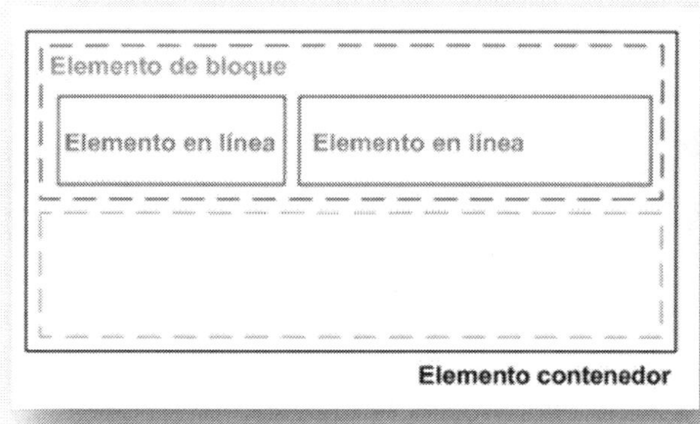

Si las cajas en línea ocupan más espacio del disponible en su propia línea, el resto de cajas se muestran en las líneas inferiores. Si las cajas en línea ocupan un espacio menor que su propia línea, se puede controlar la distribución de las cajas mediante la propiedad text-align para centrarlas, alinearlas a la derecha o justificarlas.

Posicionamiento relativo.

El estándar CSS considera que el posicionamiento relativo es un caso particular del posicionamiento normal, aunque en realidad presenta muchas diferencias. El posicionamiento relativo permite desplazar una caja respecto de su posición original establecida mediante el posicionamiento normal. El desplazamiento de la caja se controla con las propiedades top, right, bottom y left.

El desplazamiento de una caja no afecta al resto de cajas adyacentes, que se muestran en la misma posición que si la caja desplazada no se hubiera movido de su posición original..

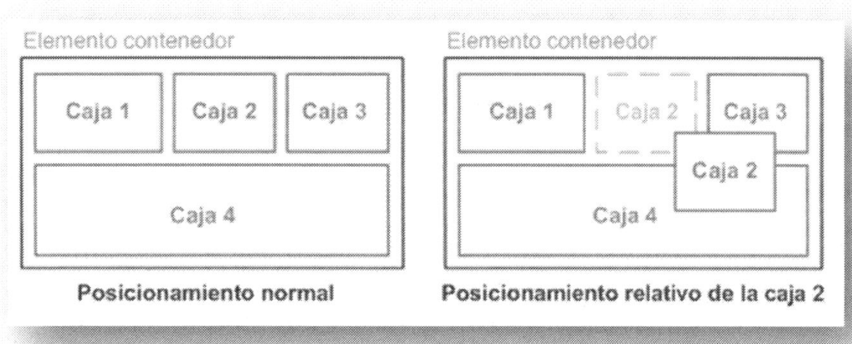

En la imagen anterior, la caja 2 se ha desplazado lateralmente hacia la derecha y verticalmente de forma descendente. Como el resto de cajas de la página no modifican su posición, se producen solapamientos entre los contenidos de las cajas.

La propiedad left desplaza la caja hacia su derecha, la propiedad right la desplaza hacia su izquierda, la posición top desplaza la caja de forma descendente y la propiedad bottom desplaza la caja de forma ascendente. Si se utilizan valores negativos en estas propiedades, su efecto es justamente el inverso.

Las cajas desplazadas de forma relativa no modifican su tamaño, por lo que los valores de las propiedades left y right siempre cumplen que left = -right.

Si tanto left como right tienen un valor de auto (que es su valor por defecto) la caja no se mueve de su posición original. Si sólo el valor de left es auto, su valor real es -right. Igualmente, si sólo el valor de right es auto, su valor real es -left.

Si tanto left como right tienen valores distintos de auto, uno de los dos valores se tiene que ignorar porque son mutuamente excluyentes. Para determinar la propiedad que se tiene en cuenta, se considera el valor de la propiedad direction.

La propiedad direction permite establecer la dirección del texto de un contenido. Si el valor de direction es ltr, el texto se muestra de izquierda a derecha, que es el método de escritura habitual en la mayoría de países. Si el valor de direction es rtl, el método de escritura es de derecha a izquierda, como el utilizado por los idiomas árabe y hebreo.

Si el valor de direction es ltr, y las propiedades left y right tienen valores distintos de auto, se ignora la propiedad right y sólo se tiene en cuenta el valor de la propiedad left. De la misma forma, si el valor de direction es rtl, se ignora el valor de left y sólo se tiene en cuenta el valor de right. Veamos un ejemplo:

```html
<HTML>
    <HEAD><TITLE>Posicionamiento relativo</TITLE>
        <STYLE>
            img.desplazada {
              position: relative;
              top: 200px;
            }
        </STYLE>
    </HEAD>
    <BODY>
        <img class="desplazada" src="ordenador.gif" alt="Ordenador" />
        <img src="ordenador.gif" alt="Ordenador" />
        <img src="ordenador.gif" alt="Ordenador" />
    </BODY>
</HTML>
```

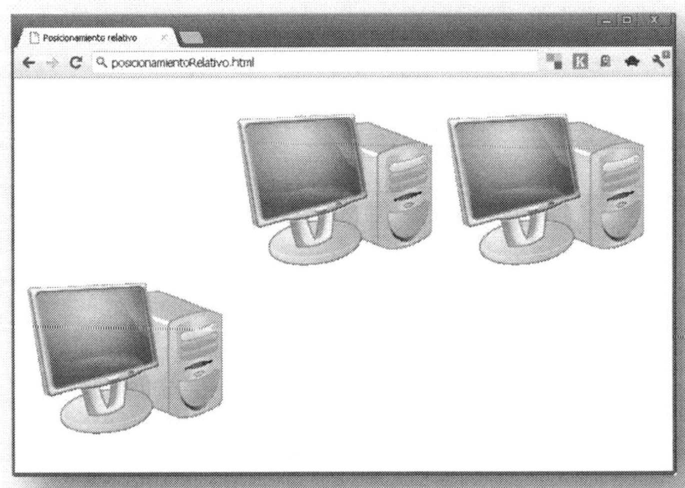

La primera imagen se posiciona a 200 píxeles del borde superior de la página. El resto de imágenes no varían su posición y por tanto no ocupan el hueco dejado por la primera imagen, ya que el posicionamiento relativo no influye en el resto de elementos de la página. El único problema de posicionar elementos de forma relativa es que se pueden producir solapamientos con otros elementos de la página.

Posicionamiento absoluto.

El posicionamiento absoluto se emplea para establecer de forma precisa la posición en la que se muestra la caja de un elemento. La nueva posición de la caja se indica mediante las propiedades top, right, bottom y left. La interpretación de los valores de estas propiedades es mucho más compleja que en el posicionamiento relativo, ya que en este caso dependen del posicionamiento del elemento contenedor.

Cuando una caja se posiciona de forma absoluta, el resto de elementos de la página la ignoran y ocupan el lugar original ocupado por la caja posicionada. Al igual que en el posicionamiento relativo, cuando se posiciona de forma absoluta una caja es probable que se produzcan solapamientos con otras cajas. En el siguiente ejemplo, se posiciona de forma absoluta la caja 2:.

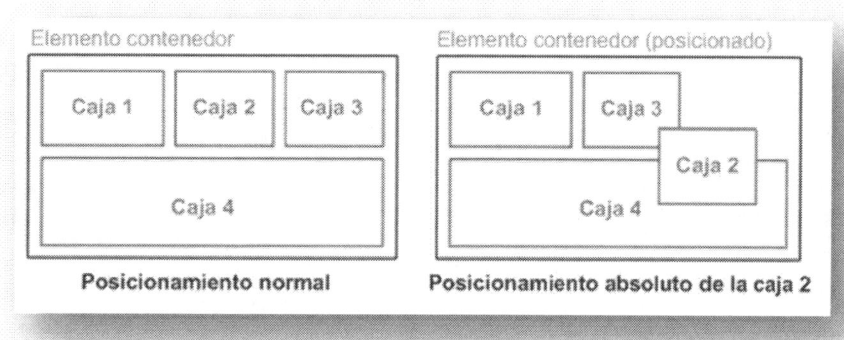

La caja 2 está posicionada de forma absoluta, lo que implica que el resto de elementos ignoran que esa caja exista. Por este motivo, la caja 3 deja su lugar original y pasa a ocupar el hueco dejado por la caja 2.

En el estándar de CSS, esta característica de las cajas posicionadas de forma absoluta se explica como que la caja sale por completo del flujo normal del documento. De hecho, las cajas posicionadas de forma absoluta parece que estan en un nivel diferente al resto de elementos de la página.

Por otra parte, el desplazamiento de una caja posicionada de forma absoluta se indica mediante las propiedades top, right, bottom y left. A diferencia de posicionamiento relativo, en este caso la referencia de los valores de esas propiedades es el origen de coordenadas de su primer elemento contenedor posicionado.

Determinar el origen de coordenadas a partir del cual se desplaza una caja posicionada de forma absoluta es un proceso complejo.Se compone de los siguientes pasos:
- Se buscan todos los elementos contenedores de la caja hasta llegar al elemento <body> de la página.
- Se recorren todos los elementos contenedores empezando por el más cercano a la caja y llegando hasta el <body>
- De todos ellos, el navegador se queda con el primer elemento contenedor que esté posicionado de cualquier forma diferente a position: static
- La esquina superior izquierda de ese elemento contenedor posicionado es el origen de coordenadas.

Una vez obtenido el origen de coordenadas, se interpretan los valores de las propiedades top, right, bottom y left respecto a ese origen y se desplaza la caja hasta su nueva posición. A continuación se muestra un ejemplo:

```
<HTML>
     <HEAD><TITLE>Posicionamiento relativo</TITLE>
          <STYLE>
                         div {
                           border: 2px solid #CCC;
                           padding: 1em;
                           margin: 1em 0 1em 4em;
                           width: 300px;
                         }
          </STYLE>
     </HEAD>
     <BODY>
          <div>
            <img src="ordenador.gif" alt="Ordenador" />
            <p>Lorem ipsum dolor sit amet, consectetuer adipiscing elit. Phasellus
            ullamcorper velit eu ipsum. Ut pellentesque, est in volutpat cursus, risus
            mi viverra augue, at pulvinar turpis leo sed orci. Donec ipsum. Curabitur
            felis dui, ultrices ut, sollicitudin vel, rutrum at, tellus.</p>
          </div>
     </BODY>
</HTML>
```

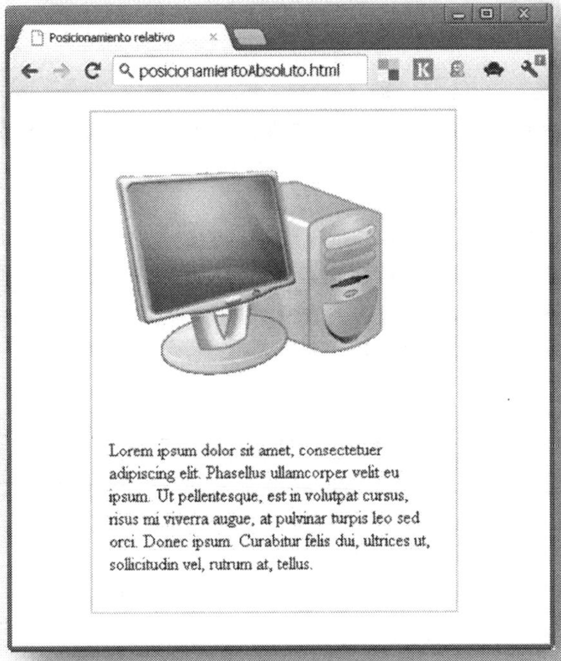

Si modificamos el código anterior para situar la imagen de forma absoluta mediante el código que sigue, obtendríamos lo siguiente.

```
div img {
     position: absolute;
     top:  50px;
     left: 50px;
}
```

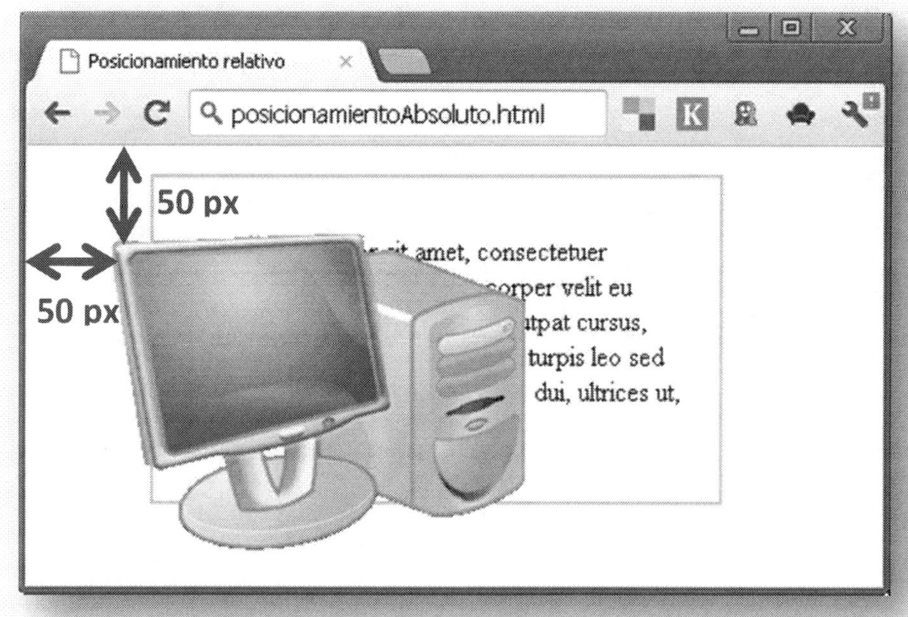

Para posicionar de forma absoluta, el navegador realiza los siguientes pasos:

- Obtiene la lista de elementos contenedores de la imagen: <div> y <body>.
- Recorre la lista de elementos desde el más cercano a la imagen (el <div>) hasta terminar en el <body> buscando el primer elemento contenedor que esté posicionado.
- El primer elemento contenedor es el <div>, pero su posicionamiento es el normal o estático, ya que ni siquiera tiene establecida la propiedad position.
- Como el siguiente elemento contenedor es el <body>, el navegador establece directamente el origen de coordenadas en la esquina superior izquierda de la página.
- A partir de ese origen de coordenadas, la caja se desplaza 50px hacia la derecha (left: 50px) y otros 50px de forma descendente (top: 50px).

Además, el párrafo que se mostraba debajo de la imagen sube y ocupa el lugar dejado por la imagen. El resultado es que el elemento <div> ahora sólo contiene el párrafo y la imagen se muestra en un nivel superior y cubre parcialmente los contenidos del párrafo.

Por último si modificamos la posición de la imagen y la ponemos en relativo, veremos como esta se sitúa respecto al borde de la capa que la contiene. En este caso, el origen de coordenadas para determinar la nueva posición de la imagen corresponde a la esquina superior izquierda del elemento <div>.

```
div img {
        position: relative;
        top:  50px;
        left: 50px;
}
```

Posicionamiento flotante.

El posicionamiento flotante es el más difícil de comprender pero al mismo tiempo es el más utilizado. La mayoría de estructuras de las páginas web complejas están diseñadas con el posicionamiento flotante, como se verá más adelante.

Cuando una caja se posiciona con el modelo de posicionamiento flotante, automáticamente se convierte en una caja flotante, lo que significa que se desplaza hasta la zona más a la izquierda o más a la derecha de la posición en la que originalmente se encontraba.

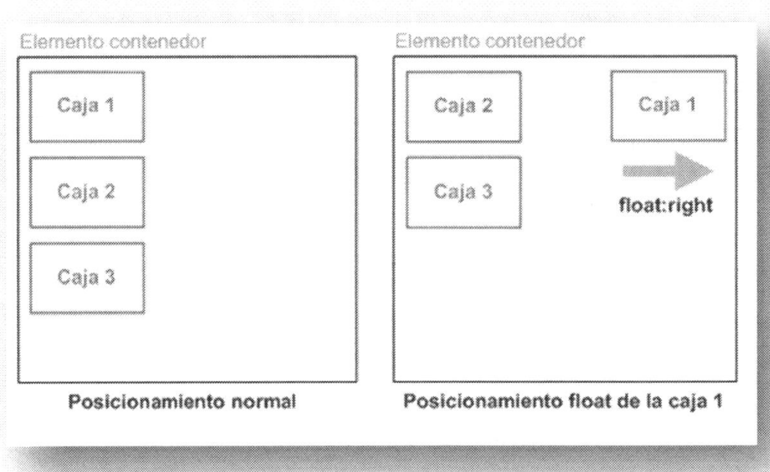

Cuando se posiciona una caja de forma flotante:

- La caja deja de pertenecer al flujo normal de la página, lo que significa que el resto de cajas ocupan el lugar dejado por la caja flotante.

- La caja flotante se posiciona lo más a la izquierda o lo más a la derecha posible de la posición en la que se encontraba originalmente.

Si en el anterior ejemplo la caja 1 se posiciona de forma flotante hacia la izquierda, el resultado es el que muestra la siguiente imagen:

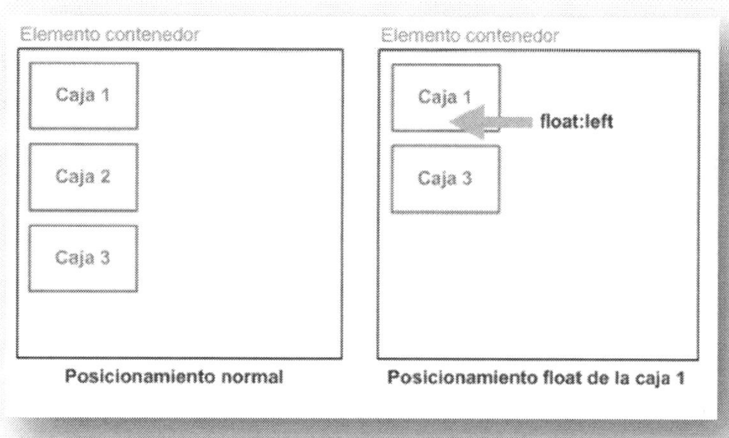

La caja 1 es de tipo flotante, por lo que desaparece del flujo normal de la página y el resto de cajas ocupan su lugar. El resultado es que la caja 2 ahora se muestra donde estaba la caja 1 y la caja 3 se muestra donde estaba la caja 2.

Al mismo tiempo, la caja 1 se desplaza todo lo posible hacia la izquierda de la posición en la que se encontraba. El resultado es que la caja 1 se muestra encima de la nueva posición de la caja 2 y tapa todos sus contenidos.

Si existen otras cajas flotantes, al posicionar de forma flotante otra caja, se tiene en cuenta el sitio disponible. En el siguiente ejemplo se posicionan de forma flotante hacia la izquierda las tres cajas:

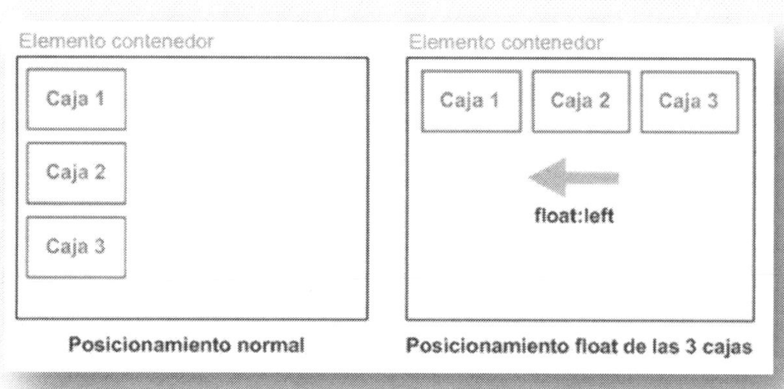

En el ejemplo anterior, las cajas no se superponen entre sí porque las cajas flotantes tienen en cuenta las otras cajas flotantes existentes. Como la caja 1 ya estaba posicionada lo más a la izquierda posible, la caja 2 sólo puede colocarse al lado del borde derecho de la caja 1, que es el sitio más a la izquierda posible respecto de la zona en la que se encontraba.

Si no existe sitio en la línea actual, la caja flotante baja a la línea inferior hasta que encuentra el sitio necesario para mostrarse lo más a la izquierda o lo más a la derecha posible en esa nueva línea:

Las cajas flotantes influyen en la disposición de todas las demás cajas. Los elementos en línea hacen sitio a las cajas flotantes adaptando su anchura al espacio libre dejado por la caja desplazada. Los elementos de bloque no les hacen sitio, pero sí que adaptan sus contenidos para que no se solapen con las cajas flotantes. La propiedad CSS que permite posicionar de forma flotante una caja se denomina **float**:

float	Posicionamiento float
Valores	left | right | none | inherit
Se aplica a	Todos los elementos
Valor inicial	none
Descripción	Establece el tipo de posicionamiento flotante del elemento

Si se indica un valor left, la caja se desplaza hasta el punto más a la izquierda posible en esa misma línea (si no existe sitio en esa línea, la caja baja una línea y se muestra lo más a la izquierda posible en esa nueva línea). El resto de elementos adyacentes se adaptan y fluyen alrededor de la caja flotante.

El valor right tiene un funcionamiento idéntico, salvo que en este caso, la caja se desplaza hacia la derecha. El valor none permite anular el posicionamiento flotante de forma que el elemento se muestre en su posición original.

Los elementos que se encuentran alrededor de una caja flotante adaptan sus contenidos para que fluyan alrededor del elemento posicionado:

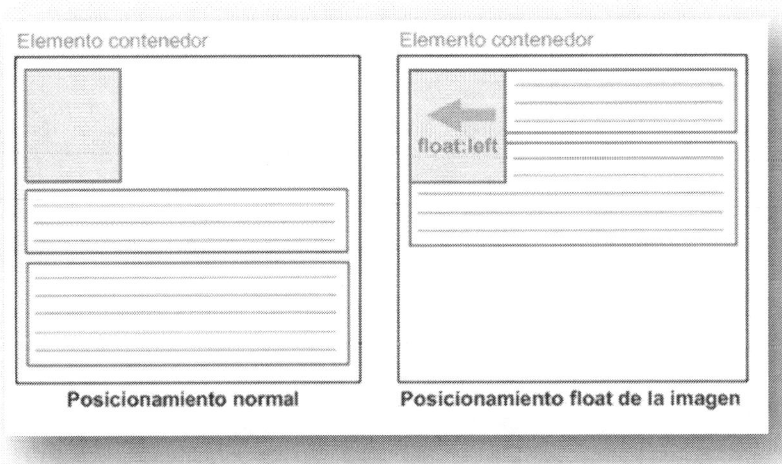

La regla CSS que se aplica en la imagen del ejemplo anterior es:

```
img {
    float: left;
}
```

Uno de los principales motivos para la creación del posicionamiento float fue precisamente la posibilidad de colocar imágenes alrededor de las cuales fluye el texto.

CSS permite controlar la forma en la que los contenidos fluyen alrededor de los contenidos posicionados mediante float. De hecho, en muchas ocasiones es admisible que algunos contenidos fluyan alrededor de una imagen, pero el resto de contenidos deben mostrarse en su totalidad sin fluir alrededor de la imagen:

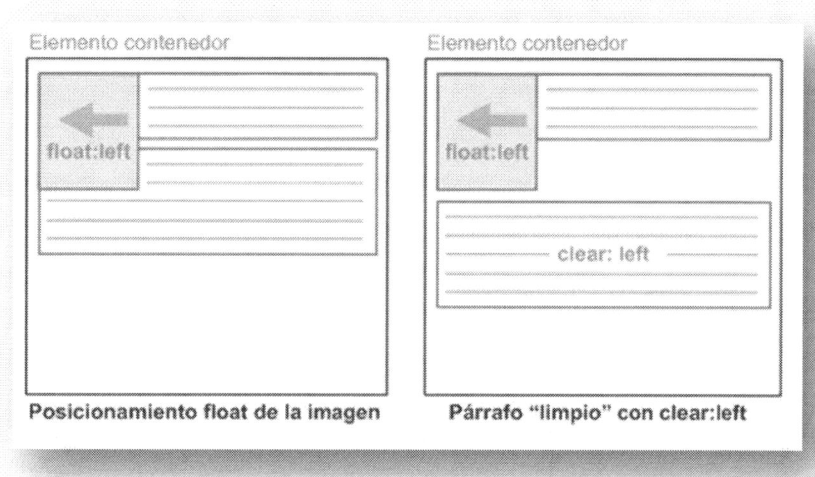

La propiedad clear permite modificar el comportamiento por defecto del posicionamiento flotante para forzar a un elemento a mostrarse debajo de cualquier caja flotante. La regla CSS que se aplica al segundo párrafo del ejemplo anterior es la siguiente:

```
<p style="clear: left;">...</p>
```

La definición formal de la propiedad clear se muestra a continuación:

clear	Despejar los elementos flotantes adyacentes
Valores	none | left | right | both | inherit
Se aplica a	Todos los elementos de bloque
Valor inicial	none
Descripción	Indica el lado del elemento que no debe ser adyacente a ninguna caja flotante

La propiedad clear indica el lado del elemento HTML que no debe ser adyacente a ninguna caja posicionada de forma flotante. Si se indica el valor left, el elemento se desplaza de forma descendente hasta que pueda colocarse en una línea en la que no haya ninguna caja flotante en el lado izquierdo.

La especificación oficial de CSS explica este comportamiento como "un desplazamiento descendente hasta que el borde superior del elemento esté por debajo del borde inferior de cualquier elemento flotante hacia la izquierda". Si se indica el valor right, el comportamiento es análogo, salvo que en este caso se tienen en cuenta los elementos desplazados hacia la derecha.

El valor both despeja los lados izquierdo y derecho del elemento, ya que desplaza el elemento de forma descendente hasta que el borde superior se encuentre por debajo del borde inferior de cualquier elemento flotante hacia la izquierda o hacia la derecha.

Visualización

Además de las propiedades que controlan el posicionamiento de los elementos, CSS define otras cuatro propiedades para controlar su visualización: display, visibility, overflow y z-index.

Utilizando algunas de estas propiedades es posible ocultar y/o hacer invisibles las cajas de los elementos, por lo que son imprescindibles para realizar efectos avanzados y animaciones.

Propiedades display y visibility.

Las propiedades **display** y **visibility** controlan la visualización de los elementos. Las dos propiedades permiten ocultar cualquier elemento de la página. Habitualmente se utilizan junto con JavaScript para crear efectos dinámicos como mostrar y ocultar determinados textos o imágenes cuando el usuario pincha sobre ellos.

La propiedad display permite ocultar completamente un elemento haciendo que desaparezca de la página. Como el elemento oculto no se muestra, el resto de elementos de la página se mueven para ocupar su lugar.

Por otra parte, la propiedad visibility permite hacer invisible un elemento, lo que significa que el navegador crea la caja del elemento pero no la muestra. En este caso, el resto de elementos de la página no modifican su posición, ya que aunque la caja no se ve, sigue ocupando sitio.

La siguiente imagen muestra la diferencia entre ocultar la caja número 5 mediante la propiedad display o hacerla invisible mediante la propiedad visibility:

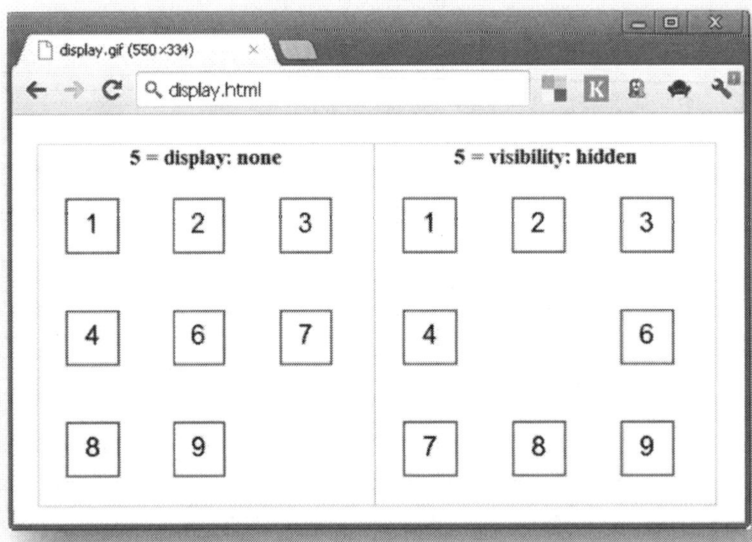

En general, cuando se oculta un elemento no es deseable que siga ocupando sitio en la página, por lo que la propiedad display se utiliza mucho más que la propiedad visibility. A continuación se muestra la definición completa de la propiedad display:

display	Visualización de un elemento
Valores	inline | block | none | list-item | run-in | inline-block | table | inline-table | table-row-group | table-header-group | table-footer-group | table-row | table-column-group | table-column | table-cell | table-caption | inherit
Se aplica a	Todos los elementos
Valor inicial	inline
Descripción	Permite controlar la forma de visualizar un elemento e incluso ocultarlo

Las posibilidades de la propiedad display son mucho más avanzadas que simplemente ocultar elementos. En realidad, la propiedad display modifica la forma en la que se visualiza un elemento.

Los valores más utilizados son inline, block y none. El valor block muestra un elemento como si fuera un elemento de bloque, independientemente del tipo de elemento que se trate. El valor inline visualiza un elemento en forma de elemento en línea, independientemente del tipo de elemento que se trate.

El valor none oculta un elemento y hace que desaparezca de la página. El resto de elementos de la página se visualizan como si no existiera el elemento oculto, es decir, pueden ocupar el espacio en el que se debería visualizar el elemento.

El siguiente ejemplo muestra el uso de la propiedad display para mostrar un elemento de bloque como si fuera un elemento en línea y para mostrar un elemento en línea como si fuera un elemento de bloque:

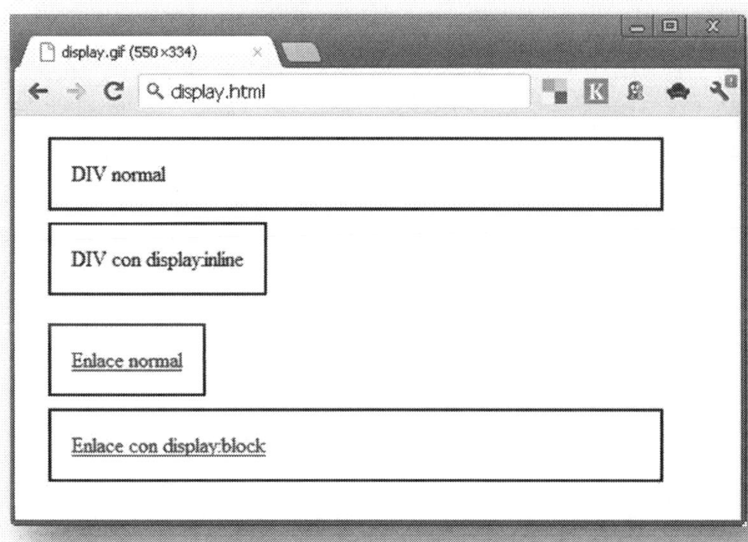

Las reglas CSS del ejemplo anterior son las siguientes:

```html
<div>DIV normal</div>
<div style="display:inline">DIV con display:inline</div>

<a href="#">Enlace normal</a>
<a href="#" style="display:block">Enlace con display:block</a>
```

Como se verá más adelante, la propiedad display: inline se puede utilizar en las listas (<ul>, <ol>) que se quieren mostrar horizontalmente y la propiedad display: block se emplea frecuentemente para los enlaces que forman el menú de navegación. Por su parte, la definición completa de la propiedad visibility es mucho más sencilla:

visibility	Visibilidad de un elemento
Valores	visible | hidden | collapse | inherit
Se aplica a	Todos los elementos
Valor inicial	visible
Descripción	Permite hacer visibles e invisibles a los elementos

La propiedad visibility sólo permite hacer visibles o invisibles a los elementos de la página.

Inicialmente todas las cajas que componen la página son visibles. Empleando el valor hidden es posible convertir una caja en invisible para que no muestre sus contenidos. El resto de elementos de la página se muestran como si la caja todavía fuera visible, por lo que en el lugar donde originalmente se mostraba la caja invisible, ahora se muestra un hueco vacío.

Por último, el valor collapse de la propiedad visibility sólo se puede utilizar en las filas, grupos de filas, columnas y grupos de columnas de una tabla. Su efecto es similar al de la propiedad display, ya que oculta completamente la fila y/o columna y se pueden mostrar otros contenidos en ese lugar. Si se utiliza el valor collapse sobre cualquier otro tipo de elemento, su efecto es idéntico al valor hidden.

Cuando se establecen las propiedades display, float y position sobre una misma caja, su interpretación es la siguiente:

- Si display vale none, se ignoran las propiedades float y position y la caja no se muestra en la página.
- Si position vale absolute o fixed, la caja se posiciona de forma absoluta, se considera que float vale none y la propiedad display vale block tanto para los elementos en línea como para los elementos de bloque. La posición de la caja se determina mediante el valor de las propiedades top, right, bottom y left.
- En cualquier otro caso, si float tiene un valor distinto de none, la caja se posiciona de forma flotante y la propiedad display vale block tanto para los elementos en línea como para los elementos de bloque.

Propiedades overflow.

Normalmente, los contenidos de un elemento se pueden mostrar en el espacio reservado para ese elemento. Sin embargo, en algunas ocasiones el contenido de un elemento no cabe en el espacio reservado para ese elemento y se desborda.

La situación más habitual en la que el contenido sobresale de su espacio reservado es cuando se establece la anchura y/o altura de un elemento mediante la propiedad width y/o height. Otra situación habitual es la de las líneas muy largas contenidas dentro de un elemento <pre>, que hacen que la página entera sea demasiado ancha.

CSS define la propiedad overflow para controlar la forma en la que se visualizan los contenidos que sobresalen de sus elementos.

overflow	Parte sobrante de un elemento
Valores	visible | hidden | scroll | auto | inherit
Se aplica a	Elementos de bloque y celdas de tablas
Valor inicial	visible
Descripción	Permite controlar los contenidos sobrantes de un elemento

Los valores de la propiedad overflow tienen el siguiente significado:

- **visible**: el contenido no se corta y se muestra sobresaliendo la zona reservada para visualizar el elemento. Este es el comportamiento por defecto.
- **hidden**: el contenido sobrante se oculta y sólo se visualiza la parte del contenido que cabe dentro de la zona reservada para el elemento.
- **scroll**: solamente se visualiza el contenido que cabe dentro de la zona reservada para el elemento, pero también se muestran barras de scroll que permiten visualizar el resto del contenido.
- **auto**: el comportamiento depende del navegador, aunque normalmente es el mismo que la propiedad scroll.

La siguiente imagen muestra un ejemplo de los tres valores típicos de la propiedad overflow:

```
<HTML>
    <HEAD><TITLE>Overflow</TITLE>
        <STYLE>
                        div {
                          display: inline;
                          float: left;
                          margin: 1em;
                          padding: .3em;
                          border: 2px solid #555;
                          width: 100px;
                          height: 210px;
                          font: 1em Arial, Helvetica, sans-serif;
                        }
        </STYLE>
    </HEAD>
    <BODY>
        <div><h4>overflow: visible</h4> Lorem ipsum dolor sit amet, consectetuer
        adipiscing elit. Cras vitae dolor eu enim dignissim lacinia. Maecenas
        blandit. Morbi mi.</div>
        <div style="overflow:hidden"><h4>overflow: hidden</h4> Lorem ipsum dolor
        sit amet, consectetuer adipiscing elit. Cras vitae dolor eu enim dignissim
        lacinia. Maecenas blandit. Morbi mi.</div>
        <div style="overflow:scroll"><h4>overflow: scroll</h4> Lorem ipsum dolor sit
```

```
            amet, consectetuer adipiscing elit. Cras vitae dolor eu enim dignissim lacinia.
            Maecenas blandit. Morbi mi.</div>
        </BODY>
</HTML>
```

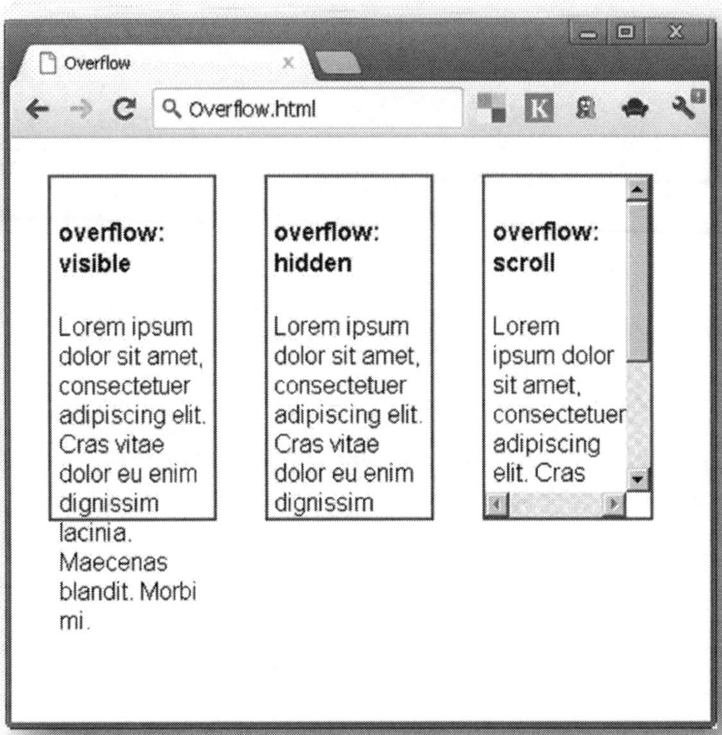

Propiedad z-index.

Además de posicionar una caja de forma horizontal y vertical, CSS permite controlar la posición tridimensional de las cajas posicionadas. De esta forma, es posible indicar las cajas que se muestran delante o detrás de otras cajas cuando se producen solapamientos.

La posición tridimensional de un elemento se establece sobre un tercer eje llamado Z y se controla mediante la propiedad z-index. Utilizando esta propiedad es posible crear páginas complejas con varios niveles o capas. A continuación se muestra la definición formal de la propiedad z-index:

z-index	Orden tridimensional
Valores	auto | <numero> | inherit
Se aplica a	Elementos que han sido posicionados explícitamente
Valor inicial	auto
Descripción	Establece el nivel tridimensional en el que se muestra el elemento

El valor más común de la propiedad z-index es un número entero. Aunque la especificación oficial permite los números negativos, en general se considera el número 0 como el nivel más bajo.

Cuanto más alto sea el valor numérico, más cerca del usuario se muestra la caja. Un elemento con z-index: 10 se muestra por encima de los elementos con z-index: 8 o z-index: 9, pero por debajo de elementos con z-index: 20 o z-index: 50.

La siguiente imagen muestra un ejemplo de uso de la propiedad z-index:

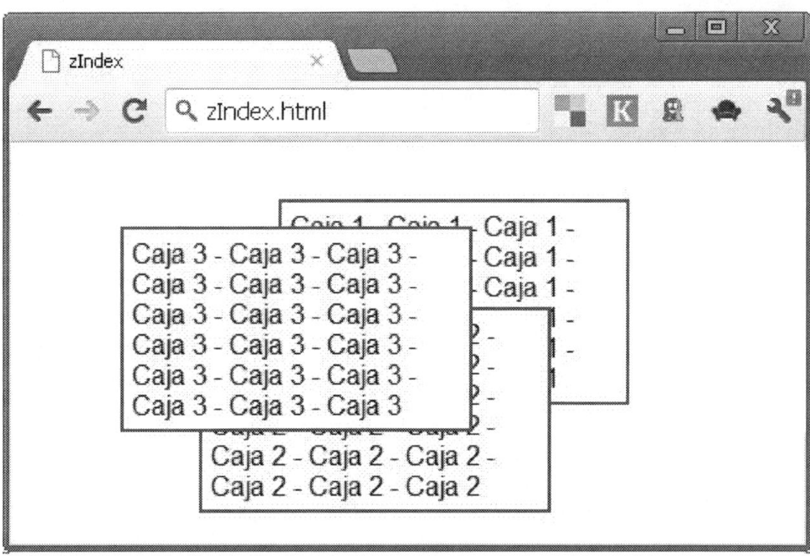


```html
<HTML>
    <HEAD>
        <TITLE>zIndex</TITLE>
        <STYLE>
                div {
                        border: 2px solid red;
                        position: absolutc;
                }
                #caja1 { z-index: 5;  top: 1em; left: 8em;}
                #caja2 { z-index: 15;  top: 5em; left: 5em;}
                #caja3 { z-index: 25;  top: 2em; left: 2em;}
        </STYLE>
    </HEAD>
    <BODY>
        <div id="caja1">Caja 1 - Caja 1 - Caja 1 - Caja 1 - Caja 1 - Caja 1 -
            Caja 1 - Caja 1 - Caja 1 - Caja 1 - Caja 1 - Caja 1 - Caja 1 - Caja 1 -
            Caja 1 - Caja 1 - Caja 1 - Caja 1</div>

        <div id="caja2">Caja 2 - Caja 2 - Caja 2 - Caja 2 - Caja 2 - Caja 2 -
            Caja 2 - Caja 2 - Caja 2 - Caja 2 - Caja 2 - Caja 2 - Caja 2 - Caja 2 -
            Caja 2 - Caja 2 - Caja 2 - Caja 2</div>

        <div id="caja3">Caja 3 - Caja 3 - Caja 3 - Caja 3 - Caja 3 - Caja 3 -
            Caja 3 - Caja 3 - Caja 3 - Caja 3 - Caja 3 - Caja 3 - Caja 3 - Caja 3 -
            Caja 3 - Caja 3 - Caja 3 - Caja 3</div>
    </BODY>
</HTML>
```

La propiedad z-index sólo tiene efecto en los elementos posicionados, por lo que es obligatorio que la propiedad z-index vaya acompañada de la propiedad position. Si debes posicionar un elemento pero no quieres moverlo de su posición original ni afectar al resto de elementos de la página, puedes utilizar el posicionamiento relativo (position: relative).

Actividades.

UD12 – ACTIVIDAD 1: Trabajo con capas.	
TIPO	Desarrollo
OBJETIVOS	Practicar el uso de los estilos aplicables a las capas.
RECURSOS	Editor de texto y navegador web.
ENUNCIADO DE LA ACTIVIDAD	

Crea una alineación para un equipo de fútbol utilizando capas. Deberás intentar que sea lo más realista posible. La imagen siguiente te puede servir de ejemplo:

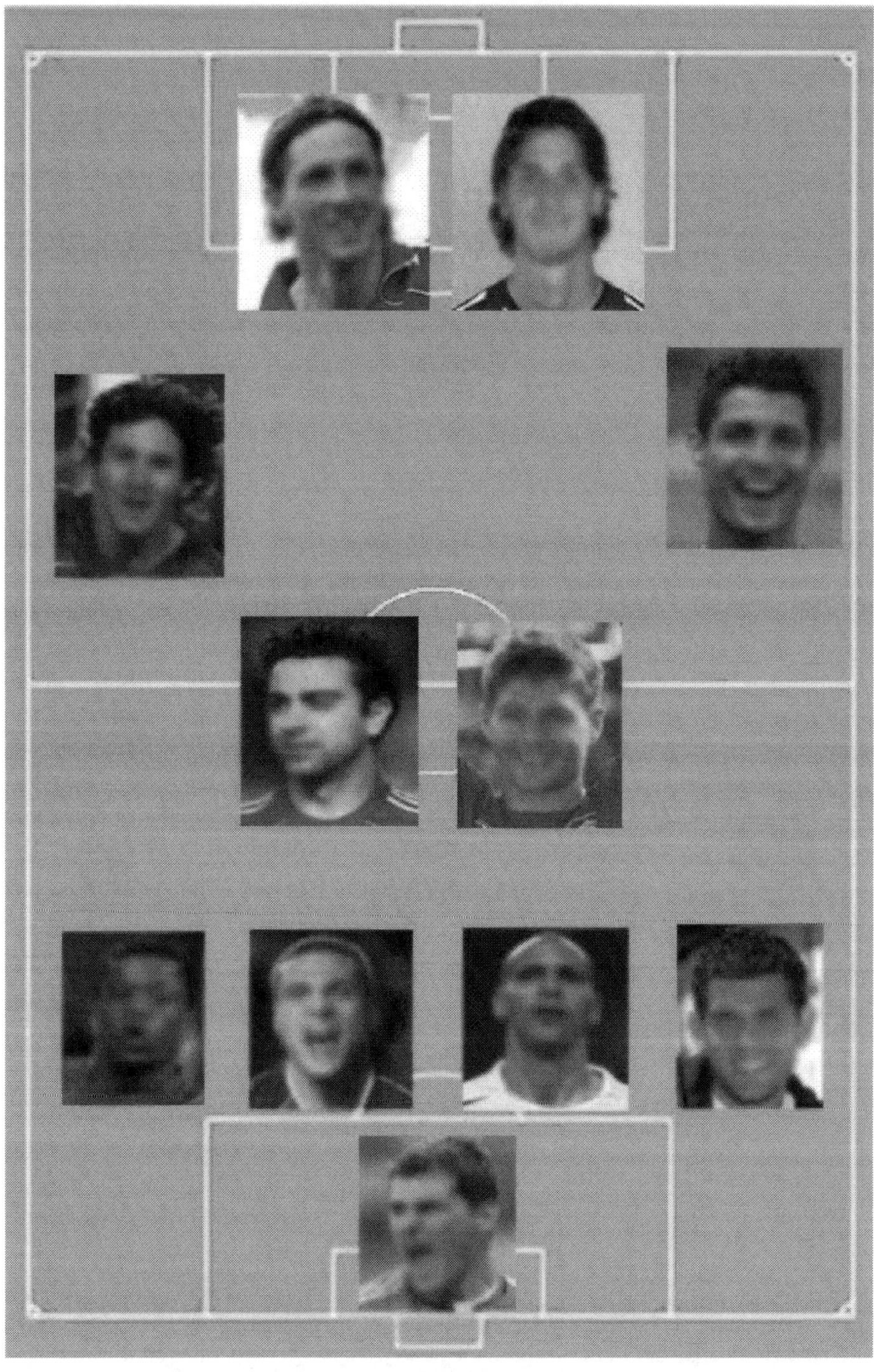

COMENTARIOS
Se deberán trabajar aspectos como el posicionamiento, el z-index, la alineación, etc.

13 – Multimedia: vídeo y audio.

Conceptos básicos.

La inserción de vídeos en una página web adolece de un problema distinto al de las imágenes. Los diferentes contenedores de vídeo y formatos hacen que, a veces, sea complejo asegurarnos de que toda nuestra audiencia sea capaz de visualizar el contenido que vamos a mostrar.

El contenedor de vídeo es el tipo de archivo que va contener el vídeo, las pistas de audio y otra información necesaria poder mostrar el vídeo correctamente. Hay muchos contenedores diferentes, como MPEG-4 (archivos .mp4), Flash (.flv o .f4v), Ogg Vorbis (archivos .ogg), WebM (archivos .webm) o AVI (extensión .avi).

Cada uno de esos contenedores tiene sus ventajas y sus inconvenientes, es más abierto o presenta las limitaciones propias del software propietario.

Dentro de cada contenedor de vídeo se insertará el vídeo en cuestión. Dado el tamaño que suele ocupar una pequeña porción de vídeo, todos los contenedores almacenan el contenido con algún tipo de compresión. Es decir, el vídeo está codificado con algún método. Esta compresión se realiza mediante un codec. Lo mismo sucede con el flujo de audio; también estará comprimida con algún codec de audio. Así, en cada contenedor podemos encontrar uno o varios flujos de video y audio, cada uno codificado con un método diferente. Si nuestro ordenador no dispone de los codec adecuados, nos encontraremos con que no somos capaces de visualizar o escuchar el material en cuestión.

En resumen, el vídeo y el audio están codificados con un formato concreto y, a su vez, todo ello está insertado en un formato de archivo contenedor. Dentro de un formato contenedor no siempre nos encontraremos la misma codificación.

Todo esto genera una combinatoria enorme de formatos a los que hay que incorporar la variable del navegador. Cada navegador en la actualidad es capaz de reproducir un número concreto de formatos. A día de hoy, casi todas las nuevas versiones de los navegadores son capaces de reproducir vídeo en formato WebM. El formato Ogg Vorbis, por ejemplo, una muy buena alternativa por ser libre, en la actualidad no funcionaría en Internet Explorer ni en Safari.

Insertar vídeo.

Incluir un vídeo en una página web con HTML5 es tan sencillo como:

```
<video src=fichero vídeo.extensión></video>
```

Se puede complicar un poco más para dar soporte a los navegadores que no soportan esta etiqueta, ya que todo lo que se incluya entre la etiqueta de inicio <video> y la etiqueta de fin </video> se mostrará en aquellos navegadores que no soporten esta etiqueta:

```
<video src=discurso.ogv>
 <p> Tu navegador no puede visualizar este vídeo.
    Descarga el vídeo <a href=discurso.ogv>How to leverage a synergy video</a> y
       reprodúcelo directamente en tu ordenador. </p>
</video>
```

En algunas páginas web como When can I use...(http:/www.caniuse.com) Video se puede encontrar información sobre la compatibilidad de esta etiqueta con los navegadores actuales:.

≡ Video element - **Working Draft**

Method of playing videos on webpages (without requiring a plug-in)

*Usage stats:	Global
Support:	78.59%
Partial support:	0.57%
Total:	79.16%

Show all versions	IE	Firefox	Chrome	Safari	Opera	iOS Safari	Opera Mini	Android Browser	Blackberry Browser
								2.1	
		3.6				3.2		2.2	
	7.0	12.0	19.0			4.0-4.1		2.3	
	8.0	13.0	20.0	5.1		4.2-4.3		3.0	
Current	9.0	14.0	21.0	6.0	12.0	5.0-5.1	5.0-7.0	4.0	7.0
Near future	10.0	15.0	22.0		12.5	6.0			10.0
Farther future		16.0	23.0						

Sub-features: WebM/VP8 video format   MPEG-4/H.264 video format   Ogg/Theora video format

Notes   Known issues (0)   Resources (5)   Feedback

Different browsers have support for different video formats, see sub-features for details. The Android browser (before 2.3) requires specific handling to run the video element.

Parámetros del vídeo.

Como sucedía con las imágenes, en un vídeo podemos indicar su anchura y altura mediante los valores width y height. De hecho es recomendable hacerlo, para que el navegador sepa de antemano el espacio que debe destinar al vídeo. Por tanto, este ejemplo es más adecuado que el anterior:

```
<video src="video/fireworks_reducido.webm" width="300" height="208"></video>
```

Los valores que emplearemos serán los que utilizamos al crear el vídeo.

Hay otros parámetros que resultan útiles para la reproducción del vídeo:

- **controls**: si queremos que se muestren los controles que permiten pararlo, reproducirlo, etc. Basta con insertar ese término, sin más valores.
- **autoplay**: al indicar este valor, el vídeo se reproducirá en cuanto esté listo.
- **preload**: hace que el vídeo se empiece a cargar en cuanto se accede a la página. Por el contrario, indicando preload="none", no se cargará hasta que el usuario haga clic en el vídeo para su reproducción. Esta segunda opción es muy útil, si el vídeo no es el recurso fundamental de la página y vamos a tener personas que no estén interesadas en verlo, ya que nos ahorrará mucho ancho de banda.
- **loop**: indicándolo conseguiremos que el vídeo se reproduzca cíclicamente. Si no indicamos nada, al terminar su reproducción se detendrá.
- **muted**: el vídeo no tendrá sonido al comenzar.
- **poster**: especifica una imagen para ser mostrada mientras el vídeo se carga y hasta que el usuario pulse el botón de inicio.
- **src**: indica la URL del origen del vídeo.

Con todo esto podríamos definir lo que harían estos ejemplos:

```
<video src="video/fireworks_reducido.webm" width="300" height="208" autoplay controls></video>
```

Se carga el vídeo y se reproduce inmediatamente, mostrando los controles.

```
<video src="video/fireworks_reducido.webm" width="300" height="208" preload controls></video>
```

Se muestran los controles, el vídeo se precarga, pero no se reproduce hasta que el usuario pulsa el botón de reproducción.

```
<video src="video/fireworks_reducido.webm" width="300" height="208" preload="none" controls></video>
```

Igual que el anterior, pero no se precarga hasta que el usuario hace clic. Ejemplo de visualización:

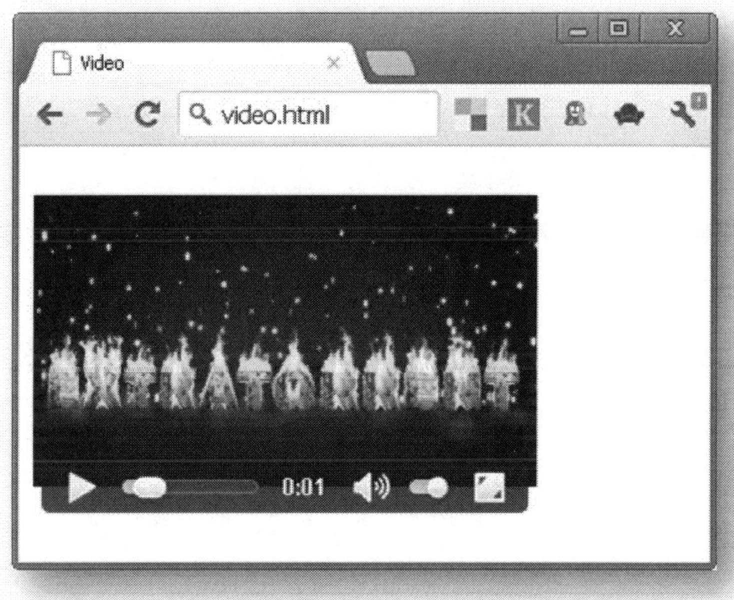

El problema de los códecs.

Desgraciadamente, aunque la etiqueta <video> es muy fácil de usar, en la actualidad existe un problema muy importante en su empleo: existe una guerra de códecs (Ogg Theora, H.264/MPEG-4, VP8/WebM), ya que el soporte de los codecs más populares en los navegadores actuales no es uniforme.

En la página HTML5 Video de la Wikipedia se proporciona una tabla de compatibilidad de los códecs y los navegadores actuales:

Browser	Formats supported by different web browsers		
	Ogg Theora	H.264	VP8 (WebM)
Android browser	2.3[27]	3.0[27]	2.3[27]
Chromium	r18297[28]	Manual install[note 1]	r47759[30]

Google Chrome 19.0.1084.60 (June 28, 2012)	3.0[33][34]	3.0[34] (removal planned)[35]	6.0[36][37]
Internet Explorer 9.0.8 (July 10, 2012)	Manual install[note 2] No[citation needed]	9.0[39] 9.0[citation needed]	Manual install[note 3] No[citation needed]
Konqueror		4.4[note 4]	
Mozilla Firefox 14.0.1 (July 17, 2012)	3.5[45]	Manual install[note 5] No[note 6] No	4.0[47][48]
Opera 12.01 (August 2, 2012)	10.50[49]	No	10.60[50][51]
Safari	No Manual install[note 7]	3.1[52] 3.1[53] Manual install[55]	No Manual install[54]
Web (Epiphany)		2.28[note 8]	

El siguiente fragmento de código muestra cómo se puede emplear la etiqueta <source> para incluir un mismo vídeo con diferentes formatos (códecs) para lograr la máxima compatibilidad con diferentes navegadores:

```
<video controls>
<source src=discurso.ogv type='video/ogg; codecs="theora, vorbis"'>
<source src=discurso.mp4 type='video/mp4; codecs="avc1.42E01E, mp4a.40"'>
<p>
    Tu navegador no puede visualizar este vídeo.
    Descarga el vídeo <a href=discurso.ogv>How to leverage a synergy video</a> y
        reprodúcelo directamente en tu ordenador.
</p>
</video>
```

Compatibilidad con navegadores antiguos.

Para lograr la compatibilidad con navegadores antiguos que no soporten la nueva etiqueta <video> se puede incluir un reproductor de vídeo tradicional con las etiquetas <object> y <embed>:

```
<video controls>
<source src=leverage-a-synergy.ogv type='video/ogg; codecs="theora, vorbis"'>
<source src=leverage-a-synergy.mp4 type='video/mp4; codecs="avc1.42E01E, mp4a.40.2"'>
<embed src="http://www.youtube.com/v/cmtcc94Tv3A&hl=en_GB&fs=1&rel=0"
    type="application/x-shockwave-flash" allowscriptaccess="always" allowfullscreen="true"
    width="425" height="344">
</video>
```

Audio.

La gestión de audio para utilizarlo en Internet es similar a la que hacemos con el vídeo. Podemos insertar un archivo de audio en nuestra página mediante el elemento HTML **<audio>**, podemos incrustar archivos de audio externos en aquellas páginas que lo permitan y, por supuesto, podemos realizar enlaces a archivos mp3, ogg, wav, etc. para que se descarguen en el ordenador del usuario y que los interprete con sus propias aplicaciones.

El mismo procedimiento que empleamos para el vídeo se repetiría aquí. Por ejemplo, para insertar un archivo con un podcast en una página web, escribiríamos lo siguiente:

```
<audio src="podcast.mp3" controls autoplay></audio>
```

Atributos de la etiqueta <audio>:

- **autoplay**: Especifica si el audio comenzará a ejecutarse cuando esté listo.
- **controls**: Especifica si los controles (inicio/paro) se deben mostrar.
- **loop**: Especifica si el audio debe comenzar de nuevo una vez haya terminado.
- **preload**: Especifica cómo se debe cargar el audio cuando se cargue la página.
- **src**: Especifica la URL del origen del audio.

Veamos un ejemplo completo y como reproduce el navegador el archivo.

```
<HTML>
      <HEAD><TITLE>Audio</TITLE></HEAD>
      <BODY>
            <audio src="podcast.mp3" controls autoplay></audio>
      </BODY>
</HTML>
```

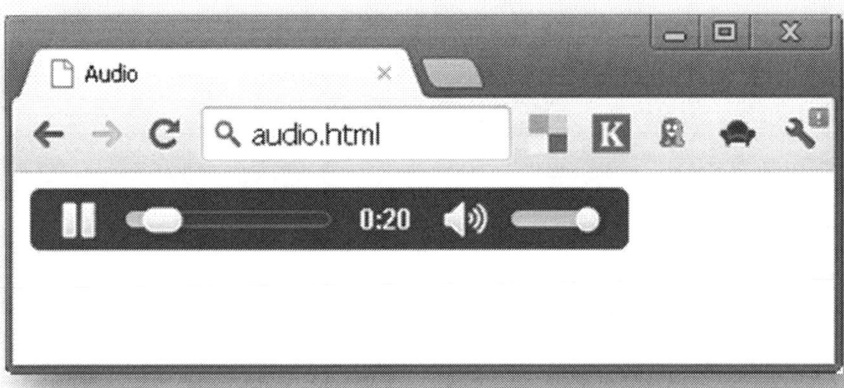

Actividades.

UD13 – ACTIVIDAD 1: Trabajo con elementos multimedia.	
TIPO	Desarrollo
OBJETIVOS	Practicar la inserción de elementos multimedia en una página web.
RECURSOS	Editor de texto y navegador web.
ENUNCIADO DE LA ACTIVIDAD	

Crea una página web que muestre una lista de reproducción de vídeos tal y como lo hace Youtube. La imagen siguiente te puede servir de ejemplo:

COMENTARIOS

Se recomienda el uso del atributo poster para especificar una imagen mientras el vídeo se carga y hasta que el usuario pulse el botón de inicio.

14 – Formularios.

Los sitios web actuales suelen contar con algún grado de interactividad. Esa interactividad comienza por recoger alguna operación que realiza el usuario y responderle de algún modo. El ejemplo más claro de esto es el uso de formularios, para realizar una recogida de datos que el navegador mandará por correo electrónico o que se almacenarán en una base de datos en el servidor, para que a su vez puedan ser procesados.

Para poder gestionar la información, remitida mediante el servidor y una base de datos, necesitaremos conocimientos avanzados de otras tecnologías que se ejecutan en el lado del servidor, lo que excede a los propósitos de este material. No obstante, sí podremos avanzar en el diseño de formularios, para enviar información por correo o para realizar algunas interacciones mediante JavaScript.

Insertar un formulario.

La creación de un formulario se realiza mediante la etiqueta **<form>** y su correspondiente **</form>**. Así generamos un bloque dentro del cual podemos introducir todos los contenidos que queramos: tablas, imágenes, etc. También incluiremos en su interior diferentes elementos HTML orientados a esa recogida de datos. Veamos un ejemplo:

```
<HTML>
     <HEAD>
          <TITLE>Formulario</TITLE>
     </HEAD>
     <BODY>
          <h4>Envío de datos</h4>
          <form action="http://www.servidor.es/recogedatos.php" method="post">
               Introduce tu nombre:
               <input type="text" name="nombre" value="" />
               <br/>
               <input type="submit" value="Enviar" />
          </form>
     </BODY>
</HTML>
```

La etiqueta **<form>** encierra todos los contenidos del formulario (botones, cuadros de texto, listas desplegables) y la etiqueta <input> permite definir varios tipos diferentes de elementos (botones y cuadros de texto).

form	Formulario
Atributos comunes	básicos, i18n y eventos
Atributos específicos	<ul><li>action = "url" - Indica la URL que se encarga de procesar los datos del formulario</li><li>method = "POST o GET" - Método HTTP empleado al enviar el formulario</li><li>enctype = "application/x-www-form-urlencoded o multipart/form-data" - Tipo de codificación empleada al enviar el formulario al servidor (sólo se indica de forma explícita en los formularios que permiten adjuntar archivos)</li><li>accept = "tipo_de_contenido" - Lista separada por comas de todos los tipos de archivos aceptados por el servidor (sólo para los formularios que permiten adjuntar archivos).</li><li>autocomplete = "on/off"– Indica si el formulario se va a autocompletar cuando el usuario lo esté introduciendo.</li><li>novalidate="novalidate"– Indica que el formulario no debe ser validado y será el servidor cuando lo reciba el que procesará la información como crea conveniente.</li><li>Otros: accept-charset, onsubmit, onreset</li></ul>
Tipo de elemento	Bloque
Descripción	Se emplea para insertar un formulario en la página

Aún hay algunos valores más, como autocomplete (con valores on u off) que decide si al rellenar el formulario se nos harán sugerencias (que es el comportamiento predeterminado) o no. Ponerlo en off es útil para formularios en los que se introducen datos personales. También podemos activar el valor novalidate, para que el formulario no se compruebe antes de enviarlo.

La mayoría de formularios utilizan sólo los atributos action y method. El atributo action indica la URL de la aplicación del servidor que se encarga de procesar los datos introducidos por los usuarios. Esta aplicación también se encarga de generar la respuesta que muestra el navegador.

El atributo method establece la forma en la que se envian los datos del formulario al servidor. Este atributo hace referencia al método HTTP, por lo que no es algo propio de HTML. Los dos valores que se utilizan en los formularios son GET y POST. De esta forma, casi todos los formularios incluyen el atributo method="get" o el atributo method="post".

Al margen de otras diferencias técnicas, el método POST permite el envío de mucha más información que el método GET. En general, el método GET admite como máximo el envío de unos 500 bytes de información. La otra gran limitación del método GET es que no permite el envío de archivos adjuntos con el formulario. Además, los datos enviados mediante GET se ven en la barra de direcciones del navegador (se añaden al final de la URL de la página), mientras que los datos enviados mediante POST no se pueden ver tan fácilmente.

Si no sabes que método elegir para un formulario, existe una regla general que dice que el método GET se debe utilizar en los formularios que no modifican la información (por ejemplo en un formulario de búsqueda). Por su parte, el método POST se debería utilizar cuando el formulario modifica la información original (insertar, modificar o borrar alguna información).

El ejemplo más común de formulario con método GET es el de los buscadores. Si realizas una búsqueda con tu buscador favorito, verás que las palabras que has introducido en tu búsqueda aparecen como parte de la URL de la página de resultados.

Elementos del formulario.

Los elementos de formulario como botones y cuadros de texto también se denominan "campos de formulario" y "controles de formulario". La mayoría de controles se crean con la etiqueta <input>, por lo que su definición formal y su lista de atributos es muy extensa:

<input>	Control de un formulario
Atributos comunes	básicos, i18n, eventos y foco
Atributos específicos	<ul><li>type = "text | password | checkbox | radio | submit | reset | file | hidden | image | button | email | url | date | time | datetime | month | week | number | range | tel | search | color " - Indica el tipo de control que se incluye en el formulario</li><li>name = "texto" - Asigna un nombre al control (es imprescindible para que el servidor pueda procesar el formulario)</li><li>value = "texto" - Valor inicial del control</li><li>size = "unidad_de_medida" - Tamaño inicial del control (para los campos de texto y de password se refiere al número de caracteres, en el resto de controles se refiere a su tamaño en píxel)</li><li>maxlength = "número" - Máximo número de caracteres para los controles de texto y de password</li><li>checked = "checked" - Para los controles checkbox y radiobutton permite indicar qué opción aparece preseleccionada</li><li>disabled = "disabled" - El control aparece deshabilitado y su valor no se envía al servidor junto con el resto de datos</li><li>readonly = "readonly" - El contenido del control no se puede modificar</li><li>src = "url" - Para el control que permite crear botones con imágenes, indica la URL de la imagen que se emplea como botón de formulario</li><li>alt = "texto" - Descripción del control</li><li>autofocus = "autofocus"– Determina si el control tomará el foco automáticamente.</li><li>autocomplete = "on/off"– Indica si el campo se va a autocompletar cuando el usuario lo esté introduciendo.</li><li>min = "número" – Mínimo número permitido en el control.</li><li>max = "número" – Máximo número permitido en el control.</li><li>step = "número" – Especifica el tamaño del intervalo.</li><li>pattern = "expresión regular" – Define mediante una expresión regular los datos que puede aceptar el control.</li><li>placeholder = "texto" – Texto de yuda que explica que tipo de datos espera el control.</li><li>required = "required" – Indica que el control requiere que se introduzcan datos y que no se deje en blanco.</li></ul>
Descripción	Se emplean para insertar un control en un formulario

Un campo cualquiera de tipo <input> puede ser redirigido y tratado en un sitio distinto al que utiliza el formulario que lo contiene. Si deseamos hacer uso de esta posibilidad debemos utilizar los atributos **formaction, formenctype, formmethod, formnovalidate, formtarget** que son análogos a los explicados en el caso de la etiqueta **<form>**.

Se recomienda visitar la página web Can I Use (http://caniuse.com) para verificar que navegadores soportan los siguientes campos. En un futuro próximo todos deberían ser 100% compatibles.

Cuadro de texto.

Se trata del elemento más utilizado en los formularios. En el caso más sencillo, se muestra un cuadro de texto vacío en el que el usuario puede escribir cualquier texto:

A continuación se muestra el código HTML correspondiente al ejemplo anterior:

```
Nombre <br/>
<input type="text" name="nombre" value="" />
```

El atributo type diferencia a cada uno de los diez controles que se pueden crear con la etiqueta <input>. Para los cuadros de texto, su valor es text. El atributo name es el más importante en los campos del formulario. De hecho, si un campo no incluye el atributo name, sus datos no se envían al servidor. El valor que se indica en el atributo name es el nombre que utiliza la aplicación del servidor para obtener el valor de este campo de formulario.

Cuando el usuario pulsa el botón de envío del formulario, el navegador envía los datos a una aplicación del servidor para que procese la información y genere una respuesta adecuada. En el servidor, la aplicación que procesa los datos debe obtener en primer lugar toda la información introducida por el usuario. Para ello, utiliza el valor del atributo name para obtener los datos de cada control del formulario.

Como el valor del atributo name se utiliza en aplicaciones programadas, es esencial ponerse de acuerdo con el programador de la aplicación, no se debe modificar su valor sin modificar la aplicación y no se deben utilizar caracteres problemáticos en programación (espacios en blanco, acentos y caracteres como ñ o ç).

El atributo value se emplea para establecer el valor inicial del cuadro de texto. Si se crea un formulario para insertar datos, los cuadros de texto deberían estar vacíos. Por lo tanto, o no se añade el atributo value o se incluye con un valor vacío value="". Si por el contrario se crea un formulario para modificar datos, lo lógico es que se muestren inicialmente los datos guardados en el sistema. En este caso, el atributo value incluirá el valor que se desea mostrar:

```
<input type="text" name="nombre" value="Pedro Martínez" />
```

Si no se especifica un tamaño, el navegador muestra el cuadro de texto con un tamaño predeterminado. El atributo size permite establecer el tamaño, en caracteres, con el que se muestra el cuadro de texto. Su uso es imprescindible en muchos formularios, en los que algunos campos como la dirección deben mostrar más caracteres de lo normal

(<input size="100" ...) y otros campos como el código postal deben mostrar menos caracteres de lo normal (<input size="5"...).

Además de controlar el tamaño con el que se muestra un cuadro de texto, también se puede limitar el tamaño del texto introducido. El atributo maxlength permite establecer el máximo número de caracteres que el usuario puede introducir en un cuadro de texto. Su uso es imprescindible para campos como el código postal, el número de la Seguridad Social y cualquier otro dato con formato predefinido y limitado.

Por último, el atributo readonly permite que el usuario pueda ver los contenidos del cuadro de texto pero no pueda modificarlos y el atributo disabled deshabilita un cuadro de texto de forma que el usuario no pueda modificarlo y además, el navegador no envía sus datos al servidor.

Cuadro de contraseña.

La única diferencia entre este control y el cuadro de texto normal es que el texto que el usuario escribe en un cuadro de contraseña no se ve en la pantalla. En su lugar, los navegadores ocultan el texto utilizando asteriscos o círculos, por lo que es ideal para escribir contraseñas y otros datos sensibles.

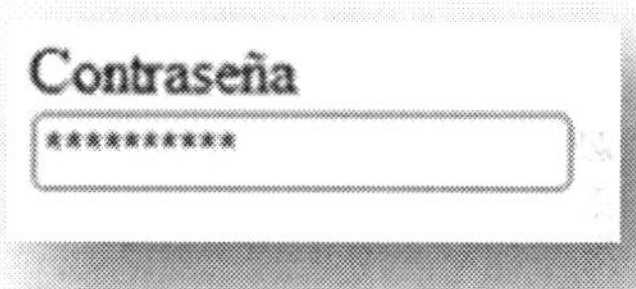


```
Contraseña <br/>
<input type="password" name="contrasena" value="" />
```

Cambiando el valor del atributo type por password se transforma el cuadro de texto normal en un cuadro de contraseña. Todos los demás atributos se utilizan de la misma forma y tienen el mismo significado.

Checkbox.

Los checkbox o "casillas de verificación" son controles de formulario que permiten al usuario seleccionar y deseleccionar opciones individualmente. Aunque en ocasiones se muestran varios checkbox juntos, cada uno de ellos es completamente independiente del resto. Por este motivo, se utilizan cuando el usuario puede activar y desactivar varias opciones relacionadas pero no excluyentes.

```
Puestos de trabajo buscados <br/>
<input name="puesto_directivo" type="checkbox" value="direccion"/> Dirección
<input name="puesto_tecnico" type="checkbox" value="tecnico"/> Técnico
<input name="puesto_empleado" type="checkbox" value="empleado"/> Empleado
```

El valor del atributo type para estos controles de formulario es checkbox. Como se muestra en el ejemplo anterior, el texto que se encuentra al lado de cada checkbox no se puede establecer mediante ningún atributo, por lo que es necesario añadirlo manualmente fuera del control del formulario. Si no se añade un texto al lado de la etiqueta <input /> del checkbox, el usuario sólo ve un pequeño cuadrado sin ninguna información relativa a la finalidad de ese checkbox.

El valor del atributo value, junto con el valor del atributo name, es la información que llega al servidor cuando el usuario envía el formulario.

Si se quiere mostrar un checkbox seleccionado por defecto, se utiliza el atributo checked. Si el valor del atributo es checked, el checkbox se muestra seleccionado. En cualquier otro caso, el checkbox permanece sin seleccionar. Aunque resulta redundante que el nombre y el valor del atributo sean idénticos, es obligatorio indicarlo de esta forma porque los atributos en HTML no pueden tener valores vacíos:

```
<input type="checkbox" checked="checked" ... /> Checkbox seleccionado por defecto.
```

Radiobutton.

Los controles de tipo radiobutton son similares a los controles de tipo checkbox, pero presentan una diferencia muy importante: son mutuamente excluyentes. Los radiobutton se utilizan cuando el usuario solamente puede escoger una opción entre las distintas opciones relacionadas que se le presentan. Cada vez que se selecciona una opción, automáticamente se deselecciona la otra opción que estaba seleccionaba.

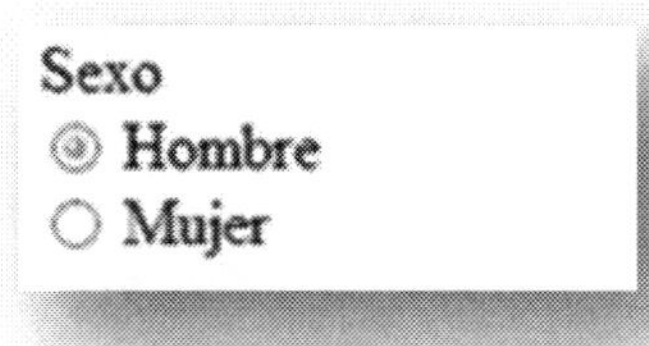


```
Sexo <br/>
<input type="radio" name="sexo" value="hombre" checked="checked" /> Hombre
<input type="radio" name="sexo" value="mujer" /> Mujer
```

El valor del atributo type para estos controles de formulario es radio. El atributo name se emplea para indicar los radiobutton que están relacionados. Por lo tanto, cuando varios radiobutton tienen el mismo valor en su atributo name, el navegador sabe que están relacionados y puede deseleccionar una opción del grupo de radiobutton cuando se seleccione otra opción.

Botón para enviar formulario.

La mayoría de formularios dispone de un botón para enviar al servidor los datos introducidos por el usuario:

```
<input type="submit" name="buscar" value="Buscar" />
```

El valor del atributo type para este control de formulario es **submit**. El navegador se encarga de enviar automáticamente los datos cuando el usuario pincha sobre este tipo de botón. El valor del atributo value es el texto que muestra el botón. Si no se establece el atributo value, el navegador muestra el texto predefinido Enviar consulta.

Botón de reseteo del formulario.

Aunque su uso era muy popular hace unos años, la mayoría de formularios modernos ya no utilizan este tipo de botón. Se trata de un botón especial que borra todos los datos introducidos por el usuario y devuelve el formulario a su estado original:

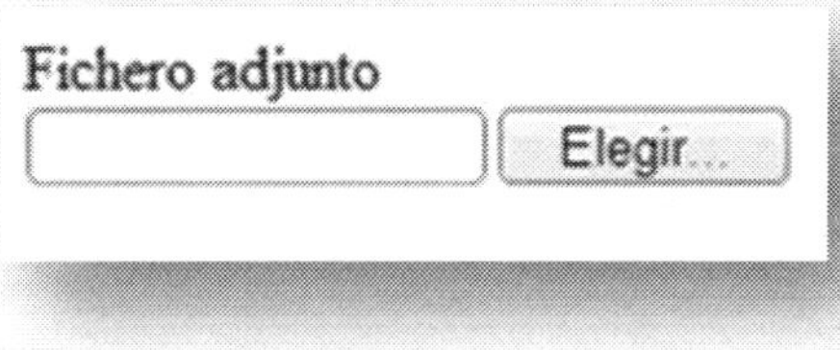


```
<input type="reset" name="limpiar" value="Borrar datos del formulario" />
```

El valor del atributo type para este control de formulario es reset. Cuando el usuario pulsa este botón, el navegador borra toda la información introducida y muestra el formulario en su estado original. Si el formulario no contenía originalmente ningún valor, el botón de reset lo vuelve a mostrar vacío. si el formulario contenía información, el botón reset vuelve a mostrar la misma información original.

Como es habitual en los botones de formulario, el atributo value permite establecer el texto que muestra el botón. Si no es utiliza este atributo, el navegador muestra el texto predefinido del botón, que en este caso es Restablecer.

Ficheros adjuntos.

Los formularios también permiten adjuntar archivos para subirlos al servidor. Aunque desde el punto de vista de HTML y del navegador no existe ninguna limitación sobre el número, tipo o tamaño total de los archivos que se pueden adjuntar, todos los servidores añaden restricciones por motivos de seguridad.

```
Fichero adjunto
<input type="file" name="adjunto" />
```

El valor del atributo type para este control de formulario es file. El navegador se encarga de mostrar un cuadro de texto donde aparece el nombre del archivo seleccionado y un botón que permite navegar por los directorios y archivos del ordenador del usuario.

Si se incluye un control para adjuntar archivos, es obligatorio añadir el atributo enctype en la etiqueta <form> del formulario. El valor del atributo enctype debe ser multipart/form-data, por lo que la etiqueta <form> de los formularios que permiten adjuntar archivos siempre es:

```
<form action="..." method="post" enctype="multipart/form-data">
  ...
</form>
```

Campos ocultos.

*Los campos ocultos no se ven en pantalla

Los campos ocultos se emplean para añadir información oculta en el formulario:

```
<input type="hidden" name="url_previa" value="/articulo/primero.html" />
```

El valor del atributo type para este control de formulario es hidden. Los campos ocultos no se muestran por pantalla, de forma que el usuario desconoce que el formulario los incluye. Normalmente los campos ocultos se utilizan para incluir información que necesita el servidor pero que no es necesario o no es posible que la establezca el usuario.

Botón de imagen.

El aspecto de los botones de formulario se puede personalizar por completo, ya que incluso es posible utilizar una imagen como botón:

```
<input type="image" name="enviar" src="accept.png"  />
```

El valor del atributo type para este control de formulario es image. El atributo src indica la URL de la imagen que debe mostrar el navegador en lugar del botón normal.

Su principal ventaja es que permite personalizar por completo la estética de los botones y mostrarlos con un aspecto homogéneo en todos los navegadores. El principal inconveniente es que ralentiza la carga del formulario y que si se quiere modificar su aspecto, es necesario crear una nueva imagen.

Botones.

Algunos formularios complejos necesitan botones más avanzados que los de enviar datos (type="submit") y resetear el formulario (type="reset"). Por ese motivo, el estándar HTML define un botón de tipo genérico:

```
<input type="button" name="guardar" value="Guardar Cambios" />
```

El valor del atributo type para este control de formulario es button. Si pruebas a pulsar un botón de este tipo, verás que el navegador no hace nada: no envía los datos al servidor y no borra los datos introducidos. Este tipo de botones sólo son útiles si se utilizan junto con el lenguaje de programación JavaScript. Si la página incluye código JavaScript, los botones de este tipo se pueden programar para que realicen cualquier tarea compleja cuando se pulsa sobre ellos.

Color.

Permite seleccionar un color mediante una herramienta específica.

```
<HTML>
     <HEAD><TITLE>Color</TITLE></HEAD>
     <BODY>
          <form action="demo_form.asp">
```

```
                Selecciona un color: <input type="color" name="favcolor" /><br />
                <input type="submit" />
            </form>
        </BODY>
</HTML
```

Campos de tipo fecha, hora.

A continuación mostramos una serie de campos para el trabajo con fechas y horas:

- **date**: permite seleccionar una fecha mediante un asistente.
- **datetime**: para seleccionar una fecha y una hora.
- **datetime-local**: para seleccionar una fecha y una hora sin zona horaria.
- **month**: define un mes y un año.
- **time**: para introducir una hora.
- **week**: para seleccionar una semana del año.

```
<HTML>
    <HEAD><TITLE>Date</TITLE></HEAD>
    <BODY>
            <form action="demo_form.asp">
              Cumpleaños: <input type="date" name="bday" />
              <br/>
              <input type="submit" />
            </form>
    </BODY>
</HTML>
```

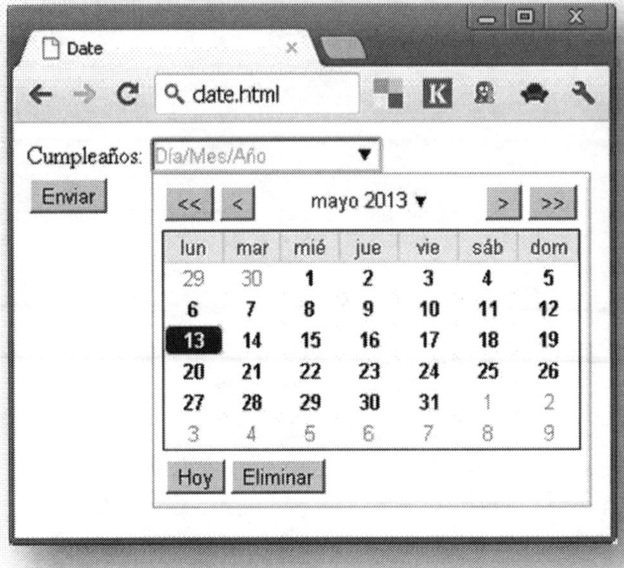

Email.

Este tipo de campo realizará una validación sobre los datos introducidos de tal forma que si el email introducido no tiene la estructura correcta se mostrará un mensaje de error al usuario.

```
<HTML>
        <HEAD><TITLE>Email</TITLE></HEAD>
        <BODY>
                <form action="demo_form.asp">
                  E-mail: <input type="email" name="usremail" /><br />
                  <br/>
                  <input type="submit" />
                </form>
        </BODY>
</HTML>
```

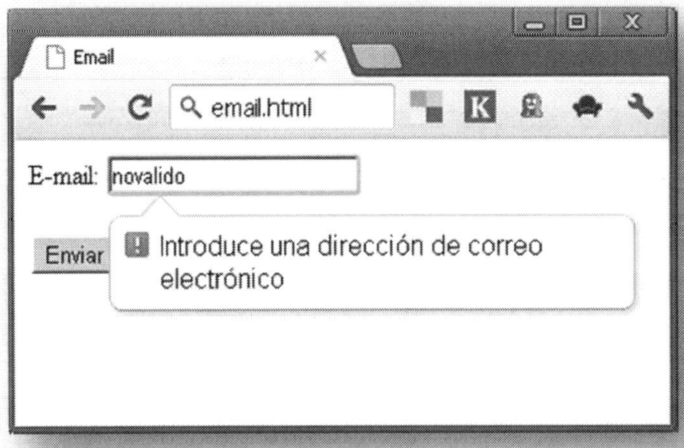

Number.

Permite especificar que el valor a introducir es un número y además existe la posibilidad de acotarlo mediante las propiedades **min** y **max**.

```
<HTML>
      <HEAD><TITLE>Número</TITLE></HEAD>
      <BODY>
            <form action="demo_form.asp">
            Cantidad entre 1 y 10: <input type="number" name="cantidad" min="1" max="10"
/>
             <br/>
             <input type="submit" />
            </form>
      </BODY>
</HTML>
```

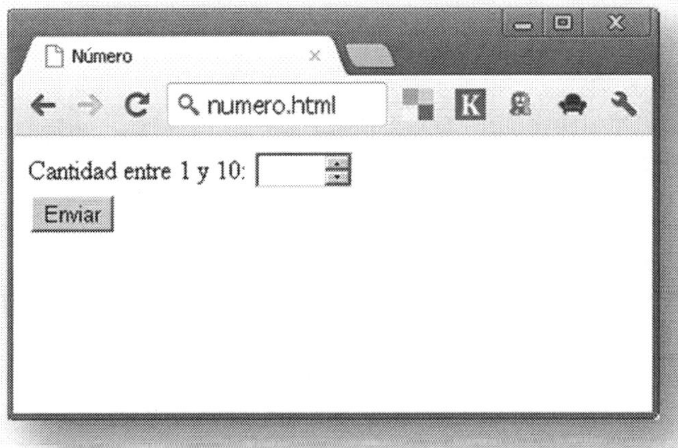

Rangos.

Permite crear un rango de valores entre los cuales el usuario deberá elegir. Visualemente se muestra como una gradación. Podemos utilizar los valores **min** y **max** para delimitarlo y **step** para indicar la magnitud del salto entre unidades.

```
<HTML>
      <HEAD><TITLE>Rangos</TITLE></HEAD>
      <BODY>
            <form action="demo_form.asp">
            Puntos obtenidos: <input type="range" name="puntos" min="1" max="100" />
             <br/>
             <input type="submit" />
            </form>
      </BODY>
</HTML>
```

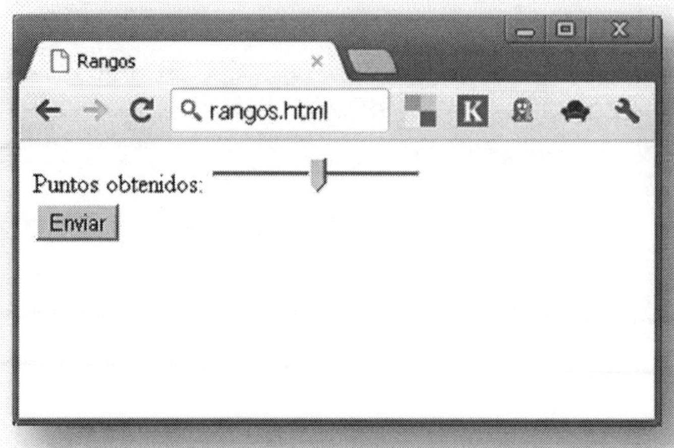

Search.

Este campo se comporta como las búsquedas de un buscador del tipo Google. Guarda en memoria los textos buscados con anterioridad y los muestra cuando se teclea algo paredico.

```
<HTML>
      <HEAD><TITLE>Búsquedas</TITLE></HEAD>
      <BODY>
            <form action="demo_form.asp">
            Buscar en Google: <input type="search" name="googlesearch" /><br />
             <br/>
             <input type="submit" />
            </form>
      </BODY>
</HTML>
```

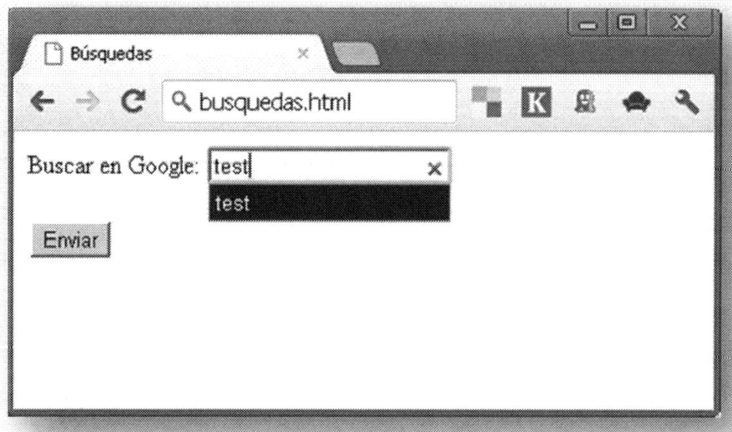

Url.

Al igual que el campo email este campo realizará una validación sobre los datos introducidos de tal forma que si la URL introducida no tiene la estructura correcta se mostrará un mensaje de error al usuario.

```
<HTML>
      <HEAD><TITLE>URL</TITLE></HEAD>
      <BODY>
            <form action="demo_form.asp">
              Introduce tu página web: <input type="url" name="web" /><br />
              <br/>
              <input type="submit" />
            </form>
      </BODY>
</HTML>
```

Etiquetas.

Todos los controles de formulario salvo los botones presentan una carencia muy importante: no disponen de la opción de establecer el título o texto que se muestra junto al control. En el código HTML del ejemplo anterior, el nombre de cada campo se incluye en forma de texto normal, sin ninguna relación con el campo al que hace referencia. El lenguaje HTML incluye una etiqueta denominada **<label>** y que se utiliza para establecer el título de cada campo del formulario. Su definición formal es la siguiente:

<label>	Título o leyenda de un campo de formulario
Atributos comunes	básicos, i18n y eventos
Atributos específicos	<ul><li>for = "id_de_elemento" - Indica el ID del campo del formulario para el que este elemento es su título</li><li>Otros: accesskey, onfocus y onblur</li></ul>
Tipo de elemento	En línea
Descripción	Se emplea para definir el título o leyenda de los campos definidos en un formulario

El único atributo que suele utilizarse con la etiqueta <label> es for, que indica el identificador (atributo id) del campo de formulario para el que esta etiqueta hace de título.

En el anterior ejemplo, el nombre de los campos de formulario se incluía mediante un texto normal:

```
Nombre <br/>
 <input type="text" name="nombre" value="" />
Apellidos <br/>
```

```
 <input type="text" name="apellidos" value="" />
DNI <br/>
 <input type="text" name="dni" value="" size="10" maxlength="9" />
```

Utilizando la etiqueta <label>, cada campo de formulario puede disponer de su propio título:

```
<label for="nombre">Nombre</label> <br/>
  <input type="text" id="nombre" name="nombre" value="" />
 <label for="apellidos">Apellidos</label> <br/>
  <input type="text" id="apellidos" name="apellidos" value="" />
<label for="dni">DNI</label> <br/>
  <input type="text" id="dni" name="dni" value="" size="10" maxlength="9" />
```

La principal ventaja de utilizar <label> es que el código HTML está mejor estructurado y se mejora su accesibilidad. Además, al pinchar sobre el texto del <label>, el puntero del ratón se posiciona automáticamente para poder escribir sobre el campo de formulario asociado. Este comportamiento es especialmente útil para los campos de tipo radiobutton y checkbox.

Textarea.

Las áreas de texto, **<textarea>,** son útiles cuando se debe introducir una gran cantidad de texto, ya que es mucho más cómodo de introducir que en un campo de texto normal:

El código HTML del ejemplo anterior se muestra a continuación:

```
<form action="insertar_producto.php" method="post">
    <label for="nombre">Nombre del producto</label> <br/>
    <input type="text" id="nombre" name="nombre" value="" />
    <label for="descripcion">Descripción del producto</label> <br/>
    <textarea id="descripcion" name="descripcion" cols="40" rows="5"></textarea>
</form>
```

La definición formal de la etiqueta <textarea> es:

textarea	Área de texto
Atributos comunes	básicos, i18n, eventos y foco
Atributos específicos	<ul><li>rows = "numero" - Número de filas de texto que mostrará el textarea</li><li>cols = "numero" - Número de caracteres que se muestran en cada fila del textarea</li><li>maxlength = "numero" – Especifica el número máximo de caracteres que se pueden introducir.</li><li>placeholder = "texto" – Texto de yuda que explica que tipo de datos espera el control.</li><li>required – Indica que el control requiere que se introduzcan datos y que no se deje en blanco.</li><li>autofocus = "autofocus"– Determina si el control tomará el foco automáticamente.</li><li>wrap = "soft|hard"– Determina si el texto será cortado dentro del control. Soft no será cortado y hard cortará el texto.</li><li>Otros: name, disabled, readonly, onselect, onchange, onfocus, onblur</li></ul>
Tipo de elemento	En línea
Descripción	Se emplea para incluir un área de texto en un formulario

Los atributos más utilizados en las etiquetas <textarea> son los que controlan su anchura y altura. La anchura del área de texto se controla mediante el atributo cols, que indica las columnas o número de caracteres que se podrán escribir como máximo en cada fila. La altura del área de texto se controla mediante rows, que indica directamente las filas de texto que serán visibles.

Listas.

HTML facilita dentro de sus formularios la introducción de campos de tipo lista a través de la etiqueta **<select>**. Existen tres tipos de listas desplegables disponibles. El primero es el de las listas más utilizadas que sólo muestran un valor cada vez y sólo permiten seleccionar un valor. El segundo tipo de lista es el que sólo permite seleccionar un valor pero muestra varios a la vez. Por último, el tercer tipo de lista desplegable es aquella que muestra varios valores y permite realizar selecciones múltiples.

El siguiente ejemplo es una muestra de lo comentado anteriormente.

```
<HTML>
	<HEAD><TITLE>Listas</TITLE></HEAD>
	<BODY>
		<form action="insertar_producto.php" method="post">
		<label for="so">Sistema operativo</label> <br/>
		<select id="so" name="so">
		  <option value="" selected="selected">- selecciona -</option>
		  <option value="windows">Windows</option>
		  <option value="mac">Mac</option>
		  <option value="linux">Linux</option>
		  <option value="otro">Otro</option>
		</select>
		 <br/><br/>
		<label for="so2">Sistema operativo</label> <br/>
		<select id="so2" name="so2" size="5">
```

```
                    <option value="windows" selected="selected">Windows</option>
                    <option value="mac">Mac</option>
                    <option value="linux">Linux</option>
                    <option value="otro">Otro</option>
                </select>
                 <br/><br/>
                <label for="so3">Sistema operativo</label> <br/>
                <select id="so3" name="so3" size="5" multiple="multiple">
                  <option value="windows" selected="selected">Windows</option>
                  <option value="mac">Mac</option>
                  <option value="linux">Linux</option>
                  <option value="otro">Otro</option>
                </select>
                </form>
        </BODY>
</HTML>
```

Los tres tipos de listas desplegables se definen con la misma etiqueta **<select>** y cada elemento de la lista se define mediante la etiqueta **<option>**

<select>	Lista desplegable
Atributos comunes	básicos, i18n y eventos
Atributos específicos	<ul><li>size = "numero" - Número de filas que se muestran de la lista (por defecto sólo se muestra una)</li><li>multiple = "multiple" - Si se incluye, se permite seleccionar más de un elemento</li><li>Otros: name, disabled, onchange, onfocus, onblur</li></ul>
Tipo de elemento	En línea
Descripción	Se emplea para incluir una lista desplegable en un formulario

<option>	Elemento de una lista desplegable
Atributos comunes	básicos, i18n y eventos
Atributos específicos	<ul><li>selected = "selected" - Indica si el elemento aparece seleccionado por defecto al cargarse la página</li><li>value = "texto" - El valor que se envía al servidor cuando el usuario elige esa opción</li><li>Otros: label, disabled</li></ul>
Tipo de elemento	-
Descripción	Se emplea para definir cada elemento de una lista desplegable

La inmensa mayoría de listas desplegables que utilizan las aplicaciones web son simples, por lo que el código HTML habitual de las listas desplegables es:

```html
<label for="so">Sistema operativo</label> <br/>
<select id="so" name="so">
   <option value="" selected="selected">- selecciona -</option>
   <option value="windows">Windows</option>
   <option value="mac">Mac</option>
   <option value="linux">Linux</option>
   <option value="otro">Otro</option>
</select>
```

La etiqueta <select> define la lista y encierra todas las opciones que muestra la lista. Cada una de las opciones de la lista se define mediante una etiqueta <option>. El atributo value de cada opción es obligatorio, ya que es el dato que se envía al servidor cuando el usuario envía el formulario. Para seleccionar por defecto una opción al mostrar la lista, se añade el atributo selected a la opción deseada.

Por otra parte, las listas desplegables permiten **agrupar** sus opciones de forma que el usuario pueda encontrar fácilmente las opciones cuando la lista es muy larga:

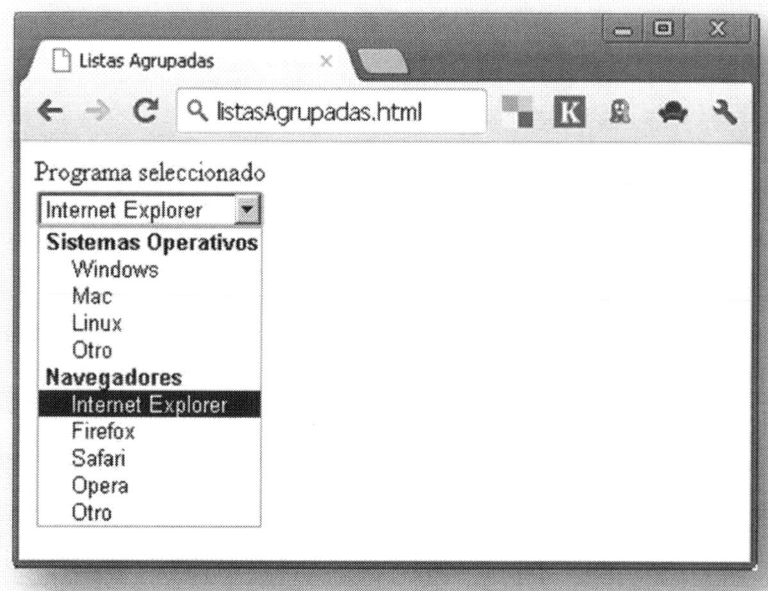

El código HTML correspondiente a la imagen anterior se muestra a continuación:

```
<HTML>
      <HEAD><TITLE>Listas Agrupadas</TITLE></HEAD>
      <BODY>
      <form id="formulario" method="post" action="">
            <label for="programa">Programa seleccionado</label> <br/>
          <select id="programa" name="programa">
          <optgroup label="Sistemas Operativos">
                  <option value="Windows" selected="selected">Windows</option>
                  <option value="Mac">Mac</option>
                  <option value="Linux">Linux</option>
                  <option value="Other">Otro</option>
          </optgroup>
          <optgroup label="Navegadores">
                  <option value="Internet Explorer" selected="selected">Internet
Explorer</option>
                  <option value="Firefox">Firefox</option>
                  <option value="Safari">Safari</option>
                  <option value="Opera">Opera</option>
                  <option value="Other">Otro</option>
          </optgroup>
          </select>
      </form>
      </BODY>
</HTML>
```

La etiqueta **<optgroup>** permite agrupar opciones relacionadas dentro de una lista desplegable. Su definición formal se muestra a continuación:

optgroup	Agrupación de elementos de una lista desplegable
Atributos comunes	básicos, i18n y eventos
Atributos específicos	<ul><li>label = "texto" - Texto que se muestra como título de la agrupación de opciones</li><li>disabled – Especifica que esa opción no estará habilitada.</li><li>Otros: selected</li></ul>
Tipo de elemento	-
Descripción	Se emplea para definir una agrupación lógica de opciones de una lista desplegable

El atributo que suele utilizarse con la etiqueta <optgroup> es label, que indica el nombre de cada agrupación. Los navegadores muestran de forma destacada el título de cada agrupación, de forma que el usuario pueda localizar más fácilmente la opción deseada.

Organizando el formulario.

Utilizando solamente las etiquetas <form> y <input> es posible diseñar la mayoría de formularios de las aplicaciones web. No obstante, HTML define algunos elementos adicionales para mejorar la estructura de los formularios creados.

La siguiente imagen muestra un formulario que agrupa sus elementos y añade etiquetas a cada campo para mejorar su estructura:

La etiqueta **<fieldset>** agrupa campos del formulario y la etiqueta **<legend>** asigna un nombre a cada grupo.

<fieldset>	Agrupación de campos
Atributos comunes	básicos, i18n y eventos
Tipo de elemento	Bloque
Descripción	Se emplea para agrupar de forma lógica varios campos de un formulario

<legend>	Título o leyenda de un fieldset
Atributos comunes	básicos, i18n y eventos
Tipo de elemento	En línea
Descripción	Se emplea para definir el título o leyenda de un conjunto de campos de formulario agrupados con la etiqueta fieldset

A continuación se muestra el código HTML del formulario correspondiente a la imagen anterior y que hace uso de <fieldset> y <legend> para agrupar los campos del formulario:

```
<HTML>
    <HEAD><TITLE>Organizando formularios</TITLE></HEAD>
    <BODY>
        <form action="maneja_formulario.php" method="post">
          <fieldset>
              <legend>Datos personales</legend>
              Nombre <br/>
              <input type="text" name="nombre" value="" />
              <br/>
              Apellidos <br/>
              <input type="text" name="apellidos" value="" />
              <br/>
              DNI <br/>
              <input type="text" name="dni" value="" size="10" maxlength="9" />
          </fieldset>

          <fieldset>
              <legend>Datos de conexión</legend>
              Nombre de usuario<br/>
              <input type="text" name="nombre" value="" maxlength="10" />
              <br/>
              Contraseña<br/>
              <input type="password" name="password" value="" maxlength="10" />
              <br/>
              Repite la contraseña<br/>
              <input type="password" name="password2" value="" maxlength="10" />
          </fieldset>
        </form>
    </BODY>
</HTML>
```

La etiqueta <fieldset> agrupa todos los controles de formulario a los que encierra. El navegador muestra por defecto un borde resaltado para cada agrupación. La etiqueta <legend> se incluye dentro de cada etiqueta <fieldset> y establece el título que muestra el navegador para cada agrupación de elementos.

Actividades.

UD14 – ACTIVIDAD 1: Trabajo con formularios.	
TIPO	Desarrollo
OBJETIVOS	Practicar el desarrollo de formularios.
RECURSOS	Editor de texto y navegador web.
ENUNCIADO DE LA ACTIVIDAD	

Crea un formulario como el que sigue para recoger los datos de un CV.

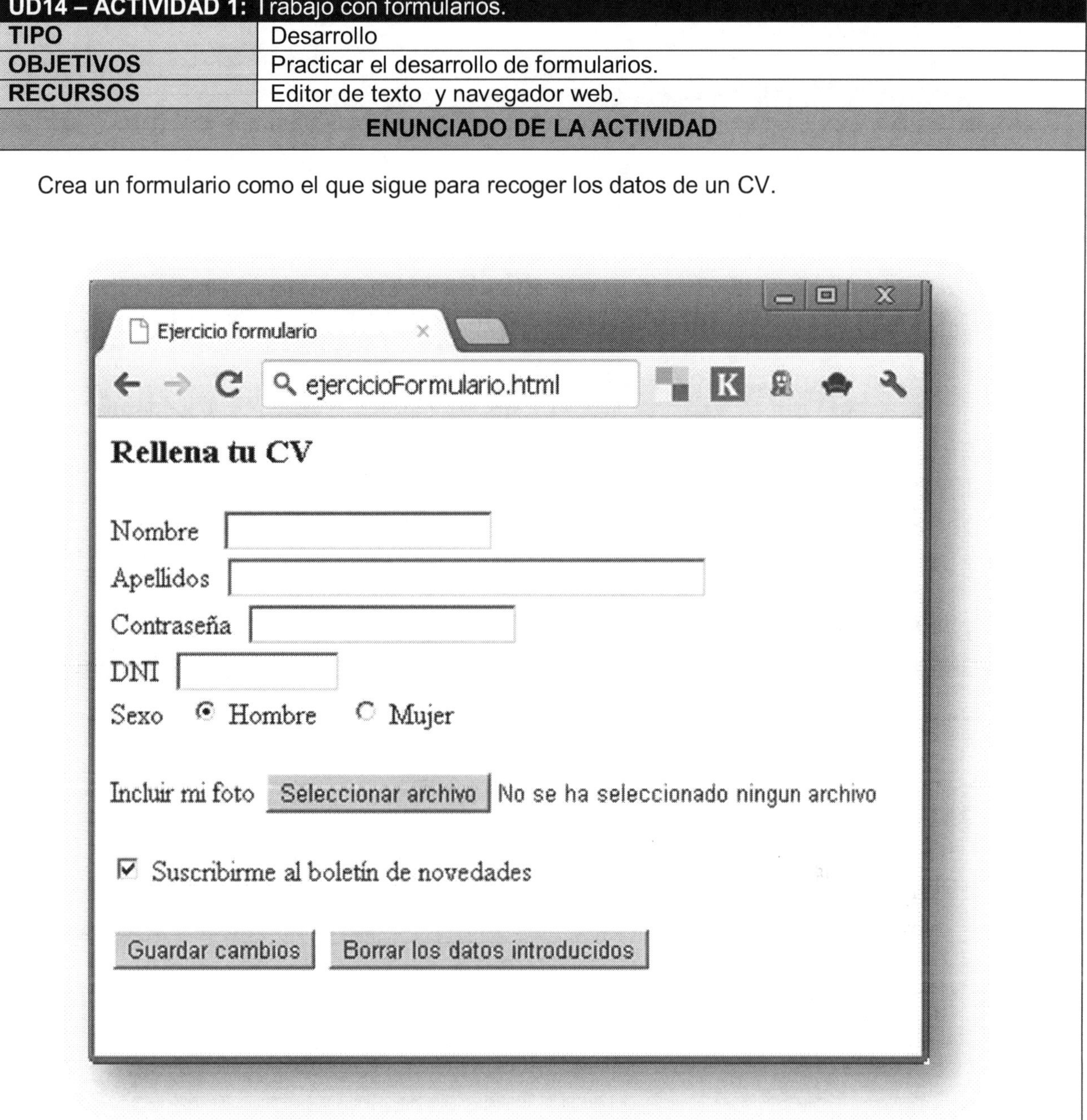

COMENTARIOS

Elegir el método más adecuado para el formulario (GET o POST) y cualquier otro atributo necesario. La aplicación que se encarga de procesar el formulario es un fichero "php" llamado recogerdatos.

UD14 – ACTIVIDAD 2: Organizando formularios.	
TIPO	Desarrollo
OBJETIVOS	Practicar la organización de los campos de los formularios.
RECURSOS	Editor de texto y navegador web.

ENUNCIADO DE LA ACTIVIDAD

Crea un formulario como el que sigue para recoger los datos de un producto, teniendo en cuenta como está organizado el formulario:

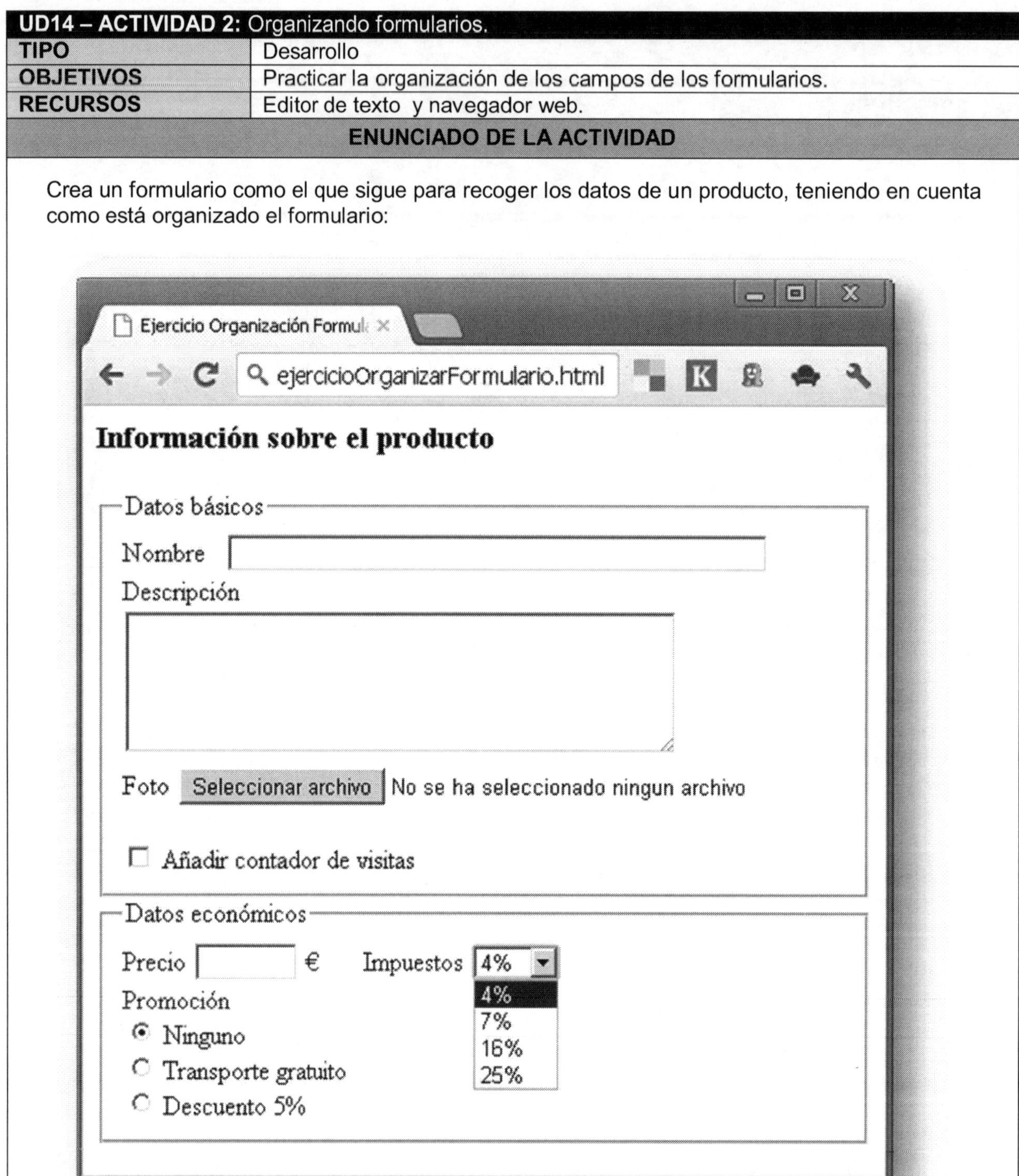

COMENTARIOS

Elegir el método más adecuado para el formulario (GET o POST) y cualquier otro atributo necesario. La aplicación que se encarga de procesar el formulario es un fichero "php" llamado productos.

15 – Iframe.

La etiqueta **<iframe>** puede ser muy útil en determinadas ocasiones, ya que permite insertar un documento HTML dentro de otro documento HTML. Un iframe puede considerarse como un agujero que se abre en una página web y a través del cual se muestra otra página web. En ocasiones se utiliza para mostrar contenidos externos al sitio web como si fueran parte del mismo sitio.

Fue introducido en el navegador Microsoft Internet Explorer en 1997 y durante mucho tiempo solo fue soportado en este navegador, la etiqueta Iframe actualmente es ya aceptada por la W3 como un elemento estándar y es ampliamente soportado por gran variedad de navegadores.

iframe	Marco (frame) en línea
Atributos comunes	básicos
Atributos específicos	<ul><li>src = "url" - URL del documento HTML que se visualiza en el iframe</li><li>height = "longitud" - Altura que ocupará el iframe en el documento</li><li>width = "longitud" - Anchura que ocupará el iframe en el documento</li><li>name = "texto" - Nombre que identifica al iframe</li></ul>
Tipo de elemento	Bloque y en línea
Descripción	Se emplea para incluir en la página un marco que muestra otro documento HTML

Si se desea se puede mediante estilos cambiar la apariencia del iframe, mostrar las barras de scroll, colores y formas de borde, etc. El siguiente ejemplo define la altura y anchura del iframe, indica la URL que se debe mostrar:

```html
<HTML>
      <HEAD><TITLE>Iframe.</TITLE></HEAD>
      <BODY>
            <h1>Iframe</h1>
            <p>Mostrando la web de wikipedia dentro de mi página</p>
            <iframe src="http://www.wikipedia.com" width="340" height="200" />
             </iframe>
      </BODY>
</HTML>
```

Actividades.

UD15 – ACTIVIDAD 1: Trabajo con iframes.	
TIPO	Desarrollo
OBJETIVOS	Practicar el uso de iframes.
RECURSOS	Editor de texto y navegador web.

ENUNCIADO DE LA ACTIVIDAD

Crea una página web que contenga un grupo de iframes que pueda consultarse a modo de favoritos.

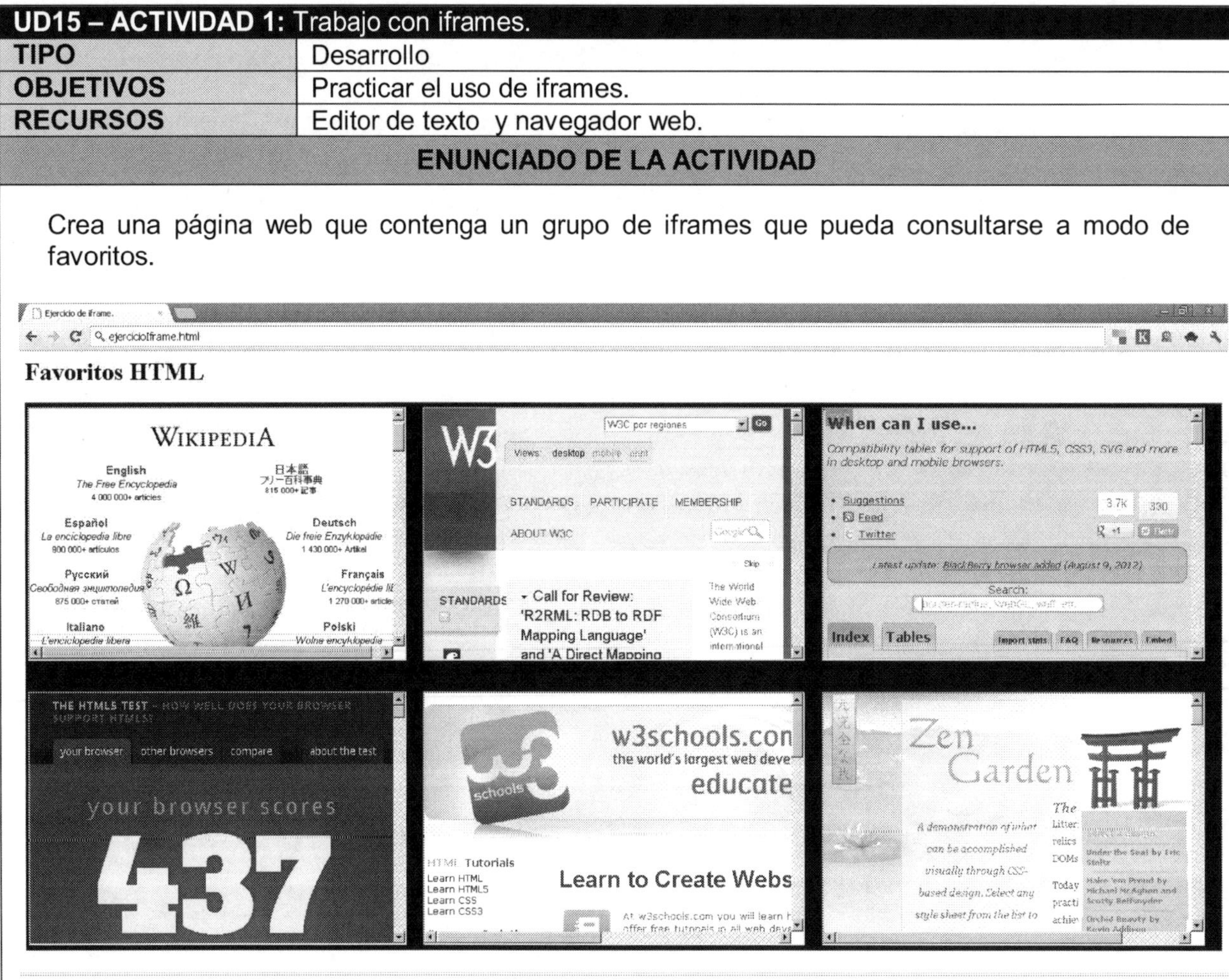

COMENTARIOS

Para organizar los iframes es aconsejables introducirlo dentro de tablas o capas.
No olvidar cerrar el iframe con la etiqueta </iframe>

16 – La nueva estructura.

La nueva versión pretende corregir los problemas con los que los desarrolladores web se encuentran, así como rediseñar el código actualizándolo a nuevas necesidades que demanda la web de hoy en día.

Actualmente es abusivo el uso de elementos DIV para estructurar una web en bloques. El HTML5 nos brinda varios elementos que perfeccionan esta estructuración estableciendo qué es cada sección, eliminando así DIV innecesarios. Este cambio en la semántica hace que la estructura de la web sea más coherente y fácil de entender por otras personas y los navegadores podrán darle más importancia a según qué secciones de la web facilitándole además la tarea a los buscadores, así como cualquier otra aplicación que interprete sitios web. Las webs se dividirán en los siguientes elementos:

- **<section></section>** - Se utiliza para representar una sección "general" dentro de un documento o aplicación, como un capítulo de un libro. Puede contener subsecciones y si lo acompañamos de h1-h6 podemos estructurar mejor toda la página creando jerarquías del contenido, algo mu favorable para el buen posicionamiento web.

- **<article></article>** - El elemento de artículo representa un componente de una página que consiste en una composición autónoma en un documento, página, aplicación, o sitio web con la intención de que pueda ser reutilizado y repetido. Podría utilizarse en los artículos de los foros, una revista o el artículo de periódico, una entrada de un blog, un comentario escrito por un usuario, un widget interactivo o gadget, o cualquier otro artículo independiente de contenido. Cuando los elementos de **<article>** son anidados, los elementos de **<article>** interiores representan los artículos que en principio son relacionados con el contenido del artículo externo. Por ejemplo, un artículo de un blog que permite comentarios de usuario, dichos comentarios se podrían representar con **<article>**.

- **<aside></aside>** - Representa una sección de la página que abarca un contenido tangencialmente relacionado con el contenido que lo rodea, por lo que se le puede considerar un contenido independiente. Este elemento puede utilizarse para efectos tipográficos, barras laterales, elementos publicitarios, para grupos de elementos de la navegación, u otro contenido que se considere separado del contenido principal de la página.

- **<header></header>** - Elemento **<header>** representa un grupo de artículos introductorios o de navegación.

- **<nav></nav>** - El elemento **<nav>** representa una sección de una página que es un link a otras páginas o a partes dentro de la página: una sección con links de navegación. No todos los grupos de enlaces en una página tienen que estar en un elemento **<nav>**, sólo las secciones que consisten en bloques principales de la navegación son apropiadas para ser utilizadas co el elemento **<nav>**. Puede utilizarse particularmente en el pie de página para tener un menú con un listado de enlaces a varias páginas de un sitio, como el Copyright; home page, política de uso y privacidad. No obstante, el elemento **<footer>** es plenamente suficiente sin necesidad de tener un elemento **<nav>**.

-   **<footer></footer>** - El elemento **<footer>** representa el pié de una sección, con información acerca de la página/sección que poco tiene que ver con el contenido de la página, como el autor, el copyright o el año.

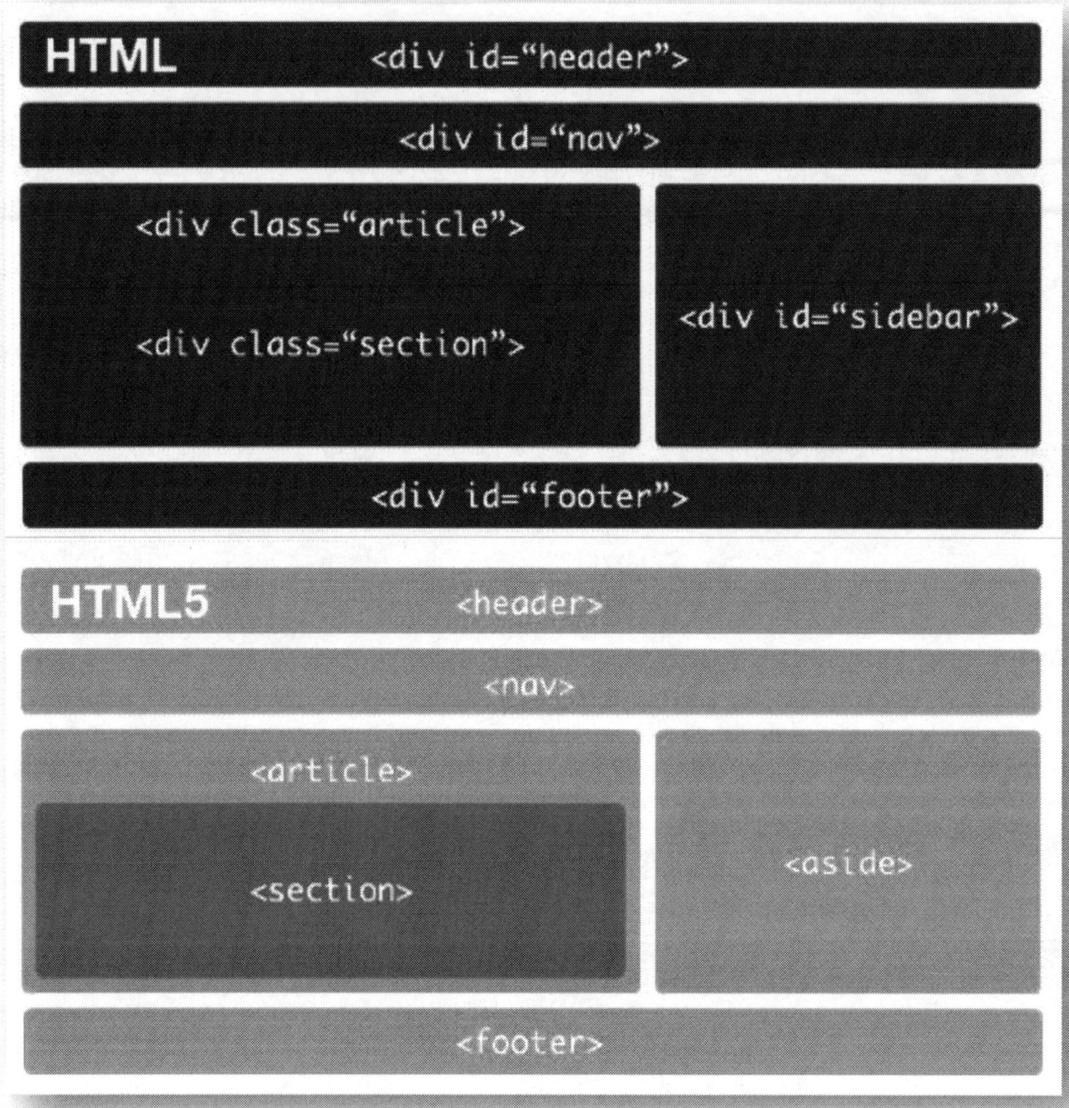

Ejemplo de página web con nueva estructura:

```
<!DOCTYPE html>
<html>
  <head>
        <meta charset=UTF-8">
        <title>Mi primera página</title>
  </head>
<body>
<header>
        <h1>La cabecera de nuestra página</h1>
</header>
<nav>
        <p>Navegación. Aquí podemos insertar los enlaces al resto de  nuestras páginas</p>
</nav>
<section>
```

```
        <h1>Presentación</h1>
</section>
<article>
        <h2>Título del artículo.</h2>
        <p>Resto del texto.</p>
</article>
<footer>
        <p>Autor y fecha de publicación</p>
</footer>
</body>
</html>
```

Cada página web cuenta con un elemento **<head>** colocado antes del **<body>**, que no debemos confundir con los elementos de cabecera (**<h1>**..**<h6>**) ni con el encabezado <header> que colocamos dentro del **<body>**.

Esta cabecera general de la página se emplea para incorporar contenidos que no se mostrarán directamente, pero que tienen una elevada influencia en el aspecto que tendrá la página y en su comportamiento.

En su interior podemos añadir algunos de los siguientes elementos HTML:

- **<title>** y **</title>**: se emplea para definir el título de la página. Es imprescindible en HTML5, por lo que siempre debemos añadirlo. Este es el título que se mostrará en la barra de título del navegador, al hacer un marcador a la página o en los buscadores de Internet.

- **<link />**: se utiliza para enlazar con recursos externos, generalmente hojas de estilo. Volveremos sobre ello más adelante.

- **<style>** y **</style>**: nos permite definir estilos específicos para la página actual. Se suele emplear en combinación con el anterior, por lo que los trataremos al llegar a las hojas de estilo.

- **<base />**: define la URL base para el resto de los enlaces que incluyamos en la página web. Se emplea en casos muy concretos.

- **<script>** y **</script>**: es otro importante elemento que se utiliza para englobar acciones en otros lenguajes, generalmente *Javascript,* para conseguir que la página web realice determinadas tareas. Estas son operaciones que se ejecutan al acceder a la página, aumentando su versatilidad.

17 – Metainformación.

Las páginas y documentos HTML incluyen más información de la que los usuarios ven en sus pantallas. Estos datos adicionales siempre están relacionados con la propia página, por lo que se denominan metainformación o metadatos. La metainformación siempre se incluye en la sección de la cabecera, es decir, dentro de la etiqueta **<head>**.

Aunque la metainformación más conocida y utilizada es el título de la propia página, se puede incluir mucha otra información útil para los navegadores y para los buscadores. En las próximas secciones se explica cómo incluir la metainformación y se introduce un concepto relacionado llamado **DOCTYPE**..

Como ya se explicó anteriormente, las páginas HTML se dividen en dos partes denominadas cabecera y cuerpo. La sección de la cabecera está formada por todas las etiquetas encerradas por la etiqueta <head>:

<head>	Cabecera
Atributos comunes	i18n
Atributos específicos	• lang = "codigo_de_idioma" - Especifica el idioma principal de los contenidos de la página
Descripción	Define la cabecera del documento HTML

La cabecera típica de una página HTML completa presenta la siguiente estructura:

```
<head>
  <!-- Zona de etiquetas META -->
      <meta http-equiv="Content-Type" content="text/html; charset=UTF-8" />
  <!-- Zona de título -->
      <title>El título del documento</title>
  <!-- Zona de recursos enlazados (CSS, RSS, JavaScript) -->
      <link rel="stylesheet" href="#" type="text/css" media="screen" />
      <link rel="stylesheet" href="#" type="text/css" media="print" />
      <link rel="alternate" type="application/rss+xml" title="RSS 2.0" href="#" />
  <script src="#" type="text/javascript"></script>
</head>
```

La etiqueta <title> establece el título de la página. Los navegadores muestran este título como título de la propia ventana del navegador. Los buscadores utilizan este título como título de sus resultados de búsqueda.

Por tanto, el valor de <title> no sólo es importante para los usuarios, sino que también es importante para que los usuarios encuentren las páginas a través de los buscadores. Un error común de muchos sitios web consiste en mostrar un mismo título genérico en todas sus páginas. Cada página debe mostrar un título corto, adecuado, único y que describa inequívocamente los contenidos de la página.

Los metadatos.

Una de las partes más importantes de la metainformación de la página son los metadatos, que permiten incluir cualquier información relevante sobre la propia página.

La especificación oficial de HTML no define la lista de metadatos que se pueden incluir, por lo que las páginas tienen libertad absoluta para definir los metadatos que consideren adecuados. La etiqueta empleada para la definición de los metadatos es <meta>.

<meta>	Metadatos
Atributos comunes	i18n
Atributos específicos	<ul><li>name = "texto" - El nombre de la propiedad que se define (no existe una lista oficial de propiedades) Valores: application-name, autor, description, generator, keywords.</li><li>content = "texto" - El valor de la propiedad definida (no existe una lista de valores permitidos)</li><li>http-equiv = "texto" - En ocasiones, reemplaza al atributo "name" y lo emplean los servidores para adaptar sus respuestas al documento.</li><li>charset= "texto" – Especifica la codificación de carácter para la página HTML.</li></ul>
Descripción	Permite definir el valor de los metadatos que forman la metainformación del documento

Los metadatos habituales utilizan solamente los atributos name y content para definir el nombre y el valor del metadato:

```
<meta name="autor" content="Pedro Sánchez" />
```

No obstante, algunas etiquetas <meta> muy utilizadas hacen uso del atributo http-equiv. Este atributo se utiliza para indicar que el valor establecido por este metadato puede ser utilizado por el servidor al entregar la página al navegador del usuario. El siguiente metadato indica al servidor que el contenido de la página es código HTML y su codificación de caracteres es UTF-8:

```
<meta http-equiv="Content-Type" content="text/html; charset=UTF-8" />
```

Definir el autor del documento:

```
<meta name="author" content="Juan Pérez" />
```

Definir el programa con el que se ha creado el documento:

```
<meta name="generator" content="WordPress 2.8.4" />
```

Definir la codificación de caracteres del documento:

```
<meta charset="UTF-8" />
```

Definir el copyright del documento:

```
<meta name="copyright" content="librosweb.es" />
```

Definir el comportamiento de los buscadores:

```
<meta name="robots" content="index, follow" />
```

Definir las palabras clave que definen el contenido del documento:

```
<meta name="keywords" content="diseño, css, hojas de estilos, web, html" />
```

Definir una breve descripción del sitio:

```
<meta name="description" content="Artículos sobre diseño web, usabilidad y accesibilidad" />
```

La etiqueta que define la codificación de los caracteres (http-equiv="Content-Type") se emplea prácticamente en todas las páginas y las etiquetas que definen la descripción (description) y las palabras clave (keywords) también son muy utilizadas.

El tipo de documento.

Para especificar que tipo de documento y versión de HTML una página web utiliza a un navegador, debemos utilizar la declaración **<!DOCTYPE>**, que no es propiamente un tag o etiqueta. Esta debe aparecer al principio del documento, antes de la etiqueta <html>. La declaración se realiza tal y como sigue:

```
<!DOCTYPE html>
```

18 – HTML Avanzado.

A lo largo del libro hemos ido viendo los diferentes aspectos que conforman una página web moderna. HTML en su versión más actual ofrece otras posibilidades que por la necesidad de conocimientos técnicos y/o de programación de script se escapan al alcance de este libro. No obstante pasamos a citarlas para que el usuario las conozca y empiece a familiarizarse con el tema.

- **Canvas**: HTML5 incorpora un interesante recurso denominado <canvas>. Esta etiqueta genera un espacio en la página web en el que se puede dibujar, empleando instrucciones creadas con JavaScript. Permite generar gráficos estáticos y animaciones. Fue implementado por Apple para su navegador Safari. Más tarde fue adoptado por otros navegadores y es adoptado por WHATWG. También existe la posibilidad de incorporar imágenes en formato SVG (abreviatura de Scalable Vector Graphics). Éste es un formato de imágenes vectorial basado en el formato XML.

- **Geolocalización**: el W3C proporciona toda una serie de funciones orientadas a poder localizar la situación del cliente al acceder a nuestra página web. Esto permite habilitar todo tipo de opciones, cuando se emplea, por ejemplo, con dispositivos móviles.

- **Almacenamiento web**: ahora es posible almacenar información en el ordenador del cliente y acceder a ella mediante diferentes técnicas. Esa información permanecerá disponible cuando el usuario vuelva a acceder a nuestra página web, con lo que se mejora el trabajo en diferentes sesiones.

- **Microdatos**: otro estándar complementario que nos permite definir etiquetas orientadas a dar claridad a un bloque de texto de nuestra página web. El objetivo es que los buscadores y los navegadores puedan emplear esa información para mejorar los resultados de búsqueda, localización de la información, etc. Es un paso más hacia la conocida web semántica, donde la información cobra un sentido más relevante.

- **File API, Writer**: también encontramos funciones para poder escribir archivos desde nuestra aplicación web, gestión de archivos, etc.

- **Web Workers**: otra novedad que permite ejecutar *scripts* independientemente del funcionamiento de la web. Podríamos ejecutar, por ejemplo, varias funciones *JavaScript* sin importarnos el funcionamiento de la página en ese momento.

- **ARIA**: ARIA viene de *Accessible Rich Internet Applications Suite* (conjunto de aplicaciones de Internet accesibles) y es una parte de la iniciativa WAI. Su objetivo es mejorar la accesibilidad en las aplicaciones modernas, con controles complejos. Proporciona, por ejemplo, un conjunto de términos estándar (roles) que podemos emplear para que los lectores de pantalla faciliten el acceso a personas con discapacidad o con alguna facultad reducida.

19 – Publicación.

El paso siguiente, una vez que nuestra web está terminada, es el de transferir los archivos a un servidor web para que pasen a estar disponibles para cualquier persona que quiera utilizarlos.

El modelo que se sigue es sencillo; para que una página pueda ser visualizada por cualquier persona solemos recurrir a los servidores web, por varios motivos:

- Un servidor web es un ordenador (simplificando un poco) que tiene presencia en Internet, es decir, que tiene una dirección IP asociada, además de un nombre fácilmente identificable asociado a esa dirección IP (del tipo www.elservidor.com). Con esto nos aseguramos de que lo que coloquemos en ese servidor será fácilmente localizable mediante una URL concreta, que se compondrá del nombre del servidor más los nombres de las carpetas que se nos asignen, generalmente.
- Un servidor web está permanentemente encendido, todas las horas del día durante todo el año. Imaginemos que vamos a consultar nuestro periódico favorito y nos encontramos con que no podemos hacerlo, porque alguien ha apagado el servidor que lo aloja. No es un modelo de funcionamiento que tenga sentido, ya que no se sabe a qué hora vendrán nuestros usuarios. Así que los servidores de Internet funcionan a todas horas.
- Un servidor web suele contar con un buen ancho de banda, capaz de dar respuesta a muchas peticiones simultáneas. Así, si nuestro sitio web se vuelve un éxito y tenemos centenares de visitas por minuto, el servidor será capaz de transmitir nuestras páginas a los usuarios correctamente. Si esto lo tuviésemos que hacer con nuestro ordenador, sería inviable y los usuarios no podrían acceder al sitio.

Los servidores web tienen instalado una aplicación denominada también **servidor de páginas web**, un programa que está permanentemente escuchando para ver si le llegan peticiones. Cuando un usuario desde su ordenador abre el navegador e intenta acceder a una página alojada en ese servidor, la aplicación recibirá la petición, localizará la página y los recursos asociados y se los transferirá al usuario (esto se hace mediante una serie de normas denominadas protocolo http, por eso se suele anteceder las direcciones web de http://), que a su vez verá la página en su navegador.

Hay diferentes aplicaciones para servir páginas web. Una de las más extendidas es Apache, que además es software libre, por lo que podríamos llegar a montar nuestro pequeño servidor de pruebas, si fuese necesario, aunque no es el caso.

La transferencia de ficheros.

Hasta aquí está claro, pero, ¿cómo envío mis archivos html, mis imágenes y mis cosas al servidor de páginas web? Aunque algunos servidores ofrecen métodos sencillos basados en el navegador, el método más extendido es transferir los archivos mediante un conjunto de normas identificadas como **protocolo de transferencia de archivos** (que son las siglas de **FTP**).

Este matiz nos indica que para enviar las páginas web al servidor, normalmente emplearemos una aplicación de transferencia FTP. En nuestro caso emplearemos para nuestras pruebas **Filezilla** http://filezilla-project.org/ , que es software libre y multiplataforma, por lo que la podremos utilizar sin coste alguno desde cualquier sistema operativo.

En la página de Filezilla encontraremos también para Windows una versión zip, que ni siquiera requiere instalación; basta con descomprimirla y ejecutarla.

Una vez descargada, procederemos a instalarla con los métodos habituales. Filezilla nos mostrará su pantalla inicial, recogida en la figura:

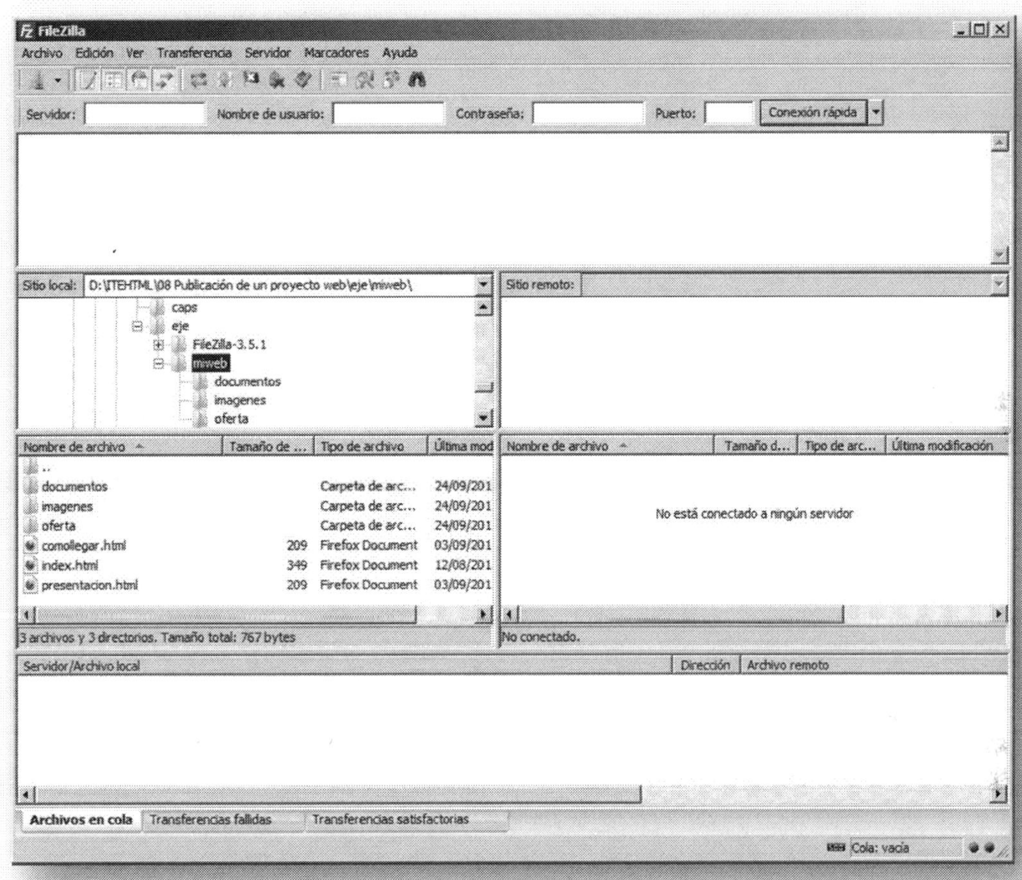

Tras elegir el idioma, podremos empezar a trabajar con normalidad. El espacio se distribuye de la siguiente manera:

En la parte izquierda encontramos un explorador de archivos que nos muestra el contenido de nuestro ordenador. Con él podremos desplazarnos hasta la carpeta que contiene nuestro sitio web.

La parte derecha nos mostrará las carpetas de nuestro servidor web. Allí aparecerán los archivos que hayamos transferido y podremos editarlos, modificarlos, borrarlos o realizar cualquier operación que necesitemos.

El panel superior presenta los mensajes que emite el servidor. Es información administrativa, que sólo nos interesará si se produce alguna incidencia.

En el panel inferior veremos información sobre las transferencias de archivos que queden pendientes, errores al transmitir algún archivo, etc.

Por tanto el procedimiento se resume en tres pasos:

1. Conectar con el servidor web, llamado normalmente el servidor remoto.

2. Seleccionar los archivos que nos interesan en el panel local, el panel de la izquierda.

3. Transferirlos al servidor, arrastrándolos hasta el panel derecho.

Tras realizar esos pasos, nuestra web estará ya visible desde la dirección http:// correspondiente.

Conectar con el servidor remoto.

Para conectar con un servidor remoto, previamente tenemos que tener una cuenta en ese servidor. Una cuenta es un nombre de usuario y contraseña, que nos darán acceso a una carpeta concreta del servidor.

En muchos casos nuestro proveedor de Internet nos facilita espacio web en sus servidores; en otros, lo hacen nuestras propias empresas de trabajo. Si no sucede así, siempre podremos recurrir a los servidores web gratuitos. Hay multitud de servidores web que facilitan espacios gratuitos con ciertas limitaciones o publicidad para las personas o empresas que quieren crear sus primeras páginas web. No pondremos ningún ejemplo, porque resulta tan sencillo como buscar servidor web gratuito en Internet.

Si buscamos servidores gratuitos en Internet, también encontraremos muchos resultados empleando el término inglés, hosting o host, que son los términos que se emplean para describir el alojamiento o el servidor web.

Independientemente del tipo de servidor por el que optemos, al final debemos contar con tres datos imprescindibles:

- **Dirección del servidor FTP**: la URL con la que accederemos al servidor.
- **Nombre de usuario**: el nombre de nuestra cuenta.
- **Contraseña**: la clave para acceder a la cuenta.

Con esos tres datos seremos capaces de conectarnos a nuestro servidor de ftp en el 99% de los casos. En ocasiones puede que nos indiquen un par de datos más:

- **Carpeta del servidor**: ruta en la que debemos subir los archivos. Casi nunca se indica porque el propio servidor ya nos lleva a la carpeta apropiada.
- **Puerto FTP**: en algunos servidores hay que indicar este número, que es punto en el que el servidor escucha las peticiones que le llegan para realizar transferencias FTP. Normalmente no se indica porque es casi siempre el número 21.

Volviendo a Filezilla, encontramos que la información anterior es la que podemos introducir directamente en la barra superior, recogida en la figura:

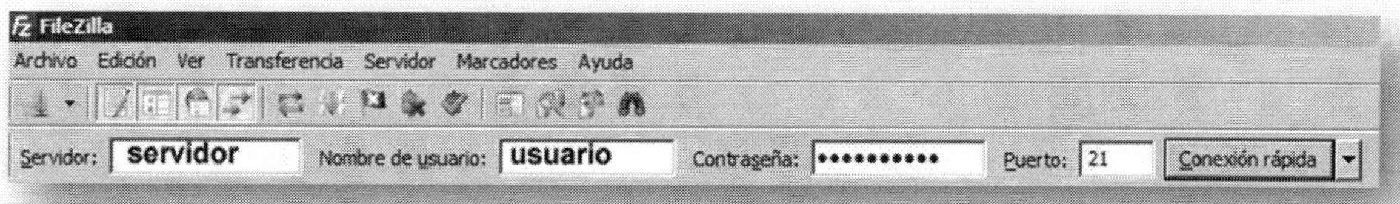

Al hacer clic en el botón Conexión rápida, Filezilla comenzará la conexión. Si los datos introducidos son correctos, en el panel de la derecha veremos ya las carpetas del servidor, con los archivos que pueda haber. Si hay algún problema, veremos mensajes de color rojo en el panel superior indicando la respuesta errónea por parte del servidor. La figura muestra una conexión correcta:

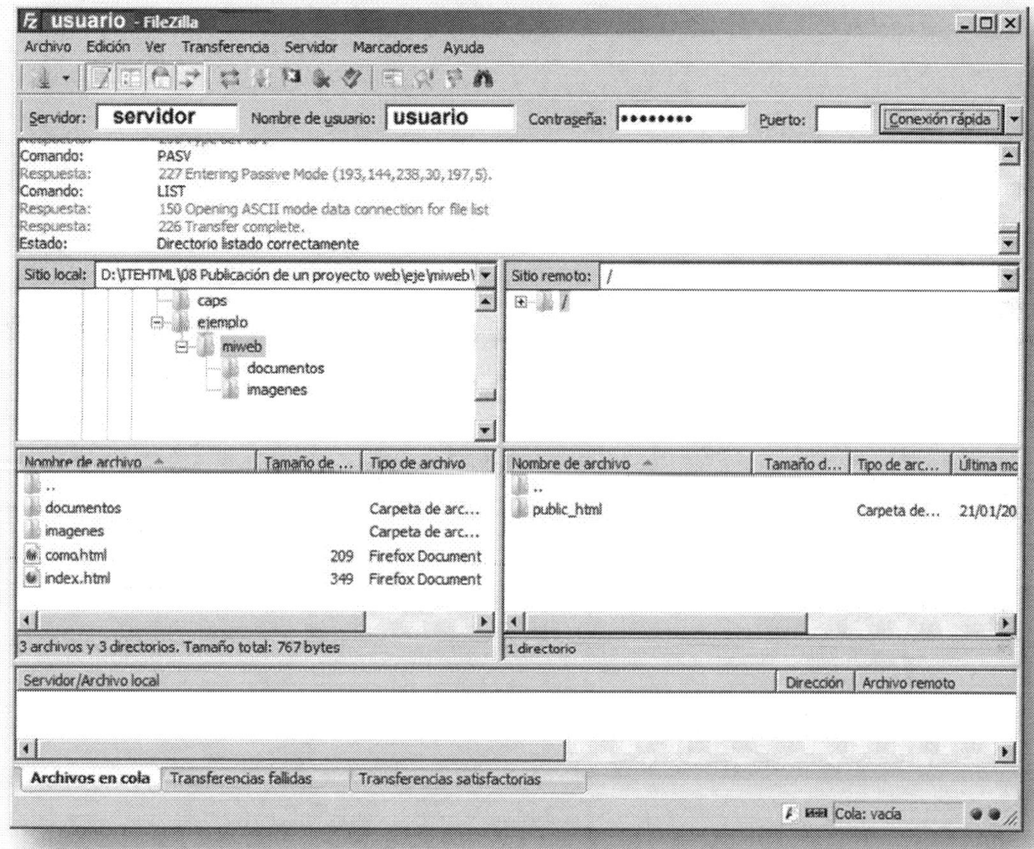

Transferir los archivos.

La transferencia de archivos consiste simplemente en arrastrar los archivos situados en la parte izquierda a la parte derecha. A esta transferencia se le suele llamar coloquialmente subir los archivos. Este proceso puede tardar un tiempo, si hemos empleado muchos archivos o muy grandes. El panel inferior nos va mostrando información del proceso.

Se guarda un registro de la transferencia en el panel inferior, indicado por Transferencias fallidas y Transferencias satisfactorias. En fallidas no debería haber ningún archivo, si todo ha ido bien.

Al finalizar, tendremos en el servidor remoto una copia exacta del contenido de nuestro ordenador.

En este proceso sólo necesitaremos tener una precaución: la estructura de los archivos debe mantenerse exactamente igual que la local, es decir, si habíamos distribuido los archivos por carpetas, debemos mantener el mismo sistema.

No debemos olvidar que nuestra página principal debe llamarse index.htm o index.html, ya que ésa será la que se cargue automáticamente por parte del servidor, cuando alguien acceda a nuestro espacio.

En este punto ya podemos acceder al navegador e introducir la dirección correspondiente para ver nuestro espacio web. La dirección nos la facilita también el servicio de almacenamiento que estemos empleando.

La siguiente imagen resumen los pasos del proceso a seguir.

ANEXOS

I – Usabilidad.

Llamamos **usabilidad** a la experiencia que tiene un usuario cuando interactúa con páginas de un web.

Un sitio web al cual le denominamos "usable", es aquel que de una manera clara un usuario entiende el contendio y navega por el web de una forma cómoda y sencilla.Aunque esto no es siempre fácil por problemas de contenido, un diseñador web siempre debe procurar realizar webs claros y fácilmente navegables por el usuario que nos va a visitar, de manera que el usuario disponga de la información que le queremos hacer llegar de una manera clara y sencilla.

La usabilidad es la combinación de los factores que afectan al usuario cuando interactua con las páginas web, estos pueden ser entre otros:

Facilidad de aprender. Las páginas web han de proporcionar a un usuario que nunca ha visto antes una página web o interfaz, la manera de navegar por nuestros contenidos y de ofrecerle nuestros productos de una manera rápida y sencilla.

Eficacia del uso. Una vez que un usuario ya ha experimentado o aprendido a utilizar el sistema o página web, cómo rápidamente puede él o ella lograr tareas.

Frecuencia y severidad del error. A menudo los usuarios producen errores mientras navegan por las páginas web, debemos analizar que tipo de errores se pueden producir y la manera de recuperar a ese cliente al que el sistema le ha fallado.

Navegación por nuestro web. Debemos plantearnos si nuestros visitantes están encontrando la información que nosotros queremos hacerles llegar, o si bién, si estos usuarios están lincando a secciones o páginas que no son tan importantes para nosotros como pueden ser nuestros productos, formularios de contacto, etc.

Las páginas web han de proporcionar a un usuario que nunca ha visto antes una página web o interfaz, la manera de navegar por nuestros contenidos y de ofrecerle nuestros productos de una manera rápida y sencilla.

Consejos de usabilidad

Lo principal es entender a los usuarios que nos visitan:

- Entienda quién es el usuario y analice cualquier característica relevante.
- Entienda las metas y los objetivos del usuario que visita nuestra página.
- Analice las situaciones que se presentan comúnmente como parte de las actividades normales del usuario.
- Entienda las exigencias y las preferencias del consumidor.
- Debe resolver metas y requisitos específicos del usuario. Su web debe permitir a los usuarios resolver sus requisitos totales de una manera que sea eficaz y eficiente.

- Estructure su interfaz y diseño de navegación de una manera que sea intuitiva a las metas del usuario, a las tareas y a los procesos de los usuarios.
- Dé la prioridad a las tareas y a las acciones de los usuarios de modo que estas acciones sean más fácilmente accesibles.
- Haga los objetos y los botones, etc obvios. Esto debe permitir a usuarios aprender y utilizar rápidamente y más eficientemente su sistema.
- Mantenga su diseño simple, no estorbe y no lo distraiga. No confunda ni pierda a sus usuarios y 'no fuerce' a sus usuarios a centrarse en las áreas de la pantalla que no son relevantes.
- Muestre a los usuarios que está haciendo el sistema y qué espera de ellos.

Reglas de usabilidad web

Existen 5 principales reglas que adaptadas a un web, se le puede considerar como un web usable.

Rápido. Un site sólo capta la atención de un usuario durante los primeros 8 segundos que el usuario esta delante de la página web, pasado este tiempo, si el usuario no encuentra la información que esta buscando, cancelará y se ira a otro web. Las páginas deben cargarse en una media de 4 segundos. Lo más que los usuarios esperarán en ver el contendio de una página web es de una media de 10 segundos. La mayoría de los usuarios disponen de moden para su acceso a internet, por lo que nuestras páginas deben de ser lo menos pesadas posibles con el fin de que los usuarios no esperen más tiempo de lo deseado. Si no estos cancelaran la visita.

Simple. Limite la navegación de su web a 6 y 8 páginas como mucho. Los estudios demuestran que es el número máximo que el usuario puede mantener en la memoria a corto plazo. Mantenga una navegación constante. No fuerce a los visitantes a aprender diversos caminos o esquemas para la navegación en diversas partes de su site. No abuse de la utilización de la animación, esto puede abrumar y cansar a la vista.

"Investigable". Los motores de búsqueda buscan el texto real. No prestan ninguna atención a los gráficos (incluso gráficos que parecen texto) y al código de programación (como el Javascript, usado para los menús y otros efectos especiales). Evite estas situaciones si desea que su web este bién posicionada en los buscadores.

Compatible. Los sites necesitan ser compatibles con todos los navegadores y ordenadores. Utilice HTML simple y llano siempre que sea posible, es el más compatible con todos los navegadores.

Actualizado. La manera más rápida para que un web pierda credibilidad es contener la información anticuada. Incluso cosas pequeñas como una fecha del copyright de "2000", etc, pueden dañar la credibilidad del web además de su contenido.

Colores y sus asociaciones naturales

Los colores definen el tipo de web de cara al usuario.

- El rojo se asocia a sangre, y a las sensaciones que son enérgicas, excitando, apasionado o erótico. La mayoría de los colores llevan implicaciones positivas y negativas. El downside del rojo evoca sensaciones agresivas, sugiriendo cólera o violencia.

-   El naranja es el color de la carne, o el calor amistoso del fuego del hogar. Las implicaciones positivas de este color sugieren el approachability. El lado negativo puede implicar accesibilidad al punto de sugerir que cualquier persona puede acercarse.

-   El amarillo es el color del sol. Este color es optimista, moderno. La energía del amarillo puede llegar a ser abrumadora. Por lo tanto el amarillo no debe ser un color que tienda a dominar en un web.

-   El verde, es positivo, sugiere la naturaleza (vida, bosques, plantas), vida, estabilidad.

-   El azul seriedad, espiritualidad, elegancia.

-   El violeta es el color de la fantasía, de la alegría, del impulso y de estados ideales. En su modo negativo, puede sugerir pesadillas, o locura.

Coloréelo blanco. Utilice el color blanco.

Este color actúa como equilibrio maravilloso entre los colores, hace las páginas agradables a la visión dejando espacio blanco, "da sensación de elegancia", espacio vacío entre los elementos de la página, especialmente si su sitio es rico en contenido (texto).

Cuando se proponga diseñar su página web, intente limitar su gama de colores a 2 o 3 colores importantes como mucho (con variaciones si procede de tonos). Los websites impotantes han limitado el uso de colores a 2 colores nada más.

Las fuentes en usabilidad

Las fuentes se utilizan para crear la mayoría de los tipos de elementos del web: títulos, descripciones, links, barras de la navegación, menús, botones, listas, tablas, etc.

En el código HTML, las fuentes se describen en términos de: forma, estilo, tamaño y color. Todos éstos atributos se pueden utilizar como cualidades editables dentro de la etiqueta FUENTE. A modo de ejemplo analicemos dos fuentes:

-   **Serif**: Estas fuentes tienen accesorios pequeños en las letras. En tipografía estándar, éstas son las letras preferidas para los bloques de texto grandes, puesto que las fuentes de texto Serifs se hacen más fácil de leer en líneas o párrafos largos.
-   **Sans-serif** - Versión Imprimible (Pdf): Estas fuentes consisten solamente en "linestrokes" y por lo tanto son más simples en la forma (e.g., Helvetica, Arial, Futura).
-   Utilice la **"negrita"** de forma no abusiva, este atributo es altamente visible y por lo tanto puede llegar a ser visualmente intrusiva y desagradable. El uso de "itálica" se puede utilizar para definir términos o para acentuar una palabra ocasionalmente, pero no debe ser frecuente el utilizarla, puesto que no es muy legible en la pantalla del ordenador y puede dar sensación de mareo.

Tamaño y color de fuente

El tamaño de fuente se puede especificar en código HTML en términos relativos o absolutos. Evite los tamaños de fuente absolutos, es decir, en vez de especificar una fuente como SIZE="14pt ", utilice SIZE="+1" o SIZE="200%".

Mejor todavía, utilice las etiquetas del estilo de HTML (e.g., H2), puesto que éstas etiquetas aplican estándares de tipografía para variar el tamaño del texto con incrementos equitativos.

El color de la fuente se refiere, por supuesto, al color usado para dibujar el texto. El color se debe elegir cuidadosamente, para maximizar la legibilidad contra su color de fondo. Si el fondo de su web es claro - que recomendamos - ésto significa un color negro o una fuente en un color oscuro para facilitar su legibilidad frente al usuario.

Si el color de fondo es oscuro, el texto será más difícil de leer, si no utilizamos un color para la fuente que contraste con este color de fondo; el color debe ser blanco, amarillo pálido, naranja pálido. Finalmente, no utilice demasiada variación de fuentes (Arial, Verdana, Times, etc), esto distraerá y corre el riesgo de que los usuarios no asimilen completamente su contenido.

Links, el camino más eficiente

Los link son el soporte de navegación más común de los website, recuerde que si los usuarios se sienten demasiado confusos, abandonarán su sitio web. Por lo tanto, es importante proporcionar ayudas estructurales claras a la navegación.

Apariencia de los links

Una web usa links para proporcionar el acceso rápido a otras partes del sitio:

- Para señalar e indicar a los usuarios las páginas con más información sobre el texto o el gráfico mencionado en el link.
- Para señalar a los usuarios una alternativa, en caso de que la página actual que están viendo no sea lo que él este buscando (éstos se expresan típicamente como " y además", o también, etc..).
- Los usuarios esperan que los links tengan un aspecto fiable.

Donde y como usar los links

El texto de los links se debe elegir cuidadosamente, puesto que su color y el subrayar automáticamente hacen de los links la manera más fiable de navegación.

Los links pueden ser extremadamente eficaces cuando destacan visualmente las palabras o los conceptos más importantes en la página, al mismo tiempo que proporcionan el acceso a más información sobre ellos. Evite las frases sin sentido como "haz click aquí" o "para ver la información sobre"; en su lugar, indíquele al usuario una frase corta que indique la información que se esconde "al otro lado".

Para mejorar la legibilidad de los links, subraye las palabras que realmente importan, no el título entero de un documento. Una atención especial es necesaria cuando los links aparecen en una lista. Agrupe los acoplamientos en categorías. Dentro de cada grupo, organice los links según su importancia frente al usuario.

Los links basados en nombres de gente, deben conducir a las biografías cortas o a sus propias webs, no a un email. La utilidad de un link es que ayudará al usuario a encontrar más información sobre el tema que esté buscando. Si usted desea incluir un link de email, muestre el email y no el nombre de la persona.

Hojas de estilos en la usabilidad

Las hojas de estilos en cascada (CSS) constituyen una de las grandes esperanzas para recuperar el ideal que tiene la web de separar la presentación del contenido.

Utilice una sola hoja de estilos para todas las páginas de su sitio, o unas pocas páginas css coordinadas si posee páginas con necesidades muy distintas: documentación técnica frente a páginas de marketing. Una de las principales ventajas de las hojas de estilos es la de asegurar la continuidad visual a medida que el usuario navega por el sitio.

Los sitios web deben tener la misma cohesión cuando todas las páginas del mismo se vinculen con la misma hoja de estilos. Existen dos formas implementar las hojas de estilos:

- Una hoja de estilos incrustada se incluye como parte de la página web en forma de líneas de código html adicionales.
- Una hoja de estilos vinculada se mantiene en un archivo separado, y cada página web que desee usar ese estilo posee un vínculo de hipertexto en su encabezado que señala o hace referencia a esa hoja de estilos.

El hacer referencia a un archivo externo css, le proporcionará la ventaja de actualizar sólo el contenido de esta página css que se propagará al resto de páginas las cuales hagan referencia a esta página css.

Sí utiliza una sola hoja de estilos para todo el sitio web, este archivo se descargará una sola vez, con lo que ahorraremos en tiempo de carga al pasar de una página a otra.

Tamaño de una página web

El tamaño (peso) de las páginas es crítico: la velocidad con la cual las páginas pueden ser descargadas y ser mostradas.

El tiempo de cuanto tardan las peticiones de un usuario en llegar a su pantalla ha sido el tema de muchas pruebas con usuarios en los últimos años. En general, el tiempo de carga debe ser menos de 10 segundos para tener la atención del usuario; si no, el usuario cancelará la sesión. Los estudios del peso de carga de la página también han probado que los webs que son más rápidos, consiguen más tráfico.

¿Cómo deben ser las páginas?

Asumimos que la mayoría de los usuarios tendrán acceso al web con un módem cable, fibra o ADSL. Esta tabla indica los tiempos y tamaños de las páginas para alcanzar ambos 1-segundos y de 10 segundos tiempos de descarga

Esto significa que los Web deben de ser de un tamaño menor de 150 KB donde sea posible. Además, cualquier archivo más grande de 250 KB debe ser separado hacia fuera y ser identificado al usuario como un archivo grande, preferiblemente con una indicación de aproximadamente como es de grande.

El tamaño total de la página incluye el tamaño de todos los gráficos utilizados, puesto que tendrán que ser descargados, también, a menos que se estén reutilizando (véase el uso de imágenes).

Uso de imágenes en la web

Uno de los factores que más dan que hablar es la inclusión de imágenes de todas las clases - las fotografías, diagrámas, ilustraciones, multimedia etc. Los usuarios culpan a las imágenes de muchos los problemas de carga y de utilidad que pueblan la red. Las imágenes atraen y distraen a usuarios por igual, es importante límitar los gráficos. La reducción de imágenes es una herramienta para asegurarse de que su web están en un tamaño apropiado (véase el tamaño de la página).

Reutilización de imágenes. Cuando usted utiliza una imágen, considere el reutilizarla en otras páginas. Los navegadores de hoy pueden guardar imágenes, lo que significa que no tiene que ser descargada otra vez la próxima vez una página se carge.

La reutilización también tiene la ventaja de dar al usuario un sentido de la familiaridad con su sitio. Dentro de un web, reutilice flechas, botones o iconos, intente que sus imágenes pesen lo menos posible, el usuario se lo agradecerá.

Animaciones en la web. Las animaciones son particularmente molestas y pueden conducir realmente a usuarios lejos de un web o de un sitio. No utilice la animación a menos que agregue verdad al significado de la información.

La animación puede ser una herramienta valiosa. El movimiento gratuito en las páginas del web, molesta a usuarios y no tiene encuenta el hecho de que muchos usuarios tienen viejas versiones de navegadores o no tienen los más nuevos sistemas de reproducción disponibles, (contrario a lo que creen algunos diseñadores, los usuarios no descargarán un plug-in nuevo, porque su página lo requiera).

El formato más eficiente para sus imágenes. Utilice siempre el formato más eficiente para sus imágenes. Para las fotografías, utilice el JPEG con tanta compresión como sea posible. Otros tipos de imágenes se deben almacenar usando formato del GIF. Usar un formato inadecuado puede doblar o triplicar el tamaño del archivo y del tiempo de la transferencia desde el servidor.

Reduzca la resolución de la imagen tanto como sea posible. La reducción en la resolución mejora la transferencia directa de la imagen. Una imagen debe ser muy de alta de resolución, si se piensa para imprimir solamente (puesto que las impresoras tienen una resolución mucho más alta).

Reduzca el número de colores. En lo posible, reduzca el número de colores. Muchos programas gráficos le permiten "posterizar" las fotos, de tal modo reduciendo los requisitos del color. Si usted utiliza muchas de imágenes, utilice una herramiental de compresión de imagen para reducir el tamaño de los archivos.

Incluya en la imágenes las cualidades en HTML que mejorarán el funcionamiento. Las cualidades explícitas del tamaño aceleran la exhibición del web, puesto que el navegador no tiene que realmente cargar la imagen para determinar cuánto espacio debe dejar para esta imagen. Utilice la ANCHURA y ALTURA para todas las imágenes. También agregue el ALT (descripción del gráfico) a cada imagen.

Los menús y el usuario

Muchos o casi todos los webs utilizan un menú, localizado típicamente en la parte superior de las páginas, este menú nos proporciona funcionalidad a la navegación. El menú puede incluir simplemente un número de links.

En general, los menús son la mejor manera de ayudar a usuarios a no perder de vista el contenido de nuestro web; puede también ser utilizado conjuntamente con otras ayudas de la navegación, tales como barras de navegación, para los sitios que son demasiado profundos o liosos.

Si los menús son necesarios, dispóngalos en la parte superior, ésta es la localización acostumbrada para los menús y lo que mejor reconoce el usuario.

Asegurese de que su menú funciona correctamente. Hay menús que aparecen y desaparecen espectacularmente mientras que los textos del menú no aparecen.

Títulos del menú

Los títulos del menú deben ser cortos, puesto que el menú se suele limitar en su anchura, hága los títulos lo más distintos como sean posible, así no liara al usuario. Recuerde que el propósito de los menús es dar acceso a los usuarios al resto de páginas así como a su información y no todo lo contrario.

El menú se debe ajustar a un formato definido, usando letras mayúsculas y minúsculas según proceda, en el mismo menú no se debe utilizar un párrafo con una font de letra Arial y en el mismo menú pero en otro parrafo una font de letra Times. Utilice un separador (línea horizontal) para distinguir una categoría de otra. Esto mejorará las opciones para el usuario de encontrar la información requerida.

Intente no utilizar los menús de varios niveles (de cascada). Los estudios con usuarios demuestran que los menús en cascada frustran a los usuarios. Estos menús fuerzan al usuario a memorizar el contentido de los menús y de cada submenú, con lo que cada vez les pondremos mas difícil el encontrar nuestroc productos en nuestro site.

II – Accesibilidad.

La **accesibilidad** es un derecho que posibilita a la persona a permanecer en lugar de forma autónoma y confortable. La accesibilidad web se refiere a la capacidad de acceso a la Web y a sus contenidos por todas las personas independientemente de la discapacidad (física, intelectual o técnica) que presenten o de las que se deriven del contexto de uso (tecnológicas o ambientales). Esta cualidad está íntimamente relacionada con la usabilidad.

La Organización Mundial de la Salud (OMS) recoje en sus informes un total de 600 millones de personas con discapacidad. El acceso de estas personas a la tecnología debe tenerse en cuenta en la construcción de una sociedad igualitaria.

Cuando los sitios web están diseñados pensando en la accesibilidad, todos los usuarios pueden acceder en condiciones de igualdad a los contenidos. Por ejemplo, cuando un sitio tiene un código HTML semánticamente correcto, se proporciona un texto equivalente alternativo a las imágenes y a los enlaces se les da un nombre significativo, esto permite a los usuarios ciegos utilizar lectores de pantalla o líneas Braille para acceder a los contenidos. Cuando los vídeos disponen de subtítulos, los usuarios con dificultades auditivas podrán entenderlos plenamente. Si los contenidos están escritos en un lenguaje sencillo e ilustrados con diagramas y animaciones, los usuarios con dislexia o problemas de aprendizaje están en mejores condiciones de entenderlos.

Si el tamaño del texto es lo suficientemente grande, los usuarios con problemas visuales puedan leerlo sin dificultad. De igual modo, el tamaño de los botones o las áreas activas adecuado puede facilitar su uso a los usuarios que no pueden controlar el ratón con precisión. Si se evitan las acciones que dependan de un dispositivo concreto (pulsar una tecla, hacer clic con el ratón) el usuario podrá escoger el dispositivo que más le convenga.

Limitaciones.

Las limitaciones en la accesibilidad de los sitios Web pueden ser:

- **Visuales**: En sus distintos grados, desde la baja visión a la ceguera total, además de problemas para distinguir colores (Daltonismo).
- **Motrices**: Dificultad o la imposibilidad de usar las manos, incluidos temblores, lentitud muscular, etc, debido a enfermedades como el Parkinson, distrofia muscular, parálisis cerebral, amputaciones...
- **Auditivas**: Sordera o deficiencias auditivas.
- **Cognitivas**: Dificultades de aprendizaje (dislexia, discalculia, etc) o discapacidades cognitivas que afecten a la memoria, la atención, las habilidades lógicas, etc.

Características de un sitio accesible.

- **Transformable**: La información y los servicios deben deben ser accesibles para todos y deben poder ser utilizados con todos los dispositivos de navegación.
- **Comprensible**: Contenidos claros y simples.
- **Navegable**: Mecanismos sencillos de navegación.

Pautas de accesibilidad Web.

El máximo organismo dentro de la jerarquía de Internet que se encarga de promover la accesibilidad es el World Wide Web Consortium (W3C), en especial su grupo de trabajo Web Accessibility Initiative (WAI). En 1999 el WAI publicó la versión 1.0 de sus pautas de accesibilidad Web. Con el paso del tiempo se han convertido en un referente internacionalmente aceptado. En diciembre del 2008 las WCAG 2.0 fueron aprobadas como recomendación oficial. Estas pautas se dividen en tres bloques:

- Pautas de Accesibilidad al Contenido en la Web (**WCAG**). Están dirigidas a los webmasters e indican cómo hacer que los contenidos del sitio Web sean accesibles.
- Pautas de Accesibilidad para Herramientas de Autor (**ATAG**). Están dirigidas a los desarrolladores del software que usan los webmasters, para que estos programas faciliten la creación de sitios accesibles.
- Pautas de Accesibilidad para Agentes de Usuario (**UAAG**). Están dirigidas a los desarrolladores de Agentes de usuario (navegadores y similares), para que estos programas faciliten a todos los usuarios el acceso a los sitios Web.

Beneficios.

Los principales beneficios4 que ofrece la accesibilidad web.

- **Aumenta el número de potenciales visitantes de la página web**: esta es una razón muy importante para una empresa que pretenda captar nuevos clientes. Cuando una página web es accesible no presenta barreras que dificulten su acceso, independientemente de las condiciones del usuario. Una página web que cumple los estándares es más probable que se visualice correctamente en cualquier dispositivo con cualquier navegador.
- **Disminuye los costes de desarrollo y mantenimiento**: aunque inicialmente aprender a hacer una página web accesible supone un coste (igual que supone un coste aprender a utilizar cualquier tecnología nueva), una vez se tienen los conocimientos, el coste de desarrollar y mantener una página web accesible es menor que frente a una no accesible, ya que una página web accesible es una página bien hecha, menos propensa a contener errores y más sencilla de actualizar.
- **Reduce el tiempo de carga de las páginas web y la carga del servidor web**: al separar el contenido de la información sobre la presentación de una página web mediante CSS se logra reducir el tamaño de las páginas web y, por tanto, se reduce el tiempo de carga de las páginas web.
- **Aumenta la usabilidad de la página web**: esto también implica indirectamente, que la página podrá ser visualizada desde cualquier navegador.
- **Demostramos que nos implicamos socialmente**.

Requisitos del nivel A de accesibilidad.

Los requisitos de accesibilidad que exige el nivel A son los siguientes:

- Proporcionar un texto alternativo para todas las imágenes, objetos y otros elementos no textuales (mediante los atributos alt y longdesc).
- Asegurar que toda la información que utilice el color como elemento informativo pueda ser entendida por las personas o dispositivos que no pueden distinguir los colores.
- Marcar claramente (mediante los atributos lang) las variaciones del idioma del texto o de los elementos textuales (<caption>) respecto del idioma principal de la página.
- El documento debe poder leerse completamente cuando no se utilicen hojas de estilos.
- La información equivalente para los contenidos dinámicos debe adaptarse a los cambios de los contenidos dinámicos.
- Ningún elemento debe parpadear en la pantalla.
- El contenido del sitio se debe escribir con un lenguaje sencillo y limpio.
- Si se utilizan mapas de imagen. Proporcionar un enlace textual por cada una de las regiones del mapa de imagen. Utilizar mapas de imagen en el cliente, en vez de mapas de imagen de servidor.
- Si se utilizan tablas. Utilizar cabeceras de fila y de columna. Si la tabla tiene varios niveles de cabeceras, utilizar las agrupaciones disponibles (<thead>, <tfoot>).
- Si se utilizan scripts. Asegurar que la página también se pueda utilizar cuando no se ejecutan los applets y los scripts. Si no es posible, proporcionar informaciones equivalente o páginas alternativas que sean accesibles.
- Si se utilizan contenidos multimedia (audio y vídeo). Incluir una descripción textual del contenido multimedia.
- Para los contenidos basados en vídeo o animaciones, sincronizar las alternativas textuales con la presentación.
- Si no se pueden cumplir los anteriores requisitos, proporcionar una página alternativa con la mayor cantidad posible de contenidos y que cumpla con los requisitos anteriores.

La lista completa con todos los requisitos de los tres niveles de accesibilidad se puede consultar en http://www.w3.org/TR/WCAG10/full-checklist.html

Herramientas en español de comprobación de la accesibilidad.

- TAW: http://www.tawdis.net/
- HERA: http://www.sidar.org/hera/
- eXaminator: http://examinator.ws/
- INTAV: http://www.inteco.es/checkAccessibility/Accesibilidad/

III – Otras tecnologías.

Para la creación de una aplicación web completa, es necesario además de la parte del diseño, que hemos aprendido a lo largo del libro con HTML y CSS, otras tecnologías que nos ofrezcan posibilidades como una mayor interacción en local, la manipulación de datos o la aplicación de reglas de negocio.

Estas tecnologías las podemos dividir en dos grandes grupos dependiendo del lugar donde se desarrollen. Aquellas que se despliegan del lado del navegador web y las que se desarrollan en el lado del servidor. Aunque la línea que separa estos dos lados sea cada vez más fina, esta división es todavía válida.

Tecnologías locales o del lado del cliente.

Estas tecnologías buscan facilitar una mayor y mejor interactividad ofreciendo al usuario una experiencia más grata en el uso de la aplicación web. Destaca fundamentalmente el lenguaje Javascript.

JavaScript es un lenguaje de programación interpretado, dialecto del estándar ECMAScript. Se define como orientado a objetos,3 basado en prototipos, imperativo, débilmente tipado y dinámico.

JavaScript se diseñó con una sintaxis similar al C, aunque adopta nombres y convenciones del lenguaje de programación Java. Sin embargo Java y JavaScript no están relacionados y tienen semánticas y propósitos diferentes.

Todos los navegadores modernos interpretan el código JavaScript integrado en las páginas web. Para interactuar con una página web se provee al lenguaje JavaScript de una implementación del Document Object Model (DOM).

Tecnologías del lado del servidor.

Estas tecnologías se utilizan para el manejo del negocio de la aplicación y el acceso a los datos. Entre ellas destacan los siguientes lenguages según su popularidad:

PHP es un acrónimo recursivo que significa PHP Hypertext Pre-processor (inicialmente PHP Tools, o, Personal Home Page Tools). Fue creado originalmente por Rasmus Lerdorf en 1994; sin embargo la implementación principal de PHP es producida ahora por The PHP Group y sirve como el estándar de facto para PHP al no haber una especificación formal. Publicado bajo la PHP License, la

Free Software Foundation considera esta licencia como software libre.

Puede ser desplegado en la mayoría de los servidores web y en casi todos los sistemas operativos y plataformas sin costo alguno. El lenguaje PHP se encuentra instalado en más de 20 millones de sitios web y en un millón de servidores, el número de sitios en PHP ha compartido algo de su preponderante dominio con otros nuevos lenguajes no tan poderosos desde agosto de 2005. El sitio web de Wikipedia está desarrollado en PHP. Es también el módulo Apache más popular entre las computadoras que utilizan Apache como servidor web.

El gran parecido que posee PHP con los lenguajes más comunes de programación estructurada, como C y Perl, permiten a la mayoría de los programadores crear aplicaciones complejas con una curva de aprendizaje muy corta. También les permite involucrarse con aplicaciones de contenido dinámico sin tener que aprender todo un nuevo grupo de funciones.

Aunque todo en su diseño está orientado a facilitar la creación de sitios webs, es posible crear aplicaciones con una interfaz gráfica para el usuario, utilizando la extensión PHP-Qt o PHP-GTK. También puede ser usado desde la línea de órdenes, de la misma manera como Perl o Python pueden hacerlo; a esta versión de PHP se la llama PHP-CLI (Command Line Interface).

Cuando el cliente hace una petición al servidor para que le envíe una página web, el servidor ejecuta el intérprete de PHP. Éste procesa el script solicitado que generará el contenido de manera dinámica (por ejemplo obteniendo información de una base de datos). El resultado es enviado por el intérprete al servidor, quien a su vez se lo envía al cliente. Mediante extensiones es también posible la generación de archivos PDF, Flash, así como imágenes en diferentes formatos.

Permite la conexión a diferentes tipos de servidores de bases de datos tales como MySQL, PostgreSQL, Oracle, ODBC, DB2, Microsoft SQL Server, Firebird y SQLite.

PHP también tiene la capacidad de ser ejecutado en la mayoría de los sistemas operativos, tales como Unix (y de ese tipo, como Linux o Mac OS X) y Microsoft Windows, y puede interactuar con los servidores de web más populares ya que existe en versión CGI, módulo para Apache, e ISAPI.

Java es un lenguaje de programación de alto nivel orientado a objetos, desarrollado por James Gosling en 1995. El lenguaje en sí mismo toma mucha de su sintaxis de C, Cobol y Visual Basic, pero tiene un modelo de objetos más simple y elimina herramientas de bajo nivel, que suelen inducir a muchos errores, como la manipulación directa de punteros o memoria. La memoria es gestionada mediante un recolector de basura.

Las aplicaciones Java están típicamente compiladas en un bytecode, aunque la compilación en código máquina nativo también es posible. En el tiempo de ejecución, el bytecode es normalmente interpretado o compilado a código nativo para la ejecución, aunque la ejecución directa por hardware del bytecode por un procesador Java también es posible.

La implementación original y de referencia del compilador, la máquina virtual y las bibliotecas de clases de Java fueron desarrollados por Sun Microsystems en 1995. Desde entonces, Sun ha controlado las especificaciones, el desarrollo y evolución del lenguaje a través del Java Community Process, si bien otros han desarrollado también implementaciones alternativas de estas tecnologías de Sun, algunas incluso bajo licencias de software libre.

Entre diciembre de 2006 y mayo de 2007, Sun Microsystems liberó la mayor parte de sus tecnologías Java bajo la licencia GNU GPL, de acuerdo con las especificaciones del Java Community Process, de tal forma que prácticamente todo el Java de Sun es ahora software libre aunque la biblioteca de clases de paginas web comprendidas en las librerias de objetacion de objetos para ser compilados como aplicaciones comprimidas no estan totalmente acopladas de acuerdo con Sun que dice que se requiere un interprete para ejecutar los programas de Java.

Python es un Lenguaje de programación interpretado cuya filosofía hace hincapié en una sintaxis muy limpia y que favorezca un código legible.

Python fue creado a finales de los ochenta2 por Guido van Rossum en el Centro para las Matemáticas y la Informática (CWI, Centrum Wiskunde & Informatica), en los Países Bajos, como un sucesor del lenguaje de programación ABC, capaz de manejar excepciones e interactuar con el sistema operativo Amoeba.

Se trata de un lenguaje de programación multiparadigma ya que soporta orientación a objetos, programación imperativa y, en menor medida, programación funcional. Es un lenguaje interpretado, usa tipado dinámico, es fuertemente tipado y multiplataforma.

Es administrado por la Python Software Foundation. Posee una licencia de código abierto, denominada Python Software Foundation License,1 que es compatible con la Licencia pública general de GNU a partir de la versión 2.1.1, e incompatible en ciertas versiones anteriores.

Ruby es un lenguaje de programación interpretado, reflexivo y orientado a objetos, creado por el programador japonés Yukihiro "Matz" Matsumoto, quien comenzó a trabajar en Ruby en 1993, y lo presentó públicamente en 1995. Combina una sintaxis inspirada en Python y Perl con características de programación orientada a objetos similares a Smalltalk. Comparte también funcionalidad con otros lenguajes de programación como Lisp, Lua, Dylan y CLU. Ruby es un lenguaje de programación interpretado en una sola pasada y su implementación oficial es distribuida bajo una licencia de software libre.

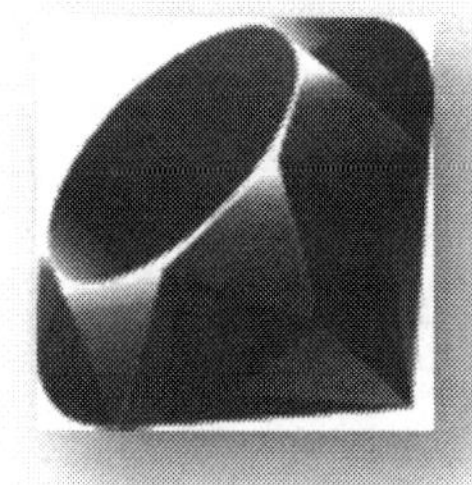

IV – Solución de ejercicios.

UD2 – ACTIVIDAD 1: Manejo de párrafos, líneas y espacios.	
TIPO	Desarrollo
OBJETIVOS	Practicar las etiquetas P, BR, HR y la introducción de espacios en blanco.
RECURSOS	Editor de texto y navegador web.
SOLUCIÓN	

```
<HTML>
<HEAD>
     <TITLE>Ejercicio UD2</TITLE>
</HEAD>
<BODY>
     <H1>Dibujo de un ROMBO</H1>
     <HR/>
     <P>A continuación mostraré mi habilidad en el uso de etiquetas P, HR, BR y de espacios
en blanco para dibujar un rombo.<BR/>
     Este ejercicio requiere total concentración.</P>
     <HR/>
     <P>          *<BR>
        ***<BR>
      *****<BR>
    *******<BR>
  *********<BR>
***********<BR>
  *********<BR>
    *******<BR>
      ^^^^^<BR>
        ***<BR>
          * </P>

</BODY>
</HTML>
```

UD2 – ACTIVIDAD 2: Manejo de párrafos, líneas y espacios.	
TIPO	Desarrollo
OBJETIVOS	Practicar las etiquetas P, BR, HR y la introducción de espacios en blanco.
RECURSOS	Editor de texto y navegador web.
SOLUCIÓN	

```
<HTML>
<HEAD>
     <TITLE>Ejercicio UD2</TITLE>
</HEAD>
<BODY>
     <H1>Dibujo de una VENTANA</H1>
     <HR/>
     <P>A continuación mostraré mi habilidad en el uso de etiquetas P, HR, BR y de espacios
en blanco para dibujar una ventana abstracta.</P>
     <HR/>
     ====================<BR>
     ||      |      | p;     |  ()  |    &
```

```
nbsp; |      |      ;||<BR>
        ||      |      |     |  ()  |      |      |      ;||<BR>
        ||      |      |     |  ()  |      |      |      ;||<BR>
        ||      |      |     |  ()  |      |      |      ;||<BR>
        ||      |      |     |  ()  |      |      |      ;||<BR>
        ||      |      |     |  ()  |      |      |      ;||<BR>
        ||      |      |  ()  |  ()  |  ()  |     |     ||<BR>
        ||      |  ()  |      |  ()  |       |  ()  |     ||<BR>
        ||  ()  |       |      |  ()  |       |      |  () ||<BR>
        =========================<BR>


</BODY>
</HTML>
```

<table>
<tr><td colspan="2">UD3 – ACTIVIDAD 1: Utilización de etiquetas específicas de formato.</td></tr>
<tr><td>TIPO</td><td>Desarrollo</td></tr>
<tr><td>OBJETIVOS</td><td>Practicar las etiquetas STRONG,I, SUB, SUP, etc.</td></tr>
<tr><td>RECURSOS</td><td>Editor de texto y navegador web.</td></tr>
<tr><td colspan="2" align="center">SOLUCIÓN</td></tr>
</table>

```
<HTML>
<HEAD><TITLE>Ejercicio de fórmula matemática.</TITLE></HEAD>
<BODY>
        <H2>Ecuación matemática.</H2>
        <P>Para resolver la <i>ecuación matemática</i> debemos aplicar la siguiente
<strong>fórmula</strong>:</P>
        <BR />
                  y<SUP>3</SUP>-
2*z<BR />
      x =-------------<BR/>
          2<SUP>y-z</SUP> <BR/>
</BODY>
</HTML>
```

UD4 – ACTIVIDAD 1: Uso de listas en HTML.

TIPO	Desarrollo
OBJETIVOS	Practicar el uso de las etiquetas OL, UL, DT, DD, LI.
RECURSOS	Editor de texto y navegador web.

SOLUCIÓN

```html
<HTML>
    <HEAD>
            <TITLE>Listas  numeradas inversas</TITLE>
    </HEAD>
    <BODY>
            <P>Platos preferidos:</P>
            <OL reversed="false">
                    <LI> Patatas bravas </LI>
                    <LI> Crepes </LI>
                    <LI> Cuscus</LI>
                    <LI> Paella </LI>
            </OL>
    </BODY>
</HTML>
```

UD5 – ACTIVIDAD 1: Tren de páginas web.

TIPO	Desarrollo
OBJETIVOS	Practicar el uso de enlaces internos.
RECURSOS	Editor de texto y navegador web.

SOLUCIÓN

```html
<HTML>
    <HEAD>
            <TITLE>Tren de enlaces.</TITLE>
    </HEAD>
    <BODY>
            <H1>Página 1</H1>
            <BR/>
            <A href="5.html"><--</A>
                      
            <A href="2.html">--></A>
    </BODY>
</HTML>

<HTML>
    <HEAD>
            <TITLE>Tren de enlaces.</TITLE>
    </HEAD>
    <BODY>
            <H1>Página 2</H1>
            <BR/>
            <A href="1.html"><--</A>
                      
            <A href="3.html">--></A>
    </BODY>
</HTML>

<HTML>
    <HEAD>
```

```
                <TITLE>Tren de enlaces.</TITLE>
        </HEAD>
        <BODY>
                <H1>Página 3</H1>
                <BR/>
                <A href="2.html"><--</A>
                          
                <A href="4.html">--></A>
        </BODY>
</HTML>

<HTML>
        <HEAD>
                <TITLE>Tren de enlaces.</TITLE>
        </HEAD>
        <BODY>
                <H1>Página 4</H1>
                <BR/>
                <A href="3.html"><--</A>
                          
                <A href="5.html">--></A>
        </BODY>
</HTML>

<HTML>
        <HEAD>
                <TITLE>Tren de enlaces.</TITLE>
        </HEAD>
        <BODY>
                <H1>Página 5</H1>
                <BR/>
                <A href="4.html"><--</A>
                          
                <A href="1.html">--></A>
        </BODY>
</HTML>
```

UD5 – ACTIVIDAD 2: Enlaces a periódicos.	
TIPO	Desarrollo
OBJETIVOS	Practicar el uso de enlaces externos y de correo electrónico.
RECURSOS	Editor de texto y navegador web.
SOLUCIÓN	

```
<HTML>
        <HEAD>
                <TITLE>Ejercicio de enlaces a periódicos.</TITLE>
        </HEAD>
        <BODY>
                <P>Periódicos por países:</P>
                <UL>
                        <LI> España </LI>
                        <OL>
                                <LI><A href="http://www.elpais.es">El país</A></LI>
                                <LI><A href="http://www.elmundo.es">El mundo</A></LI>
                                <LI><A href="http://www.marca.es">Marca</A></LI>
                                <LI><A href="http://www.publico.es">Público</A></LI>
```

```
                        </OL>
                        <LI> Francia </LI>
                        <OL>
                                <LI><A href="http://www.lemonde.fr">Le monde</A></LI>
                                <LI><A href="http://www.lefigaro.fr">Le figaro</A></LI>
                        </OL>
                        <LI> Reino Unido </LI>
                        <LI> Italia</LI>
                </UL>
                <BR/>
                <P>Si tienes alguna sugerencia de enlace, envíala a través de este enlace: <A
        href="mailto:sugerencias@yahoo.es">Sugerencias</A></P>
        </BODY>
</HTML>
```

UD7 – ACTIVIDAD 3: Tablas anidadas.	
TIPO	Desarrollo
OBJETIVOS	Practicar el uso de tablas.
RECURSOS	Editor de texto y navegador web.
SOLUCIÓN	

```
<HTML>
        <HEAD>
                <TITLE>Tablas</TITLE>
        </HEAD>
        <BODY>
                <table border="3">
                        <tr>
                                <td>1</td>
                                <td>
                                        <table border="3">
                                                <tr>
                                                        <td>2.1</td>
                                                        <td>2.2</td>
                                                </tr>
                                                <tr>
                                                        <td>2.3</td>
                                                        <td>2.4</td>
                                                </tr>
                                        </table>
                                </td>
                        </tr>
                        <tr>
                                <td>3</td>
                                <td>4</td>
                                <td>5</td>
                        </tr>
                        <tr>
                                <td>6</td>
                                <td>7</td>
                        </tr>
                </table>
        </BODY>
</HTML>
```

UD9 – ACTIVIDAD 1: Trabajo con estilos.	
TIPO	Desarrollo
OBJETIVOS	Practicar el uso de la etiqueta SPAN.
RECURSOS	Editor de texto y navegador web.
SOLUCIÓN	

A continuación se muestra la solución para los estilos dentro de las etiquetas.

```
<HTML>
      <HEAD><TITLE>Clases</TITLE></HEAD>
      <BODY>
            <h1>Ejemplo de uso de span</h1>
            <hr>
            <p>Cada letra de la palabra <span style="color:red;">H</span><span
style="color:green;">T</span><span  style="color:blue;">M</span><span
style="color:marron;">L</span> debe tener un color diferente.</p>
      </BODY>
</HTML>
```

UD14 – ACTIVIDAD 1: Trabajo con formularios.	
TIPO	Desarrollo
OBJETIVOS	Practicar el desarrollo de formularios.
RECURSOS	Editor de texto y navegador web.
SOLUCIÓN	

```
<HTML>
    <HEAD><TITLE>Ejercicio formulario</TITLE></HEAD>
    <BODY>
     <h3>Rellena tu CV</h3>
     <form action="recogerdatos.php" method="post" enctype="multipart/form-data">
          Nombre      <input  type="text"  name="nombre"  value=""  size="20"
              maxlength="30" /><br/>
          Apellidos    <input   type="text"   name="apellidos"   value=""   size="40"
              maxlength="80" />
          <br/>
          Contraseña    <input   type="password"   name="contrasena"   value=""
              maxlength="10" />
          <br/>
          DNI  <input type="text" name="dni" value="" size="10" maxlength="9" />
          <br/>
          Sexo  
          <input type="radio" name="sexo" value="hombre" checked="checked" /> Hombre
             
          <input type="radio" name="sexo" value="mujer" /> Mujer
          <br/><br/>
          Incluir mi foto <input type="file" name="foto" />
          <br/><br/>
          <input  name="suscribir"  type="checkbox"  value="suscribir"  checked="checked"/>
          Suscribirme al boletín de novedades
          <br/><br/>
          <input type="submit" name="enviar" value="Guardar cambios" />
          <input type="reset" name="limpiar" value="Borrar los datos introducidos" />
     </form>
    </BODY>
</HTML>
```

UD14 – ACTIVIDAD 2: Organizando formularios.	
TIPO	Desarrollo
OBJETIVOS	Practicar la organización de los campos de los formularios.
RECURSOS	Editor de texto y navegador web.
SOLUCIÓN	

```
<HTML>
      <HEAD>
              <TITLE>Ejercicio Organización Formulario</TITLE>
      </HEAD>
      <BODY>
       <h3>Información sobre el producto</h3>
       <form action="productos.php" method="post" enctype="multipart/form-data">
        <fieldset>
              <legend>Datos básicos</legend>
              <label for="nombre">Nombre</label>   <input type="text" name="nombre"
                    id="nombre" size="50" maxlength="250" />
              <br/>
              <label for="descripcion">Descripción</label> <br/>
              <textarea name="descripcion" id="descripcion" cols="40" rows="5"></textarea>
              <br/>
              Foto <input type="file" name="foto" />
              <br/><br/>
              <input name="contador" type="checkbox" value="si" /> Añadir contador de visitas
        </fieldset>
        <fieldset>
              <legend>Datos económicos</legend>
              <label for="precio">Precio</label>
              <input type="text" size="5" id="precio" name="precio" /> &euro;
                   
              <label for="impuestos">Impuestos</label>
              <select id="impuestos" name="impuestos">
                      <option value="4">4%</option>
                      <option value="7">7%</option>
                      <option value="16">16%</option>
                      <option value="25">25%</option>
              </select>
              <br/>
              <label>Promoción</label> <br/>
              <input type="radio" name="promocion" value="ninguno" checked="checked" />
              Ninguno <br/>
              <input type="radio" name="promocion" value="portes" /> Transporte gratuito <br/>
              <input type="radio" name="promocion" value="descuento" /> Descuento 5%
        </fieldset>
        </form>
        </BODY>
</HTML>
```

UD15 – ACTIVIDAD 1: Trabajo con iframes.	
TIPO	Desarrollo
OBJETIVOS	Practicar el uso de iframes.
RECURSOS	Editor de texto y navegador web.
ENUNCIADO DE LA ACTIVIDAD	

```html
<HTML>
      <HEAD>
              <TITLE>Ejercicio de iframe.</TITLE>
      </HEAD>
      <BODY>
              <h1>Favoritos HTML</h1>
              <table style="border: 1px solid #666666;background-
color:black;width:100%;height:90%;">
                      <tr>
                              <td><iframe src="http://www.wikipedia.com" width="500"
height="320"></iframe></td>
                              <td><iframe src="http://www.w3.org/" width="500" height="320"
></iframe></td>
                              <td><iframe src="http://caniuse.com/" width="500" height="320"
></iframe></td>
                      </tr>
                      <tr>
                              <td colspan="3"><br/></td>
                      </tr>
                      <tr>
                              <td><iframe src="http://html5test.com" width="500" height="320"
></iframe></td>
                              <td><iframe src="http://www.w3schools.com" width="500"
height="320" ></iframe></td>
                              <td><iframe src="http://www.csszengarden.com" width="500"
height="320" ></iframe></td>
                      </tr>
              </table>
      </BODY>
</HTML>
```

V – Recursos útiles.

Disponer de una buena colección de recursos realmente útiles es una de las características que diferencian a los diseñadores web profesionales del resto.

Extensiones de los navegadores.

En cada navegador web moderno podemos instalar complementos y extensiones que nos ayudan a realizar determinadas tareas. En el ámbito del desarrollo web contamos con extensiones muy útiles. Cada navegador tiene su propio método de instalación de extensiones pero, en todo caso, son sencillos de aplicar.

Firebug para **Firefox** es una herramienta perfecta para saber lo que sucede en el navegador. Nos permitirá ver cómo se están aplicando los estilos, por qué no funciona un determinado script de JavaScript, etc.

Antes de que existiera Firebug, la extensión **Web Developer** era la más útil para los diseñadores web. Se trata de una barra que se instala junto con el resto de herramientas del navegador y que básicamente se puede utilizar para obtener información sobre la página:

Además de proporcionar información, la extensión Web Developer incluye utilidades que Firebug todavía no incorpora, como la redimensión de la ventana del navegador a las dimensiones más utilizadas, recuadrar todos los elementos de un determinado tipo (celdas de tabla, divs, etc.), mostrar una lupa, una regla redimensionable, mostrar los elementos de tipo hidden, mostrar la ruta de cada imagen, etc.

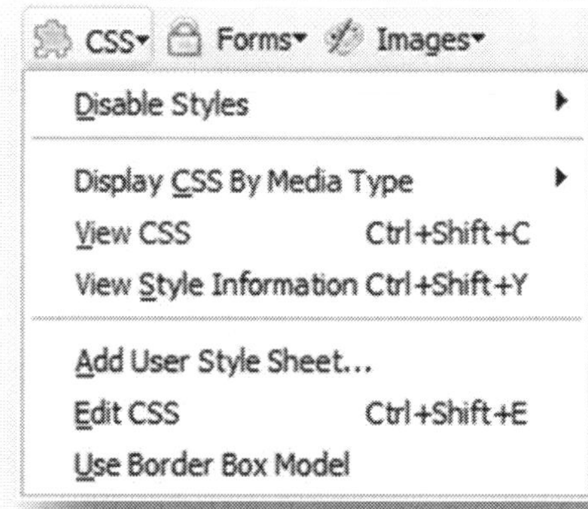

Una buena práctica, y un requisito impuesto por muchos clientes, es que las páginas HTML creadas sean válidas y por tanto, pasen el validador de HTML y de CSS disponible en el W3C. Para facilitar la validación de las páginas, la extensión **HTML Validator** indica en todo momento los errores y las recomendaciones sobre el código HTML de la página que muestra el navegador.

Junto a las anteriores, que es casi indispensable, encontramos otras muchas para seleccionar colores, medir dimensiones, capturar pantallas, etc. En el caso de Firefox encontraremos una nutrida lista en esta dirección: https://addons.mozilla.org/es/firefox/extensions/web-development/

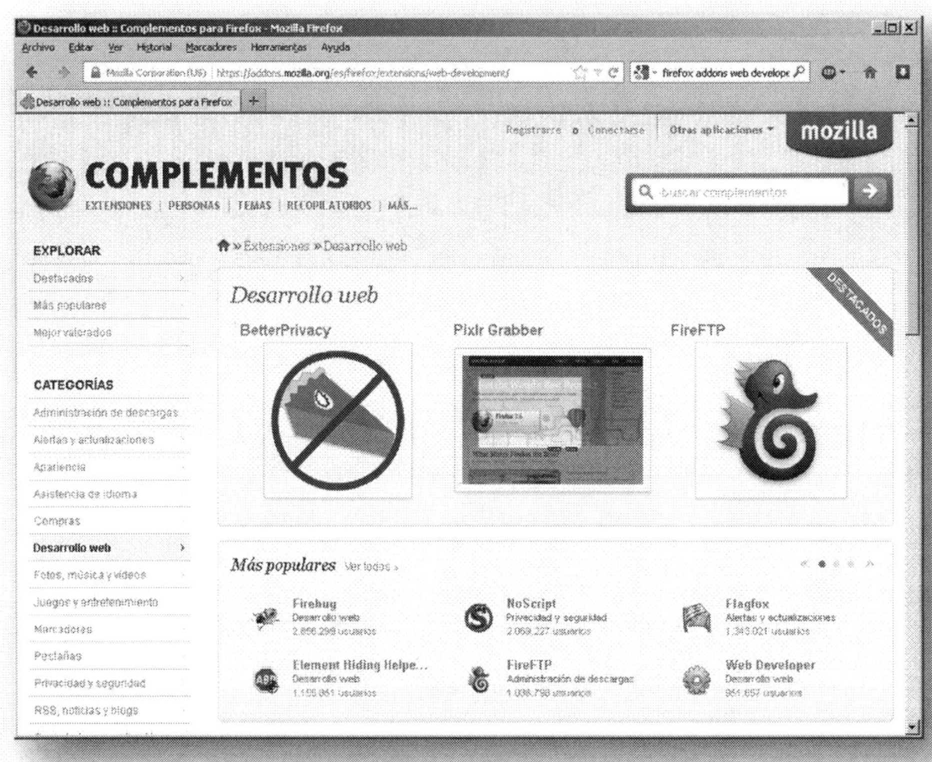

Otras extensiones:

ColorZilla: permite obtener el color de cualquier elemento de la página mediante una herramienta similar a la de los programas de diseño gráfico.

MeasureIt: permite medir la altura y anchura de cualquier elemento de la página.

View Source With: permite elegir el programa o editor con el que se muestra el código fuente de la página y los archivos CSS y JavaScript.

Screengrab: permite guardar una página entera como una imagen. Los pantallazos ("screenshots") también se pueden realizar de una parte concreta de la página o de los contenidos visibles en la ventana del navegador.

IE Tab: permite visualizar con Internet Explorer cualquier página cargada en Firefox. La integración con Internet Explorer es total, ya que ni siquiera hace falta abrir ese navegador.

En el caso de **Google Chrome** no necesitaremos una extensión como Firebug, ya que el navegador incluye una completa herramienta de visualización interna de la página. Basta con hacer clic en cualquier elemento con el botón derecho del ratón y seleccionar la opción Inspeccionar este elemento, para desplegar la ayuda de la figura.

Lo que también encontraremos es una completa sección de herramientas para desarrollar páginas web en su chrome web store, como se recoge en la figura. https://chrome.google.com/webstore/category/ext/11-web-development

Aplicaciones web.

A continuación se indican algunas aplicaciones web que pueden ser de utilidad para el diseñador CSS:

Clean CSS: optimiza, ordena, limpia, corrige y reduce el tamaño de las hojas de estilos. http://www.cleancss.com/

Typetester: permite comparar de forma sencilla diferentes tipos de letra y propiedades relacionadas con la tipografía y el texto. http://www.typetester.org/

Browsershots: muestra cómo se visualiza una misma página web en diferentes navegadores de diferentes sistemas operativos (55 navegadores en total). El uso de la aplicación es gratuito y se pueden ver y/o descargar las imágenes que muestran el aspecto de la página en cada navegador. http://browsershots.org/

Stripe Generator: permite generar fácilmente imágenes preparadas para poder repetirse en todas direcciones de forma correcta y por tanto, para que puedan ser utilizadas como imágenes de fondo. http://www.stripegenerator.com/

HTML Validator: : Creado por la W3C permite realizar la validación HTML de un sitio web cualquiera pasándole la URL. http://validator.w3.org/

Css Validator: Creado por la W3C permite realizar la validación CSS de un sitio web cualquiera pasándole la URL. http://jigsaw.w3.org/css-validator/

CSS Cheat Sheet: son páginas con resúmenes sobre las cosas mas importantes de Css. http://www.lesliefranke.com/files/reference/csscheatsheet.html

nibbler: te da un informe de calificación del sitio web sobre 10 por varios criterios importantes incluyendo accesibilidad, SEO, medios de comunicación social y tecnología. http://nibbler.silktide.com/

SiteReport Card: proporciona informes detallados de varios aspectos de tus páginas web, incluyendo validación HTML, enlaces rotos, análisis de tiempo de carga, etc. http://sitereportcard.com/

Compatibilidad de navegadores web.

No todas las características que ofrecen HTML5 y CSS3 son admitidas por los navegadores web actuales. Por tanto, es necesario consultar algunas páginas de referencia para conocer qué elementos se pueden utilizar porque son admitidos por la mayoría de los navegadores, y qué elementos no se pueden utilizar porque no funcionarán. Los siguientes recursos permitirán averiguar la compatibilidad:

The HTML5 Test: http://html5test.com/

Whan can I use...: Nos indica cuando podemos usar una determinada característica y sobre que navegadores será soportada. http://caniuse.com/

Comparison of layout engines (HTML5): Esta página de Wikipedia nos da un soporte de información de compatibilidad. http://en.wikipedia.org/wiki/Comparison_of_layout_engines_(HTML5)

Sitios web de inspiración.

Muchas veces resulta útil disponer de buenos ejemplos de páginas diseñadas completamente con CSS para tomarlas como referencia y posible inspiración de los diseños propios:

Web Creme: incluye diariamente varios ejemplos de las mejores páginas diseñadas con CSS y permite realizar búsquedas a partir del color utilizado en la página. http://www.webcreme.com/

CSS Remix: muestra centenares de páginas diseñadas exclusivamente con CSS y con la posibilidad de puntuar su diseño. http://cssremix.com/

CSS Zen Garden: es una galería diferente a las tradicionales, pero se ha convertido en una referencia en cuanto a diseños complejos realizados mediante CSS. http://www.csszengarden.com/

Open Source Web Design: sitio web que ofrece cientos de plantillas gratuitas con posibilidad de utilizarlas libremente en aplicaciones personales y comerciales. http://www.oswd.org/

Colecciones de recursos.

Recursos de Imagen:

Flickr: probablemente el mayor archivo fotográfico del planeta. Desde su buscador, en el apartado de búsqueda avanzada, podemos indicar que se busquen sólo recursos con licencias Creative Commons. http://www.flickr.com

Google: cuenta con una opción avanzada, indicada para acotar las búsquedas que realizamos sólo a imágenes con licencias abiertas.

Open Clip Art Library: es un recurso a tener muy en cuenta para localizar gráficos, dibujos, iconos, etc. http://openclipart.org

Wikimedia commons: completa esta lista de sitios web, imprescindibles para encontrar material libre de derechos de autor excesivamente privativos. http://commons.wikimedia.org/wiki/Main_Page

Recursos de Audio:

- **Free Music Archive**: http://freemusicarchive.org/

- **Jamendo** http://www.jamendo.com/es/

- **Magnatune** http://magnatune.com/

- **Beatpick** http://www.beatpick.com/

- **Audiofarm** http://www.audiofarm.org/

- **SoundClick** http://www.soundclick.com/

Recursos de Vídeo:

YouTube también es posible encontrar vídeos licenciados como *Creative Commons*, buscando un término seguido de una coma y la palabra creativecommons.

Internet Archive: http://www.archive.org/

Open Culture : http://www.openculture.com/

Bibliografía

A continuación se detalla la biografía utilizada para la redacción de la presente obra. El 100% del material de consulta utilizado ha sido sitios web especializados en HTML y en hojas de estilos.

-   http://www.w3schools.com/

-   http://www.wikipedia.org/

-   http://www.w3.org/

-   http://www.whatwg.org/

-   http://www.html5rocks.com/

-   http://html5center.sourceforge.net/

-   http://html5test.com/

-   http://html5bookmarks.com/

-   https://developer.mozilla.org/es/

-   http://diveintohtml5.info/

-   http://www.html-5-tutorial.com/

-   http://caniuse.com/

-   http://www.w3.org/Style/CSS/

Se ha intentado en todo momento utilizar sitios web oficiales o con una gran presencia en Internet. Si en cualquier momento alguno de los anteriores enlaces fallase, se ruega al lector que se ponga en contacto con el editor para solventar el problema.

Made in the USA
Monee, IL
07 July 2026